파이썬으로 풀어보는 회귀분석

파이썬으로 풀어보는 회귀분석

단순선형회귀분석부터 고급 회귀분석까지

루카 마싸론 · 알베르토 보스체티 지음

윤정미 옮김

| 지은이 소개 |

루카 마싸론^{Luca Massaron}

데이터 과학자이며 마케팅 연구 책임자로 다변량 통계 분석, 머신 러닝 및 고객 통찰력을 전문으로 한다. 10년 이상의 경험을 바탕으로 추론, 통계, 데이터 마이닝 및 알고리즘을 적용해 실생활 문제를 해결하고 이해관계자의 가치를 창출하는 고객 통찰력을 제공해왔다. 이탈리아에서 웹 이용자 분석의 선구자가 된 이후 캐글러^{Kaggler}의 상위 10위를 달성하는 데 이르기까지 데이터와 분석에 관한 모든 것에 항상 열성적이었으며 전문가와 비전문가 모두에게 데이터 기반 지식 검색의 잠재력을 일깨워줬다. 불필요한 정교함보다는 단순함을 선호한다. 데이터 과학에서 본질적인 것만 수행해도 많은 것을 성취할 수 있다고 믿는다.

유키코^{Yukiko}와 아멜리아^{Amelia}의 지지와 도움 그리고 인내심에 감사한다.

알베르토 보스체티^{Alberto Boschetti}

신호 처리와 통계 분야의 전문 지식을 갖춘 데이터 과학자로, 통신공학 박사 학위를 가지고 있다. 현재 런던에서 거주하며 일하고 있다. 자연어 처리^{NLP, Natural Language Processing} 및 머신 러닝부터 분산 처리에 이르기까지 수많은 프로젝트에서 다양한 일상 문제에 직면하고 있다. 자신의 일에 매우 열정적이며 항상 데이터 과학 기술의 개발, 모임, 회의 및 기타 이벤트에 대해 최신 정보를 얻으려고 노력한다.

가족, 친구들, 동료들에게 감사한다. 또한 오픈소스 커뮤니티에 큰 감사의 마음을
전하고 싶다.

| 기술 감수자 소개 |

줄리아노 얀손^{Giuliano Janson}

전문 경험은 의료 분야의 고급 분석 및 적용된 머신 러닝에 중점을 두고 있다. 주로 머신 러닝, 통계, 몬테카를로^{Monte-Carlo} 시뮬레이션, 데이터 시각화를 활용한 작업으로 방대하고 노이즈한 데이터에서 정보를 추출하는 데 초점을 맞추고 있다. 이는 비즈니스 기회를 파악하고 실용적인 분석을 통해 데이터 기반의 의사 결정을 내릴 수 있도록 지원한다.

> 아내 마그다^{Magda}와 아름다운 두 아이들 알렉스^{Alex}와 에밀리^{Emily}에게 그들이 나누는 모든 사랑에 감사를 전하고 싶다.

차하리아스 볼가리스^{Zacharias Voulgaris}

데이터 과학자이며 데이터 과학 서적 전문 기술 저자다. 정보 시스템과 머신 러닝에 대한 대학원 연구와 동시에 공학 및 경영에 대한 배경을 가지고 있다. 조지아 테크^{Georgia Tech}에서 연구원으로 일하며 머신 러닝 기술을 실제 문제에 조사하고 적용했으며, 유럽의 e-마케팅 회사의 SEO 관리자, 마이크로소프트의 프로그램 관리자, 미국 은행과 G2 웹 서비스의 데이터 과학자로 일했다.

또한 기술 서적을 저술했다. 가장 주목할 만한 것은 기술 간행물인 「Data Scientist: The Definitive Guide to Becoming a Data Scientist」이며, 『Julia for Data Science』(2016)

7

를 저술했다. 또한 블로그에 많은 데이터 과학 관련 기사를 썼으며 다양한 데이터 과학과 머신 러닝 모임에 참여했다. 이 책의 같은 저자가 쓴 『파이썬으로 배우는 데이터 과학 2/e』(에이콘, 2017)의 기술 편집 보조를 맡았다.

이 프로젝트에 기여할 수 있는 기회를 주신 저자들에게 감사의 마음을 전한다. 또한 그들에게 나를 소개해주고 기술적인 편집의 세계로 이끌어준 바스티앙 스야딘 Bastiaan Sjardin에게 감사한다.

| 옮긴이 소개 |

윤정미 (kjbyjm@yuhan.ac.kr)

가톨릭대학교에서 수학 전공으로 학사를, 이화여대대학원에서 컴퓨터 전공으로 석사를 마쳤다. 이후 The Graduate Center of the City University of New York에서 컴퓨터 공학 박사 학위를 받았다. 대학에서 데이터베이스와 시뮬레이션 등을 강의했고, 1990년부터 현재까지 유한대학교 IT소프트웨어공학과 교수로 재직 중이다.

「병렬 컴퓨터상에서 GPSS 구현을 위한 알고리즘」, 「통계 기반 교통 시뮬레이션의 애니메이션화」 등 다수의 논문을 썼고, 『쉽게 풀어 쓴 비주얼베이직』(생능출판사, 2008), 『예제 따라가며 쉽게 배우는 오라클』(기한재, 2015) 등의 저서가 있다. 지난 몇 년 동안 교내 파이썬 동아리를 지도하며 파이썬 프로그래밍과 이의 실무 응용 분야에 많은 관심을 가져왔다.

│ 옮긴이의 말 │

데이터가 가속화되고 있는 상황 속에서 이 책은 데이터를 정리하고 분류해 모델을 구축하고 성능 향상을 위해 튜닝하는 다양한 기법을 제공한다.

단순선형회귀분석부터 시작해 다중회귀분석, 로지스틱회귀분석 그리고 라소 리지 회귀분석, 베이지안 회귀분석, 회귀 트리, 베깅 및 부스팅 등의 고급 회귀분석에 이르기까지 다양한 방법을 기술한다. 또한 이를 위해 데이터를 올바르게 준비하고, 모델이 최상의 성능을 발휘할 수 있도록 데이터를 처리하는 방법에 대해서도 설명한다.

이러한 모든 기법은 예제와 함께 제시되며, 각 예제는 데이터 분석에 많은 강점을 가지고 있는 파이썬 코드를 사용해 쉽게 이해할 수 있도록 구성돼 있다.

또한 후반부에 제시된 실용적인 사례는 구체적인 문제 해결 방법을 단계적으로 제시하고 있어 실생활에서 발생할 수 있는 유사한 문제에 대한 청사진으로 활용할 수 있을 것이다.

| 차례 |

1장   회귀분석-데이터 과학의 주역   29

| 들어가며 |

"더 작은 것으로 할 수 있는 것을 더 많은 것으로 하는 것은 무의미하다."

윌리엄 오컴^{William of Ockham}(1285~1347)

선형모델은 학자와 실무자에게 잘 알려져 있으며 오랫동안 연구돼 왔다. 그리고 선형모델은 통계, 경제 및 다른 정량적인 분야 연구에 관한 지식 체계의 중요한 요소였으며, 데이터 과학으로 채택돼 수많은 신병 훈련소의 강의 계획서에 포함되고 여러 실용 서적의 초반부에 배치됐다.

결과적으로 선형회귀, 로지스틱회귀 그리고 더 복잡한 문제를 해결하기 위해 원래의 선형회귀 패러다임이 공식에 적용된 다양한 유형의 일반화된 선형모델에 관한 모노그래프, 책, 논문 등을 광범위하게 이용할 수 있다.

그러나 이와 같이 풍부한 쓰임새에도, 개발자 또는 데이터 과학자로서 데이터를 통해 학습해야 하는 애플리케이션이나 API를 신속하게 생성해야 할 때 선형모델의 구현 속도와 용이성을 실제로 설명하는 책은 보지 못했다.

물론 선형모델의 한계를 잘 알고 있다(불행히도 약간의 단점이 있다). 또한 어떤 데이터 과학 문제에 대해서도 고정된 해결책은 없다는 것을 잘 알고 있다. 그러나 현장에서의 경험에 비춰 볼 때 다음과 같은 선형모델의 장점을 쉽게 무시할 수는 없다.

- 본인이나 경영진 또는 누군가에게 어떻게 작동하는지 쉽게 설명할 수 있다.
- 숫자 및 확률 추정, 순위 지정과 많은 수의 클래스까지 분류를 처리할 수 있으므로 데이터 문제와 관련해 유연성이 있다.

- 처리해야 하는 데이터의 양에 상관없이 신속하게 훈련할 수 있다.
- 모든 생산 환경에서 빠르고 쉽게 구현할 수 있다.
- 사용자에 대해 실시간 응답이 가능하도록 확장이 가능하다.

빠르고 구체적인 방법으로 데이터의 가치를 전달하는 것이 무엇보다 중요하다면, 이 책을 따라가면서 선형모델이 얼마나 도움이 되는지 살펴보자.

▌ 이 책의 구성

1장, 회귀분석 – 데이터 과학의 주역 회귀분석이 데이터 과학에 실제로 유용한 이유, 데이터 과학을 위해 파이썬을 신속하게 설정하는 방법과 예제를 통해 책 전체에 사용된 패키지의 개요를 소개한다. 1장이 끝나면 2장부터 나오는 모든 예제를 실행할 수 있다. 또한 회귀분석이 통계에서 가져온 과소평가된 기술이 아니라 강력하고 효과적인 데이터 과학 알고리즘이라는 명확한 아이디어와 동기를 얻게 될 것이다.

2장, 단순선형회귀분석 접근 먼저 회귀 문제를 설명하고 리그레서를 적합시킨 다음 알고리즘의 수학 공식에 깔려 있는 의미를 부여함으로써 단순한 선형회귀분석을 제시한다. 그런 다음 더 높은 성능을 위해 모델을 튜닝하는 방법과 모든 파라미터를 깊이 있게 이해하는 방법을 배울 것이다. 마지막으로 기울기 하강에 대해 설명한다.

3장, 다중회귀분석 실행 단순선형회귀분석을 확장해 여러 특성에서 예측 정보를 추출하고 실제 예측 작업을 해결할 수 있는 모델을 만든다. 또한 특성 행렬에 대처하고 개요를 완성하기 위해 강화된 확률적 기울기 하강 기술과 다중 공선성, 상호작용 및 다항식 회귀에 관해 다룬다.

4장, 로지스틱회귀분석 선형모델에 대한 지식의 기초를 계속해서 제공한다. 필요한 수학적 정의부터 시작해 선형회귀를 이진 및 다중 클래스 분류 문제로 확장하는 방법을 보여준다.

5장, 데이터 준비 최상의 방법으로 데이터를 준비하기 위해 수행할 수 있는 작업과 특히 데이터가 누락돼 이상치가 존재하는 것과 같은 비정상적인 상황에서 데이터를 처리하는 방법 등 모델에 데이터를 공급하는 법을 설명한다.

6장, 일반화 달성 좀 더 복잡한 기술로 들어가기 전에 모델을 철저하게 테스트하고 최상의 상태로 튜닝해 간결하게 만들고 실질적인 최신 데이터를 얻는 데 필요한 핵심 데이터 과학 방법을 소개한다.

7장, 온라인과 일괄 학습 빅데이터에서 클래시파이어를 훈련하는 모범 사례를 설명한다. 먼저 일괄 학습과 그 한계에 대해 초점을 맞추고 그 다음 온라인 학습을 소개한다. 마지막으로 온라인 학습의 이점과 해싱 트릭의 효과를 결합한 빅데이터의 사례를 보여준다.

8장, 고급 회귀분석 방법 몇 가지 고급 회귀분석 방법을 소개한다. 수학적 공식에 너무 깊이 들어가지 않고 실용적인 적용을 주시하면서 최소 각도 회귀, 베이지안 회귀 및 힌지 손실을 포함한 확률적 기울기 하강에 대한 아이디어를 다루고 배깅 및 부스팅 기술을 접한다.

9장, 회귀모델의 실제 응용 선형모델로 해결되는 실제 데이터 과학 문제의 네 가지 실용적인 사례로 구성된다. 궁극적인 목표는 주어진 문제에 접근하는 방법과 해결 방법에 대해 추론을 어떻게 발전시켜 나가는지 보여줌으로써 발생할 수 있는 유사한 문제에 대한 청사진으로 활용할 수 있게 하는 것이다.

▌ 준비 사항

이 책에서 제공되는 코드 예제를 실행하려면 리눅스 또는 마이크로소프트 윈도우에 파이썬 3.4.3 이상을 설치해야 한다.

책 전반에 걸쳐 제시된 코드에서 과학적, 통계적 컴퓨팅을 위해 SciPy, NumPy, Scikit-learn, Statsmodels와 같은 파이썬의 필수 라이브러리를 빈번하게 사용하고 가끔은 matplotlib과 pandas를 사용할 것이다.

작업 환경을 만들기 위해 시간을 절약할 수 있는 (Continuum Analytics의 아나콘다와 같은) 과학적 배포판을 활용하는 것 외에도 파이썬에서 선형모델을 좀 더 생산적이고 과학적으로 코딩할 수 있도록 Jupyter 및 IPython 노트북을 채택할 것을 추천한다.

1장에서는 단계별 지침과 파이썬 환경, 핵심 라이브러리 및 필수 도구를 설정하는 데 필요한 유용한 팁을 제공한다.

▌ 이 책의 대상 독자

데이터 과학과 통계, 수학에 대한 기본적인 이해를 가진 파이썬 개발자를 대상으로 한다. 또한 데이터 과학이나 통계학의 배경 지식을 꼭은 필요로 하지는 않지만, 데이터셋에 대한 회귀분석을 가장 효과적으로 수행하는 방법을 배우려는 모든 연공서열의 데이터 과학자에게 적합한 책이다. 여기서는 단순하고 이해하기 쉬우면서 효과적인 기법을 선보인다. 이 책은 파이썬을 사용해서 더 빠르고 더 나은 선형모델을 만들고 결과모델을 파이썬이나 원하는 컴퓨터 언어로 배포할 수 있는 지식을 제공할 것이다.

▌ 편집 규약

이 책에서는 종류가 다른 정보를 서로 구분하기 위해 여러 가지 편집 규약을 사용했다. 이런 스타일의 예와 각 의미를 알아보자.

텍스트 안의 코드 단어와 데이터베이스 테이블 이름, 폴더 이름, 파일 이름, 파일 확장자, 경로명, 더미 URL, 사용자 입력, 트위터 핸들은 다음과 같이 나타냈다. "선형모델을 검사할 때는 먼저 coeff_ 속성을 확인하자."

코드 블록은 다음과 같이 나타냈다.

```
from sklearn import datasets
iris = datasets.load_iris()
```

대부분의 예제에서 IPython 노트북을 사용하게 될 것이기 때문에 코드 블록을 포함하는 셀에 항상 입력(In:으로 표시)이 있고 종종 출력(Out:으로 표시)을 기대한다. 컴퓨터에서 In: 뒤에 코드를 입력하고 결과가 Out:의 내용과 일치하는지 확인하면 된다.

```
In: clf.fit(X, y)
Out: SVC(C=1.0, cache_size=200, class_weight=None, coef0=0.0,
degree=3, gamma=0.0, kernel='rbf ', max_iter=-1, probability=False,
random_state=None, shrinking=True, tol=0.001, verbose=False)
```

터미널 명령줄에 명령어를 사용할 경우에는 접두사 **$>** 로 시작한다. 파이썬 REPL에서는 **>>>** 로 시작한다.

```
$>python
>>> import sys
```

```
>>> print sys.version_info
```

새로운 용어와 **중요한 단어**는 굵은 글씨로 표시한다. 메뉴나 대화상자처럼 화면상에 나타나는 단어들은 다음과 같이 나타낸다.

"**데이터베이스** 섹션으로 이동해 UTF 콜레이션^{UTF collation}을 사용해 새로운 데이터베이스를 만들자."

 경고 또는 중요한 노트는 이와 같이 나타낸다.

█ 독자 의견

독자 의견은 언제나 환영한다. 좋은 점 또는 고쳐야 할 점에 대한 솔직한 의견을 말해주길 바란다. 독자 의견은 우리에게 매우 중요하다. 앞으로 더 좋은 책을 발행하는 데 큰 도움이 되기 때문이다.

일반적인 의견을 보내려면 전달하고자 하는 내용에 책 제목을 달아 feedback@packtpub.com으로 이메일을 보내면 된다.

여러분이 전문 지식을 가진 주제가 있고 책을 내거나 만드는 데 기여하고 싶다면 http://www.packtpub.com/authors에서 저자 가이드를 참조하길 바란다.

█ 고객 지원

독자에게 최대의 혜택을 주기 위한 몇 가지 서비스를 제공받을 수 있다.

예제 코드 다운로드

이 책에서 사용된 예제 코드는 http://www.packtpub.com의 계정을 이용해 다운로드할 수 있다. 다른 곳에서 책을 구매했을 경우에는 http://www.packtpub.com/support를 방문해 등록하면 파일을 이메일로 직접 받을 수 있다.

다음 단계에 따라 코드 파일을 다운로드할 수 있다.

1. 이메일 주소와 비밀번호를 사용해 웹사이트에 로그인하거나 등록한다.

2. 상단의 **SUPPORT** 탭에 마우스 포인터를 위치한다.

3. **Code Downloads & Errata**를 클릭한다.

4. **검색란**에 책 제목을 입력한다.

5. 예제 코드 파일을 다운로드할 책을 선택한다.

6. 이 책을 구입한 경로를 드롭다운 메뉴에서 선택한다.

7. **Code Download**를 클릭한다.

해당 페이지는 책 제목을 검색해 접근할 수 있다. 파일을 다운로드한 후 다음 압축 프로그램의 최신 버전을 사용해 폴더 또는 파일 압축을 해제한다.

- **윈도우**: WinRAR/7-Zip
- **맥**: Zipeg/iZip/UnRarX
- **리눅스**: 7-Zip/PeaZip

에이콘출판사 도서정보 페이지 http://www.acornpub.co.kr/book/regression-analysis-python에서도 다운로드할 수 있다.

컬러 이미지 다운로드

책에서 사용된 스크린샷/다이어그램의 컬러 이미지를 PDF 파일로 제공한다. 컬러 이미지는 출력 결과의 변화를 더 잘 이해하는 데 도움이 될 것이다. 에이콘출판사 도서정보 페이지 http://www.acornpub.co.kr/book/regression-analysis-python에서 다운로드할 수 있다.

원서의 이미지를 확인하고 싶다면 다음의 주소에서 볼 수 있다. https://www.packtpub.com/sites/default/files/downloads/RegressionAnalysisWithPython_Color Images.pdf

오탈자

오타 없이 정확하게 만들기 위해 모든 수단을 동원해서 책을 만들지만 실수가 있을 수 있다. 문장이나 코드에서 문제를 발견하면 우리에게 알려주기 바란다. 다른 독자들의 혼란을 방지하고 차후 나올 개정판을 개선하는 데 도움이 되기 때문이다. 오류를 발견하면 http://www.packtpub.com/submit-errata에서 책 제목을 선택하고 Errata Submission Form 링크를 클릭해 자세한 내용을 입력하면 된다. 보내준 오류 내용이 확인되면 웹사이트에 그 내용이 올라가거나 해당 책의 정오표 부분에 그 내용이 추가될 것이다.

기존 오류 수정 내용은 https://www.packtpub.com/books/content/support 검색창에 책 제목을 입력하면 Errata 절 하단에 필요한 정보가 나타날 것이다.

한국어판은 에이콘출판사 도서정보 페이지 http://www.acornpub.co.kr/book/regression-analysis-python에서 찾아볼 수 있다.

저작권 침해

인터넷에서의 저작권 침해는 모든 매체에서 벌어지고 있는 심각한 문제다. 팩트출판사에선 저작권과 라이선스 보호를 매우 심각하게 인식하고 있다. 어떤 형태로든 팩트출판사 서적의 불법 복제물을 인터넷에서 발견했다면 적절한 조치를 취할 수 있도록 해당 주소나 사이트명을 알려주길 바란다.

의심되는 불법 복제물 링크를 copyright@packtpub.com으로 보내주길 바란다. 저자를 보호하고 가치 있는 내용을 계속 만들 수 있도록 도와주는 독자 여러분의 마음에 깊은 감사의 뜻을 전한다.

질문

이 책과 관련해서 어떠한 종류의 질문이라도 있다면 questions@packtpub.com으로 문의하길 바란다. 최선을 다해 질문에 답할 것이다. 한국어판에 관한 질문은 이 책의 옮긴이나 에이콘출판사 편집 팀(editor@acornpub.co.kr)으로 문의해주길 바란다.

01

회귀분석-
데이터 과학의 주역

데이터 과학과 선형회귀분석, 관련 선형모델군에 대한 프레젠테이션에 온 것을 환영한다.

오늘날 폭증하고 있는 데이터와 데이터의 상호 연결은 실시간으로 데이터를 읽고 해석할수 있는 능력을 가진 모든 사업체에게 새로운 기회를 열어주고 있는 것이 현실이다. 가정과 직장 어디에나 널려 있는 인터넷, 많은 사람의 주머니 속에 들어 있는 각종 전자 장치, 모든 프로세스와 이벤트에 관해 데이터를 생산하는 소프트웨어의 존재 등 모든 것이 데이터의 생산과 보급을 촉진하고 있다. 수많은 양의 데이터가 매일 생성되고 있고, 이러한데이터의 양과 속도, 다양성 때문에 인간이 모든 것을 처리하기에는 역부족이다. 이로 인해 머신 러닝과 인공지능AI이 증가하는 추세다.

선형회귀분석과 그로부터 파생된 방법들은 통계학과 계량 경제학 분야의 오랜 경험으로 데이터를 학습하고 처리할 수 있는 간단하면서도 신뢰성 있는 효과적인 도구를 제공한다. 선형 방법은 적절한 데이터를 사용해 잘 처리하면, 가장 복잡한 최신의 인공지능 기술과 대적할 수 있을 정도로, 갈수록 커지는 문제들을 해결하는 데 있어 손쉬운 구현과 확장성을 제공한다.

1장에서는 다음의 내용을 설명한다.

- 선형모델이 데이터 과학 파이프라인에서 가치를 인정받는 모델로 사용되는 이유, 또는 확장 가능하고 실현 가능한 제품의 즉각적인 개발을 위한 지름길로 인식되는 이유
- 파이썬을 설치하고 데이터 과학 작업을 위해 설정해야 할 몇 가지 빠른 지표
- 파이썬으로 선형모델을 구현하기 위해 필요한 모듈

▌ 회귀분석과 데이터 과학

매일 수천 명의 고객에게 서비스를 제공하는 아주 멋진 애플리케이션을 서둘러 개발하고 있다고 상상해보자. 당신의 애플리케이션이 데이터 웨어하우스로부터 사용 가능한 고객 정보를 이용한다면, 애플리케이션은 즉각적이고 꽤 현명한 응답을 제공하겠지만 그렇게 명확하지 않을 수도 있다. 유감스럽게도 애플리케이션의 응답은 프로그래밍 방식으로 미리 정의할 수 없기 때문에 데이터 과학이나 예측 분석의 전형적인 방법인 데이터 학습 learning-from-data 접근법을 채택해야 한다.

오늘날 웹상에는 성공을 거둔 벤처 기업을 지원하는 수많은 애플리케이션이 존재한다. 이를테면 다음과 같다.

- **광고업**: 타깃 광고를 제공하는 애플리케이션
- **전자상거래**: 네비게이션 기록과 같은 임시 데이터를 기반으로 구매할 제품을 추

천하는 온라인 앱이나, 적절한 상업용 오퍼^{offer}를 만들기 위한 고객 필터링 일괄 처리 애플리케이션

- **신용 또는 보험업**: 사용자의 신용 등급 및 회사와의 관계를 바탕으로 판단해 사용자로부터 받은 온라인상의 문의를 진행할지 여부를 선택하는 애플리케이션

비즈니스 문제에 적용되는 머신 러닝에 대한 사용이 지속적으로 증가함에 따라, 이에 대한 여러 가지 상이한 사례가 존재한다. 이러한 모든 애플리케이션의 핵심 아이디어는 애플리케이션이 어떻게 작동할지에 대해서는 프로그래밍할 필요가 없으며, 유용한 사례를 제공함으로써 몇 가지 원하는 동작을 설정하기만 하면 된다는 것이다. 그러면 애플리케이션은 어떤 상황에서 무엇을 해야 하는지 스스로 학습할 것이다.

명확한 애플리케이션의 목적과 데이터 학습 접근법의 사용이 결정되면, 데이터 과학 및 머신 러닝 솔루션에 대한 자습서와 설명서(데이터 과학, 머신 러닝, 통계 학습 및 예측 분석에 관한 논문, 온라인 블로그 또는 서적 등)를 읽고 유사한 문제에 적용하는 솔루션을 학습하면 된다.

그러나 얼마 가지 않아 익숙하지 않고 복잡한 머신 러닝 알고리즘의 세계를 접할 것이다. 근본적으로 복잡한 수학 때문이 아니라 매우 다른 기술에 기반을 둔 수많은 솔루션 때문이다. 또한 실제 환경에서 머신 러닝 알고리즘을 적용하는 방법과 실시간 서버의 요청으로 확장하는 방법에 대한 논의가 충분히 이루어지지 않고 있기 때문이다.

따라서 이 책은 어디서부터 시작해야 할지 모르는 독자에게 도움을 줄 것이다.

처음부터 차근차근 시작해보자.

데이터 과학의 가능성 답사

데이터 과학은 최근 몇 년 동안 상호 연결이 더욱 강화되고 데이터 가용성이 향상되면서 아주 뜨거운 주제로 떠올랐다.

과거에는 데이터 가용성으로 인해 분석 솔루션에 강한 제약 사항이 있었다. 유용한 데이터는 일반적으로 희소할 뿐만 아니라 구입하고 저장하는 데도 비용이 많이 들었다. 그러나 폭발적인 데이터 증가로 최근에는 손쉽고 풍부하며 값싼 정보를 이용한 데이터 학습이 가능하고, 이전에는 상상할 수도 없었던 광범위한 예측 애플리케이션이 현실화됐다.

게다가 세계화 시대에 사는 대부분의 고객은 인터넷이나 모바일 기기를 통해 서로 연결이 가능하다. 그리고 서로가 서로에게 영향을 받는다. 이것은 곧 데이터와 예측 능력을 기반으로 자동화된 솔루션을 개발하는 것이 비즈니스의 운영 및 성능에 직접적으로 영향을 미칠 수 있음을 의미한다. 하루 24시간, 일 년 365일, 언제 어디서나 고객에게 즉시 다가갈 수 있기 때문에, 회사가 올바른 판단과 조치를 할 수 있다면 데이터를 이용해 큰 수익을 낼 수 있을 것이다. 「와이어드Wired」에 실린 '데이터는 디지털 경제의 새로운 동력이다data is the new oil of the digital economy'는 현재까지도 여전히 기억할 만하고 논쟁의 여지가 없는 기사다(http://www.wired.com/insights/2014/07/data-new-oil-digital-economy/). 그러나 데이터는 원유처럼 추출extracted되고, 정제refined되며, 유통distributed돼야 한다.

실질적인 전문 지식(사업의 운영과 수익 창출 방법 파악)과 머신 러닝(데이터 학습) 그리고 해킹 기술(다양한 시스템과 데이터 소스 통합)을 결합한 데이터 과학은 사용 가능한 데이터를 활용해 이익으로 전환하는 도구가 될 수 있다.

그러나 또 다른 측면도 있다.

데이터 과학의 난제

유감스럽게도 비즈니스 문제에 데이터 과학을 적용하는 데는 몇 가지 어려운 문제가 있다.

- 전혀 다른 목적으로 모델링된 데이터나 비정형 데이터를 처리하는 것
- 서로 다른 소스로부터 데이터를 어떻게 추출하고 어떻게 적시에 통합할지 파악하는 것

- 문제를 정확하게 예측하기 위한 몇 가지 효과적인 일반 규칙을 데이터로부터 학습하는 것
- 학습한 것을 이해하고, 비전문적인 대상에게 솔루션을 효과적으로 전달하는 것
- 빅데이터 입력 정보를 통해 실시간 예측이 가능하도록 조정하는 것

처음에 언급한 두 가지 문제는 주로 데이터 조작 기술을 필요로 하는 문제지만, 세 번째부터는 문제를 해결하기 위해 데이터 과학 접근법을 필요로 한다.

머신 러닝에 기반을 둔 데이터 과학 접근법은 다양한 알고리즘을 정밀하게 테스트하고 예측 능력을 평가한 후 마지막으로 구현할 최적의 알고리즘을 선택한다. 이것이 바로 데이터 과학에서 과학이 의미하는 것이다. 즉, 여러 가지의 다양한 가설을 제시하고 실험을 반복한 후에 문제에 가장 적합하면서도 결과를 일반화할 수 있는 가설 하나를 찾을 수 있다는 것이다.

유감스럽게도 데이터 과학에 강력한 솔루션은 없다. 그리고 모든 문제에 성공적으로 부합할 수 있는 유일한 가설도 없다. 다시 말해 데이터 과학에는 항상 최상의 결과를 보장하는 알고리즘이나 절차는 없다는 것을 의미한다. 따라서 각 알고리즘은 문제에 따라 덜 성공적일 수도 있고 더 성공적일 수도 있다.

데이터는 다양한 형태와 유형을 가지고 있다. 이는 우리가 사는 세상의 복잡성을 반영한다. 세상의 복잡성을 다루는 기존의 알고리즘은 잘 완성돼 있지만, 단지 모델에 불과하다는 점을 잊지 말아야 한다. 로드 캘빈Lord Kelvin이 말했듯이, 모델은 오로지 측정 가능한 것만 통제할 수 있으므로, 성공적으로 표현하고 복제하기를 원하는 규칙과 법칙을 단순화시켜 근사치로 예측한 것에 불과하다. 근사치는 유효성에 근거해 평가해야 한다. 실제 문제에 적용된 학습 알고리즘의 효력은 너무 많은 요인(문제의 형태, 데이터의 질, 데이터의 양 등)에 의해 기술돼서 실제 무엇이 작동하고 무엇이 작동하지 않을지를 미리 분별할 수 없다. 이런 이유로, 항상 더 간단한 솔루션을 먼저 테스트하게 되고, 오컴의 면도날 이론처럼 성과가 비슷할 때는 복잡한 모델보다는 단순한 모델을 선호하게 된다.

때로는 더 복잡하고 더 완벽한 모델의 도입이 가능한 경우에서조차도, 성능이 좀 떨어지지만 더 단순한 솔루션을 채택할 수가 있다. 사실 최고의 모델이라고 해서 항상 가장 좋은 성능을 내는 모델이라고는 할 수 없다. 생산 시스템에서의 구현 용이성, 데이터 볼륨 증가에 대한 확장성 및 실시간 설정에서의 성능과 같은 문제는 예측 성능의 역할이 최상의 솔루션 선택에 얼마나 중요한지를 나타낸다.

이러한 이유로 특정 문제에 대해 이용 가능한 솔루션을 제공하는 모델이 여러 개 존재하는 경우 더 단순하고 잘 조정된 모델이나 쉽게 설명할 수 있는 모델을 사용하는 것이 바람직하다.

선형모델

머신 러닝 알고리즘 선택에 관한 문제를 경험한 적이 있다면, 선형모델(선형회귀) 및 로지스틱회귀$^{logistic regression}$에 관해 접했을 것이다. 두 가지 모두 최상의 결과를 얻기 전에 반드시 사용해야 할 기본적인 도구다.

선형모델은 오랫동안 학자들과 실무자들에 의해 알려지고 연구됐으며, 데이터 과학 분야에 도입되기 이전부터 계속해서 예측 분석과 데이터 마이닝을 위한 기본적인 통계 모델로 사용됐다. 또한 선형모델은 통계학, 경제학 및 기타 많은 정량적 주제에서 탁월하고 타당한 도구 역할을 해왔다.

온라인 서점이나 도서관 또는 구글 도서(https://books.goole.com/)에서 선형회귀에 관한 방대한 양의 출판물을 쉽게 찾아볼 수 있다. 또한 더 복잡한 문제에 대처하기 위해 공식화된 회귀 알고리즘에 관한 변형(일반화된 선형모델)과 로지스틱회귀에 관한 출판물도 많이 볼 수 있다.

실제로 선형모델의 한계점에 대해서는 잘 알려져 있다. 그러나 선형모델의 강력하고 긍정적인 핵심 포인트는 간편함과 효과성이다. 선형모델은 실제로 가장 많이 사용되는 데이터 과학 분야의 학습 알고리즘이라는 사실을 간과할 수 없으며, 이로 인해 선형모델은 많은 과학적 영역 및 비즈니스 영역의 데이터 분석에서 실질적인 주역을 담당하고 있다.

선형모델은 최고의 도구라고 할 수는 없다 하더라도 파라미터^{parameter}를 너무 많이 조작하지 않아도 되고 습득하기 편하기 때문에 솔루션을 찾는 데이터 과학에서 좋은 시작점을 제공한다. 따라서 손쉽게 데이터에 대한 예측 능력을 보여주고, 가장 중요한 변수를 식별할 수 있게 해주며, 더 복잡한 알고리즘을 적용하기 전에 신속하게 데이터의 변환을 테스트할 수 있게 한다.

이 책에서는 초기 선형모델을 이용해 가능한 모델 개발을 반복함으로써 이를 뉴럴 네트워크$^{neural\ networks}$나 서포트 벡터 머신$^{support\ vector\ machine}$처럼 더 강력하고 복잡한 것으로 변환할 수 있도록 선형회귀모델을 기반으로 프로토타입을 만드는 방법, 데이터를 처리하는 방법 그리고 파이프라인 프롬프트$^{pipeline\ prompt}$를 다루는 방법을 설명할 것이다.

때때로 복잡한 모델을 필요로 하지 않을 수도 있다. 실제로 많은 양의 데이터로 작업하는 경우 일정량의 데이터를 모델에 입력한 후에는 알고리즘의 복잡성과는 무관하게 모두 제각기 자신의 역량을 최대한 발휘할 것이다.

알론 할레비$^{Alon\ Halevy}$, 피터 노빅$^{Peter\ Norvig}$, 페르난도 페레이라$^{Fernando\ Pereira}$가 공동으로 저술한 논문에서 빅데이터가 가진 역량에 대해 언급했다. 해당 논문은 구글에서 「The Unreasonable Effectiveness of Data」라는 제목으로 검색할 수 있으며, 복잡한 모델만큼이나 훨씬 더 간결한 모델을 효과적으로 만들 수 있다고 기술했다(http:// static. googleusercontent.com/media/research.google.com/it//pubs/archive/35179.pdf). 이전에도 비슷한 아이디어는 마이크로소프트의 연구원인 미카엘 방코$^{Michele\ Banko}$와 에릭 브릴$^{Eric\ Brill}$이 「Scaling to Very Very Large Corpora for Natural Language Disambiguation」이라는 제목으로 쓴 과학 논문으로 인해 이미 알려졌다(http://ucrel.lancs.ac.uk/acl/P/P01/P01-1005.pdf).

선형모델은 데이터 과학 과정의 업스트림^{upstream}뿐만 아니라 다운스트림^{downstram}에서도 도움이 될 수 있다. 또한 선형모델은 빠르게 습득할 수 있기 때문에 배포가 빠르고 복잡한 알고리즘을 코딩할 필요가 없어 SQL에서부터 자바 스크립트^{JavaScript}, 파이썬^{Python}, C/C++에 이르기까지 사용자가 익숙한 스크립트나 프로그래밍 언어로 솔루션을 작성하는 것이 가능하다.

모델의 구현이 쉬운 점을 감안하면, 뉴럴 네트워크나 앙상블^{ensemble}을 사용해 복잡한 솔루션을 구축한 후, 솔루션을 리버스 엔지니어링해 선형모델로 생산 과정에서 이용하는 방법을 찾고, 더욱 간단하고 확장 가능한 구현이 가능하도록 하는 것은 결코 이례적인 것이 아니다.

이 책의 목표

앞으로 이 책은 실질적인 현실 세계의 문제를 해결하기 위해 파이썬을 사용해 알고리즘과 알고리즘 구현에 대해 설명할 것이다.

선형모델은 지도 알고리즘$^{supervised\ algorithm}$에 속한다. 지도 알고리즘이란 미리 올바른 사례를 통해 학습해, 숫자 및 클래스에 대한 예측을 공식화할 수 있는 알고리즘을 말한다. 이러한 지도 알고리즘을 이용해 문제를 해결할 수 있을지 여부를 즉시 판단할 수 있다. 선형모델군이 통계적인 배경을 가지고 있기 때문에 통계적인 관점에서부터 시작할 것이다. 이 책에서는 선형모델 사용에 대한 맥락을 파악한 다음, 어떤 통계적 근거에 기반을 두고 어떤 목적을 위해 그 알고리즘이 만들어졌는지 이해하기 위한 모든 필수 요소를 제공할 것이다. 또한 파이썬을 사용해 선형모델의 통계적 결과치를 평가하고, 사용된 다양한 통계적 테스트에 관한 정보를 제공할 것이다.

데이터 과학 접근법은 비즈니스 영향에 대한 문제를 해결하는 데 있어서 상당히 실용적이며, 선형모델이 갖는 통계적인 한계점이 실제로 적용되지는 않는다. 그러나 결정계수, 즉 R^2 계수$^{R-squared\ coefficient}$가 어떻게 작용하는지를 알거나, 회귀 잔차^{residual}를 평가할 수 있거나, 또는 예측변수의 공선성^{colinearity}을 조망할 수 있다면, 이는 회귀모델링 작업에서 좋은 결과를 얻어낼 수 있는 더 많은 수단을 제공할 것이다.

단일 예측변수를 포함하는 회귀모델에서 시작해 다중 변수를 고려하는 것으로 나아갈 것이며, 단순히 숫자를 예측하는 것으로부터 둘 또는 그 이상에서 특정 클래스가 있을 확률을 평가하는 것으로 발전시켜 나갈 것이다.

특히 예측할 목표변수(숫자 또는 클래스)와 예측변수(정확한 예측을 위해 기여하는 변수) 등의 데이터를 준비하는 방법을 강조할 것이다. 숫자, 명사, 텍스트, 이미지 또는 소리 등에 상관없이 데이터를 올바르게 준비하고 모델이 최상의 성능을 발휘할 수 있도록 데이터를 변환하는 방법을 제공할 것이다.

또한 데이터 과학의 기초가 되는 과학적 방법론에 대해서도 소개할 것이다. 그러면 데이터 과학적 접근법이 단순한 이론적 접근법이 아니라 상당히 실용적임을 이해하는 데 도움이 될 것이다. 실제 문제에 적용했을 때 실질적으로 작동할 수 있는 모델을 얻을 수 있기 때문이다.

이 책의 마지막에서는 빅데이터와 복잡성을 처리하기 위한 몇 가지 더 선진화된 기술을 포함한 모델을 다룰 것이다. 또한 관련된 비즈니스 도메인의 몇 가지 사례와 어떻게 선형 모델을 구축하고 검증하며 어떻게 생산 환경에 구현하는지 다양한 세부적인 사항을 제공할 것이다.

▌ 데이터 과학을 위한 파이썬

선형모델을 만드는 데 유용한 많은 패키지가 있고 사용되는 언어가 많지만, 이 책에서는 개발자들 사이에서 꽤 인기 있는 프로그래밍 언어인 파이썬으로 모든 코드를 진행한다.

파이썬은 1991년 범용 목적으로 개발된 대화형 객체 지향 언어로, 과학계를 서서히 그리고 꾸준히 정복해 데이터 처리 및 분석을 위한 특화된 패키지 영역으로 성장했다. 이를 통해 무수히 많고 빠른 실험을 수행할 수 있고, 이론을 쉽게 개발하며 과학적 애플리케이션을 신속하게 배포할 수 있다.

개발자는 파이썬을 사용하면서 다음과 같은 여러 가지 이유로 흥미로운 것을 발견하게 될 것이다.

- 데이터 분석 및 머신 러닝을 위한 대규모의 성숙한 패키지 시스템을 제공한다. 따라서 데이터 분석 과정에서 필요한 모든 것을 얻을 수 있고, 때로는 그 이상의 것조차 얻을 수 있다.

- 매우 다양하다. 즉, 사용자의 프로그래밍 환경이 무엇이든 상관없이 객체 지향적 또는 절차적 스타일에 관계없이 파이썬으로 프로그래밍하는 것을 즐길 수 있다.

- 아직은 파이썬을 잘 모르지만, C/C++ 또는 자바Java와 같은 다른 언어를 잘 알고 있다면, 이것을 배우고 사용하는 것은 매우 간단하다. 가장 잘 배울 수 있는 방법은 기초를 파악한 후 즉시 코드를 시작하는 것이다.

- 크로스플랫폼cross-platform이다. 솔루션이 윈도우, 리눅스, 맥 운영체제 시스템상에서 완벽하고 원활하게 작동한다. 프로그램의 이식성에 대해서는 걱정하지 않아도 된다.

- C, 자바 및 새로 등장한 Julia 언어와 비교할 수 없다 하더라도, 대화형 언어임에도 R이나 MATLAB과 같은 다른 주요 데이터 분석 언어와 비교해 손색이 없을 정도로 빠르다.

- R이나 Julia와 같은 다른 플랫폼에 요청해 계산을 일부 아웃소싱하고 스크립트 성능을 향상할 수 있는 패키지가 있다. 게다가 Cython과 같은 정적 컴파일러 또는 더 나은 성능을 위해 파이썬 코드를 C로 변환할 수 있는 PyPy와 같은 JITjust-in-time 컴파일러도 있다.

- 최소화된 메모리와 뛰어난 메모리 관리 기능으로 인해 인-메모리 데이터를 가진 다른 플랫폼보다 더 잘 작동할 수 있다. 메모리 가비지 콜렉터garbage collector는 데이터 랭글링wrangling의 다양한 반복 및 재반복 기능을 사용해 데이터를 로드하거나 변환하고, 슬라이스하거나 저장 또는 삭제할 때 절약을 위해 사용된다.

파이썬 설치

첫 번째 단계로, 책의 예제를 복사해 테스트하고 자신의 모델을 프로토타입화하는 데 사용할 수 있도록 완벽하게 작동하는 데이터 과학 환경을 만들 것이다.

어떤 언어로 애플리케이션을 개발하든 상관없으나, 파이썬은 데이터에 쉽게 액세스해 모델을 구축하고 생산 환경에서 예측에 필요한 올바른 파라미터를 추출할 수 있는 손쉬운 방법을 제공한다.

파이썬은 직접적인 경쟁자라고 할 수 있는 C/C++ 및 자바와 비교해 매우 간결하고 읽기 쉬운 코드를 생산하는 오픈소스이며 객체 지향적인 크로스 플랫폼 프로그래밍 언어다. 이는 매우 짧은 시간 안에 실용 소프트웨어 프로토타입의 구축과 손쉬운 유지 관리 그리고 더 많은 양의 데이터로의 확장을 가능하게 한다. 이제 파이썬은 데이터 과학자의 도구 상자에서 가장 많이 사용되는 언어가 됐다. 파이썬이 광범위한 문제뿐만 아니라 틈새 문제를 모두 쉽고 신속하게 해결할 수 있는 다양한 종류의 패키지로 인해, 매우 유연성 있게 만들어진 범용 목적의 언어이기 때문이다.

파이썬 2와 파이썬 3의 선택

파이썬은 2와 3 버전 두 가지를 주로 사용한다. 많은 핵심 기능이 변경됐으므로 한 버전에 대해 작성된 스크립트가 다른 버전에서는 호환되지 않는 경우가 종종 있다(스크립트가 에러error 또는 워닝warning을 발생시키면서 작동하지 않는다). 3 버전이 가장 최신이지만, 이전 버전이 여전히 과학 분야에서 많이 사용되고 있으며 업그레이드 시 호환성을 위해 많은 운영체제의 기본 버전이 되고 있다. 2008년에 파이썬 3가 출시됐을 때, 대부분의 과학적인 패키지들은 준비가 되지 않아 과학 커뮤니티는 이전 버전에 머물러 있을 수밖에 없었다. 다행히 그 이후에 파이썬 3와 호환이 되지 않는 몇 개만 제외하고 모든 패키지가 업데이트됐다(호환성을 전체적으로 살펴보려면 http://py3readiness.org를 참조하라).

이 책에서는 많은 개발자를 대상으로 해야 하므로 이전 버전보다 파이썬 3의 사용을 추천한다. 파이썬 3는 파이썬의 미래다. 파이썬 재단이 앞으로 더 개발하고 개선할 유일한 버전이기 때문이다. 이 버전은 미래의 기본 버전이 될 것이다. 현재 버전 2로 작업 중이고 계속해서 이 버전으로 작업하기를 원한다면, 인터프리터^{interpreter}를 시작할 때마다 다음과 같은 몇 줄의 코드를 실행할 것을 제안한다. 그렇게 함으로 최소한의 문제를 유발하거나 전혀 문제를 유발하지 않고도 파이썬 2를 이용해 파이썬 3가 가진 대부분의 코드를 실행할 수 있다("pip install future"라는 명령어를 사용해 future 패키지를 설치하면 비호환성을 패치해 이 책에 있는 모든 코드를 안전하게 실행할 것이다).

```
from __future__ import unicode_literals
# 모든 문자열 리터럴을 유니코드 문자열로 만들기
from __future__ import print_function
# 여러 문자열 인쇄하기
from six import reraise as raise_
# 역추적으로 예외 발생시키기
from __future__ import division
# True division
from __future__ import absolute_import
# Flexible Imports
```

 TIP from __future__ import 명령어는 스크립트 시작 부분에 항상 있어야 한다. 그렇지 않으면 파이썬 에러가 발생할 수도 있다.

단계별 설치

파이썬을 한 번도 사용해본 적이 없다면, 먼저 기본 웹사이트인 https://www.python.org/downloads/에서 설치 프로그램을 다운로드한 다음 컴퓨터에 설치한다. 이 책에서는 버전 3를 사용한다는 점을 명심하자.

이 절은 컴퓨터에 설치할 때 가능한 제어에 관해 설명한다. 파이썬을 프로토타이핑이나 프로덕션을 위한 언어로 사용하려고 할 때 매우 유용하다. 또한 사용 중인 패키지의 버전을 파악하는 데 도움이 된다. 어쨌든 단계별 설치는 실제로 시간과 노력이 필요한 점에 유의하자. 대신 이미 만들어 놓은 과학적 배포판을 설치하면 설치 절차의 부담이 줄고, 대개 한 번도 사용하지 않은 많은 패키지를 설치하겠지만 꽤 많은 시간을 절약할 수 있기 때문에 초기 학습을 용이하게 할 수 있다. 따라서 즉시 시작하기를 원하거나 설치를 제어할 필요가 없다면, 이 부분을 건너뛰고 다음 절의 설명을 따라 진행해도 된다.

파이썬은 멀티플랫폼 프로그래밍 언어이기 때문에, 윈도우 또는 리눅스/유닉스 운영체제에서 실행되는 컴퓨터용 설치 프로그램을 찾아야 한다. 우분투^{Ubuntu}와 같은 일부 리눅스 배포판은 이미 파이썬이 포함돼 있으므로, 설치 과정이 훨씬 쉽다.

1. 터미널(명령창)에서 python을 입력하거나, 파이썬 IDLE 아이콘을 클릭해 파이썬 쉘을 연다. 그런 다음 올바른 설치 여부를 테스트하기 위해 파이썬 대화형 쉘 또는 REPL에서 다음 코드를 실행한다.

```
>>> import sys
>>> print (sys.version)
```

 예제 코드 다운로드

http://www.packtpub.com에서 팩트출판사 서적을 구입한 경우에는 사이트 계정을 이용해 예제 코드 파일을 다운로드할 수 있다. 만약 다른 곳에서 구입했다면 http://www.packtpub.com/support를 방문하고 등록해 해당 파일을 이메일로 직접 받을 수 있다.

구문 에러가 발생하면 파이썬 3가 아닌 파이썬 2를 실행하고 있음을 의미한다. 만약 에러가 발생하지 않고, 사용 중인 파이썬 버전이 3.x(이 책을 집필할 당시 최신 버전은 3.5.0이었음)로 나타난다면, 파이썬 버전이 제대로 실행되고 있는 것이다.

좀 더 명확하게 하기 위해 이 책에서는 터미널 명령줄에 명령어를 사용할 때 접두사 $>로 시작하며, 파이썬 REPL에서는 >>>로 시작할 것이다.

패키지 설치

사용하는 시스템에 따라 다르겠지만 파이썬은 배포판을 설치하지 않는 한 필요로 하는 모든 것을 포함해 번들로 제공하지는 않는다. 반면 배포판은 일반적으로 필요로 하는 것 이상을 포함한다.

필요한 패키지를 설치하려면 명령어 pip나 easy_install을 사용한다. 그러나 easy_install은 점차 덜 사용될 것이고, pip를 주로 사용할 것이다. pip를 사용한 패키지 설치를 선호하는 이유는 다음과 같다.

- pip는 파이썬 3를 위한 패키지 관리자다. 그리고 파이썬 2.7.9와 파이썬 3.4를 설치하면 자동적으로 pip와 파이썬 바이너리 인스톨러installer가 포함된다.
- pip는 프로그램 언인스톨uninstall 기능을 제공한다.
- 어떤 이유로든 패키지 설치를 실패하면 시스템을 원래 상태로 완벽하게 되돌려 놓는다.

명령줄에서 명령어 pip를 실행함으로 파이썬 패키지를 간단하게 설치하고 업그레이드하며 제거할 수 있다.

앞에서 언급한 것처럼, 파이썬 2.7.9 또는 파이썬 3.4를 설치했다면 pip 명령어는 이미 포함돼 있을 것이다. 컴퓨터에 설치된 도구를 확인하려면 다음 명령을 사용해 어떤 에러가 발생되는지 직접 테스트해보면 된다.

```
$> pip -V
```

리눅스 또는 맥 설치의 경우에는, 명령어가 pip3로 표시된다. 또한 컴퓨터에 파이썬 2와 파이썬 3를 모두 가지고 있는 경우에도 pip3로 표시된다. 따라서 명령어 pip를 사용하면 에러가 발생하며, 에러가 발생하는 경우 다음 명령어를 실행하면 된다.

```
$> pip3 -V
```

또는 과거에 사용했던 명령어인 easy_intall을 사용해 다음과 같이 테스트할 수도 있다.

```
$> Easy_install --version
```

 윈도우에서 파이썬을 사용하는 경우에는 pip가 바이너리 패키지를 설치하지 않기 때문에 pip의 장점에도 불구하고 easy_install을 사용하는 것이 좋다. 따라서 패키지를 설치하는 데 예기치 않았던 문제가 발생하는 경우 easy_install을 사용하면 시간을 절약할 수 있다.

테스트 도중 오류가 나면 pip를 처음부터 설치해야 한다. 또한 easy_install도 동시에 설치해야 한다.

pip를 설치하려면 https://pip.pypa.io/en/stable/installing/에 나와 있는 지침을 따르면 된다. 가장 안전한 방법은 https://bootstrap.pypa.io/get-pip.py에서 get-pip.py 스크립트를 다운로드하고 다음과 같이 실행하는 것이다.

```
$> python get-pip.py
```

또한 get-pip.py 스크립트는 https://pypi.python.org/pypi/setuptools에서 easy_install을 포함하고 있는 설치 도구^{setup tool}를 설치할 것이다.

다른 방법으로는, Debian/Ubuntu 유닉스 계열 시스템을 실행하는 경우 다음과 같이 apt-get을 사용해 모든 항목을 설치하는 것이다.

```
$> sudo apt-get install python3-pip
```

지금까지 설명한 기본적인 사항을 확인한 뒤에, 이 책에 제공돼 있는 예제를 실행하는 데 필요한 모든 패키지를 설치할 수 있다. 범용체^{generic package} <pk>를 설치하려면 다음 명령어를 실행한다.

```
$> pip install <pk>
```

만약 easy_install의 사용을 선호한다면 다음 명령어를 실행할 수도 있다.

```
$> easy_install <pk>
```

그렇게 하면 <pk> 패키지와 그에 속한 모든 것들이 다운로드되고 설치될 것이다.

만약 라이브러리가 설치됐는지 아닌지 확신할 수 없다면, 라이브러리 안에 있는 모듈을 임포트import하라. 만약 파이썬 인터프리터가 "Import Error"라는 메시지를 나타내면 패키지가 설치되지 않은 것이다.

예를 들어보자. NumPy 라이브러리가 설치된 경우 다음과 같이 나타난다.

```
>>> import numpy
```

그러나 NumPy 라이브러리가 설치되지 않은 경우에는 다음과 같이 표시된다.

```
>>> import numpy
Traceback (most recent call last):
File "<stdin>", line 1, in <module>
ImportError: No module named numpy
```

후자의 경우 NumPy 라이브러리를 임포트하기 전에 먼저 pip나 easy_install을 통해 설치해야 한다

패키지를 모듈과 혼동하지 않도록 주의하자. pip를 사용해 패키지를 설치하고, 파이썬에서 모듈을 임포트한다. 경우에 따라 패키지와 모듈의 이름이 같을 수도 있지만 대부분 일치하지 않는다. 예를 들어 sklearn 모듈은 Scikit-learn이라는 패키지에 포함돼 있다.

패키지 업그레이드

새로운 버전이 종속성에 의해 요구되거나 또는 사용하고 싶은 추가 기능이 있을 때, 패키지 업그레이드를 필요로 한다. 업그레이드를 하려면 다음 예와 같이 먼저 NumPy 패키지를 사용해 설치한 라이브러리 버전을 확인한다.

```
>>> import numpy
>>> numpy.__version__ # 2 underscores before and after
'1.9.2'
```

1.10.1과 같은 최신 버전으로 업데이트하려면, 명령줄에 다음 명령어를 실행하면 된다.

```
$> pip install -U numpy==1.10.1
```

그러나 꼭 필요하다고 판명되지 않은 한 권장하지 않으며, 대안으로 다음 명령어를 사용할 수 있다.

```
$> easy_install --upgrade numpy==1.10.1
```

마지막으로, 가장 최신 버전으로 패키지를 업그레이드하려면 간단히 다음 명령을 실행한다.

```
$> pip install-U numpy
```

또한 easy_install을 대안으로 실행할 수도 있다.

```
$> easy_install --upgrade numpy
```

과학용 배포판

앞서 설명했듯이 작업 환경을 만드는 것은 데이터 과학자에게 시간이 많이 걸리는 작업이다. 먼저 파이썬을 설치하고, 그런 다음 하나씩 필요한 모든 라이브러리를 설치해야 한다. 때로는 설치 절차가 기대했던 것만큼 순조롭게 진행되지 않을 수도 있다.

만약 시간과 노력을 절약하고 곧바로 사용이 가능한 파이썬 환경을 원한다면, 과학용 보급판 파이썬을 다운로드해 설치하고 사용하면 된다. 파이썬 보급판에는 다양한 패키지가 포함돼 있으며, 때로는 사용자를 위한 추가적 도구와 IDE도 포함돼 있다. 그중 몇몇은 데이터 과학자들 사이에 매우 잘 알려져 있다. 다음 절에서 가장 유용하고 실용적이라고 알고 있는 두 개 패키지의 몇 가지 핵심적 특징을 살펴볼 것이다.

책의 내용을 즉시 따라가려면, 우선 아나콘다^{Anaconda}와 같은 과학용 배포판을 다운로드해서 설치할 것을 제안한다(내 생각으로는 아나콘다가 가장 완벽하다고 생각된다). 그리고 이 책에 있는 예제를 실행한 다음, 설치한 배포판을 완전히 제거하고 프로젝트에 필요한 패키지만을 포함해 파이썬을 설치할 것을 추천한다.

또, 가능하면 파이썬 3가 포함된 버전을 다운로드하고 설치하는 것을 권장한다.

아나콘다(https://www.continum.io/downloads)가 가장 먼저 추천하는 패키지다. 아나콘다는 Continuum Analytics에서 제공하는 파이썬 배포판으로 NumPy, SciPy, Pandas, IPython, Matplotlib, Scikit-learn, Statsmodels과 같은 200여 종의 패키지를 포함한다. 또한 다른 파이썬 배포판, 다른 버전을 이미 사용하는 시스템에도 설치 가능한 교차 플랫폼 배포판으로, 기본 버전은 무료다. 고급 기능이 추가되면 별도로 요금이 부과된다. 아나콘다는 패키지 설치를 관리하기 위한 명령줄 도구로 이진 패키지 관리자인 콘다^{Conda}를 소개한다. 웹사이트에 명시된 바와 같이, 아나콘다의 목표는 대규모 자료 처리와 예측 분석 그리고 과학적 컴퓨팅을 위해 엔터프라이즈용 파이썬 배포판을 제공하는 것이다.

두 번째 제안으로, 윈도우 환경에서 파이썬을 가동시키고자 한다면, WinPython(http://winpython.sourceforge.net) 사용을 추천한다(유감스럽게도 리눅스나 맥 운영체제에서는 작동하지 않는다). WinPython 또한 커뮤니티에 의해 관리되고 무료이며 오픈소스로 제공되는 파이썬 배포판이다. WinPython은 아나콘다처럼 과학자들을 염두에 두고 고안됐으며, NumPy, SciPy, Matplotlib, IPython과 같은 많은 필수적인 패키지를 포함한다. 또한 WinPython은 Spyder를 IDE로 포함하고 있으며, 이는 MATLAB 언어 및 인터페이스를 사용해본 경험이 있는 경우 유용하다. WinPython의 중요한 이점은 이식의 용이성이다. 관리 수준을 높일 필요 없이 특정 디렉터리나 심지어는 USB 플래시 드라이브에 옮길 수 있다. WinPython을 사용하면, 현재 사용하고 있는 컴퓨터에 서로 다른 버전을 설치할 수 있고, 윈도우 컴퓨터에서 다른 버전으로 옮길 수도 있으며 디렉터리만 변경해 구 버전을 신 버전으로 쉽게 교체할 수도 있다. WinPython이나 그것의 셸을 실행하면, 정기적으로 설치하고 시스템에 등록하기 때문에 파이썬을 실행하는 데 없어서는 안 되는 모든 환경변수를 자동적으로 설정한다.

마지막으로 윈도우 환경에서 작동하는 배포판에 대한 또 다른 대안은 Python(x,y)다. Python(x,y)(http://python-xy.github.io)는 과학 커뮤니티에서 관리하는 무료이면서 오픈소스인 파이썬 배포판이다. Python(x,y)는 NumPy, SciPy, NetworkX, IPython, Scikit-learn과 같은 많은 패키지를 포함한다. 또한 Python(x,y)는 MATLAB IDE에 의해 영감을 받은 대화형 개발 환경인 Spyder를 특징으로 한다.

Jupyter 및 IPython 소개

IPython은 페르난도 페레즈Fernando Perez에 의해 2001년 무료 프로젝트로 시작됐다. 과학적 조사를 위한 파이썬 스택stack의 부족한 부분에 역점을 뒀다. 페르난도 페레즈는 파이썬이 소프트웨어 개발 과정에서 과학적 접근법(주로 실험하고 대화식으로 발견하는 것을 의미)을 통합할 수 있는 사용자 프로그래밍 인터페이스가 결핍돼 있다고 느꼈다.

데이터 과학에서 데이터 탐색 및 분석 작업을 하는 것처럼, 과학적 접근법은 다양한 가설을 사용해 신속하게 반복적으로 실험하는 것을 의미하며, IPython을 사용하면 탐구적이며 반복적인 시행착오를 통해 코딩을 자연스럽게 구현할 수 있다.

최근 IPython 프로젝트의 많은 부분이 Jupyter(http://jupyter.org)라고 부르는 새로운 프로젝트로 옮겨졌다.

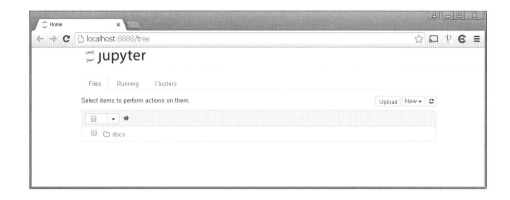

이러한 새로운 프로젝트는 IPython 인터페이스가 지닌 잠재적 유용성을 다음과 같은 다양한 프로그래밍 언어로 확장시킨다.

- R(https://github.com/IRkernel/IRkernel)

- Julia(https://github.com/JuliaLang/IJulia.jl)

- Scala(https://github.com/mattpap/IScala)

사용 가능한 커널^{kernel}의 전체 목록을 보려면 https://github.com/ipython/ipython/wiki/IPython-kernels-for-other-languages를 방문하면 된다.

프론트엔드 인터페이스에 의해 전달되는 것처럼 사용자 코드를 실행하는 프로그램인 커널의 강력한 아이디어 덕분에 개발 중인 언어와 상관없이 IPython과 동일한 형태의 인터페이스와 대화형 프로그래밍 스타일을 사용할 수 있다. 그런 다음 실행된 코드의 결과에 대한 피드백을 인터페이스 자체에 제공한다.

IPython(파이썬은 원래의 출발점인 제로 커널이다)은 콘솔이나 웹 기반 노트북에서 작동할 수 있는 대화형 작업을 위한 도구로 간단하게 설명할 수 있다. 이러한 도구는 개발자가 현재 코드를 더 잘 이해하고 작성하도록 돕는 특별한 명령어를 제공한다.

IDE 인터페이스는 스크립트를 작성해 그것을 실행한 다음 최종적으로 그 결과를 평가한다. 반면 IPython에서는 코드를 일괄적으로 작성하고 각각을 분리해 순차적으로 실행하면서 각각에 대해 텍스트 아웃풋과 그래픽 아웃풋 모두를 차례대로 평가한다. 그래픽 통합 기능 외에도, IPython은 사용자 정의가 가능한 명령어와 JSON 포맷의 풍부한 기록 그리고 대량의 수치 계산을 처리할 때 향상된 성능을 위해 필요한 계산 병렬 처리 기능을 제공한다.

IPython에서는 코드, 주석, 수식, 차트와 대화형 플롯 그리고 이미지, 비디오와 같은 풍부한 미디어를 손쉽게 결합할 수 있으므로 모든 실험과 결과를 완벽하게 과학적 스케치 패드에 담을 수 있다. 게다가 IPython은 재현 가능한 연구를 허용하므로, 서로 다른 환경에서 어떠한 데이터 분석이나 모델 구축도 손쉽게 재현할 수 있다.

```
In [1]:  import pandas as pd
         from sklearn.datasets import load_boston
         boston = load_boston()
         dataset = pd.DataFrame(boston.data, columns=boston.feature_names)
         dataset['target'] = boston.target

In [2]:  %matplotlib inline
         # If you are using IPython, this will make the images available in the notebook
         scatter = dataset.plot(kind='scatter', x='RM', y='target')
```

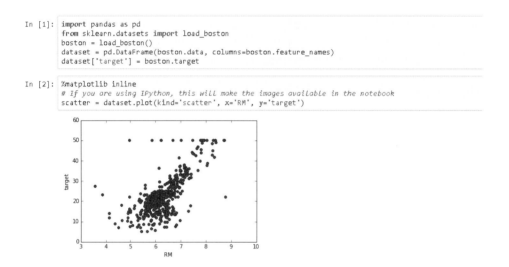

IPython은 사용자가 선택하는 브라우저(MS 익스플로러, 파이어폭스, 구글 크롬일 수 있음)에서 작동하며, 시작할 때 코드 작성을 기다리는 셀을 표시한다. 셀에 포함된 각 코드 블록을 실행하고, 셀 바로 다음에 결과가 나타난다. 플롯은 노트북(인라인 플롯)이나 별도 윈도우에 표시될 수 있다. 이 책의 예제에서는 차트를 인라인으로 표시하기로 한다.

메모는 마크다운Markdown 언어를 사용해 쉽게 작성할 수 있다. 마크다운 언어는 매우 쉽고 액세스하기 쉬운 마크업markup 언어다(http://daringfireball.net/projects/markdown).

이러한 접근법은 데이터 기반의 코드 개발과 관련된 작업에 특히 효과적이다. 데이터 분석이 어떻게 수행됐는지와 데이터 분석의 전제 조건 그리고 가정 및 중간/최종 결과를 문서화하고 설명하는 작업을 자동으로 수행하기 때문이다. 만약 내부 또는 외부의 이해관계자를 프로젝트로 끌어들이기 위해 수행하고 있는 일이 무슨 작업을 하고 있는지 보여주려고 한다면 IPython을 통해 추가적인 노력 없이도 스토리텔링의 마법을 실제로 수행할 수 있을 것이다. 웹 페이지 https://github.com/ipython/ipython/wiki/A-gallery-of-interesting-IPython-Notebooks에서 도움받을 수 있는 많은 예제를 찾아볼 수 있다.

실제로 최신의 IPython 노트북을 잘 유지, 관리하면 관리자 또는 이해관계자가 갑자기 만나 급히 작업 상태를 보여줄 것을 요구했을 때, 매우 많은 시간을 절약할 수 있다.

추가적인 리소스로, IPython은 명령이 실행되는 데 소요되는 시간을 측정하거나 셀 아웃풋으로 텍스트 파일을 생성하는 것과 같은 유용한 작업을 수행 가능케 하는 많은 매직 명령어 라이브러리를 제공한다. 이들 명령어는 한 줄로 된 코드를 사용하는지 또는 전체 셀에 포함된 코드를 사용하는지에 따라 라인 매직과 셀 매직으로 구분한다. 매직 명령어 %timeit은 라인 매직과 같은 행에서 명령을 실행하는 데 걸리는 시간을 측정하는 반면, %%time은 전체 셀의 실행 시간을 측정하는 셀 매직이다.

매직 명령어에 대해 더 자세히 알고 싶다면, IPython 셀에 %quickref를 입력하고 실행해 보면 된다. 그러면 사용 가능한 모든 명령어를 보여주는 완벽한 안내서가 나타날 것이다.

요약하면 IPython은 다음과 같은 기능을 수행한다.

- 분석의 각 단계에 대한 중간 (디버깅) 결과 보기
- 코드의 일부 섹션(또는 셀) 실행하기
- 중간 결과를 JSON 포맷으로 저장 또는 버전 제어하기
- IPython 노트북 Viewer 서비스(http://nbviewer.ipython.org/)를 통해 작업(텍스트, 코드 및 이미지의 조합)을 공유하고, 그것을 HTML, PDF 또는 슬라이드 쇼로 쉽게 내보내기

이 책에서는 IPython의 선택을 선호하며, 스크립트와 데이터 그리고 그에 따른 결과를 명확하고 효과적으로 보여주기 위해 사용된다.

 IPythot의 모든 기능에 대해 완벽히 기술한 논문은 팩트출판사에서 출간한 두 권의 책을 참고하면 된다. 하나는 2014년 9월 25일 출간된 시릴 로산트(Cyrille Rossant)의 『IPython Interactive Computing and Visualization Cookbook』이고, 다른 하나는 역시 같은 저자의 2013년 4월 25일 출간된 『Learning IPython for Interactive Computing and Data Visualization』이다.

설명을 돕기 위해 모든 IPythone 명령어 블록은 번호가 매겨진 입력문과 한 개의 출력문으로 구성한다. 이 책에서는 적어도 출력이 모두 사소한 것이 아닌 경우라면 두 개의 블록으로 구성된 코드로 표시되며, 그렇지 않으면 입력 부분만 표시된다.

```
In: 입력해야 하는 코드
Out: 얻은 결과
```

입력 또는 출력에 번호를 매기지 않는다.

IPython 사용을 강력히 권장하지만, REPL 접근법이나 IDE 인터페이스를 사용하는 경우에도 동일한 지침을 사용해 반환되는 결과의 출력 형식과 확장에 대해 동일한 결과를 기대할 수 있다.

▌ 선형모델을 위한 파이썬 패키지와 함수

선형모델은 다양한 과학 및 비즈니스 애플리케이션에서 널리 사용되며, 다양한 기능으로 다양한 파이썬 패키지에서 찾아볼 수 있다. 이 책에서는 그중 몇 개만을 선택해서 사용한다. Statsmodels는 모델의 통계적 특성을 설명하기 위해 사용하고, Scikit-learn은 데이터를 쉽고 원활하게 준비하고 모델을 구축하고 배포하는데 권장되는 패키지다. 데이터 과학적 관점에서 모델링에 접근하는 방법을 보여주기 위해 Scikit-learn을 사용하고, 선형모델의 통계적 특성을 설명하기 위해 Statsmodels로 구축한 모델을 제시한다.

NumPy

트래비스 올리판트[Travis Oliphant]가 만든 NumPy는 파이썬 언어로 된 모든 분석 솔루션의 핵심이다. NumPy는 사용자에게 다차원 배열을 제공하며, 이러한 배열과 함께 다양한 수학적 연산을 수행하는 많은 함수를 제공한다. 배열은 다차원으로 구성된 데이터 블록이며, 수학적 벡터와 행렬을 구현한다. 또한 배열은 데이터 저장뿐만 아니라 신속한 행렬 운영(벡터화)에도 유용하며, 특정한 데이터 과학 문제를 해결하고자 할 때 반드시 필요하다.

이 책에서는 우선 NumPy의 linalg 모듈을 사용할 것이다. NumPy의 linalg 모듈은 선형 대수학 함수의 집합으로, 알고리즘의 기본을 설명하는 데 도움이 될 것이다.

- **웹사이트**: http://www.numpy.org/
- **임포트 규칙**: import numpy as np
- **인쇄 당시의 버전**: 1.9.2
- **권장 설치 명령어**: pip install numpy

 NumPy를 임포트할 때 다음과 같이 np로 별칭을 지정해 사용하는 것은 파이썬 커뮤니티에서 채택한 일반적인 규칙이다.

```
import numpy as np
```

앞으로 이 책에 소개된 코드에서 사용할 다른 파이썬 기능에 대해서도 임포트 규칙이 존재한다.

SciPy

트래비스 올리판트와 페루 피터슨[Pearu Peterson] 그리고 에릭 존스[Eric Jones]가 수행한 원본 프로젝트를 통해, SciPy는 선형 대수, 희소 행렬[sparse matrices], 신호 및 이미지 처리, 최적화 그리고 빠른 푸리에 변환[Fourier transformation] 등을 위한 수많은 과학적 알고리즘을 제공하는 NumPy의 기능을 완성한다.

scipy.optimize 패키지는 다양한 최적화 방법을 사용해 선형모델을 추정하는 방법을 자세히 설명하기 위해 일반적으로 사용되는 몇 가지 최적화 알고리즘을 제공한다.

- **웹사이트**: http://www.scipy.org/
- **임포트 규칙**: import scipy as sp
- **인쇄 당시의 버전**: 0.16.0
- **권장 설치 명령어**: pip install scipy

Statsmodels

이전에는 Scikit의 일부였던 Statsmodel은 SciPy의 통계적 함수를 보완한 정도로 생각했었다. Statsmodels은 일반화된 선형모델, 이산 선택 모델, 시계열 분석 그리고 일련의 기술적 통계, 뿐만 아니라 모수 검정과 비모수 검정을 특징으로 한다.

Statsmodels에서는 입력 행렬과 수식 사양을 모두 제공해 적합한 선형모델을 찾는 statsmodels.api와 statsmodels.formula.api 모듈을 사용한다.

- **웹사이트**: http:/statsmodels.sourceforge.net/
- **임포트 규칙**: import statsmodels.api as sm

  import statsmodels.formular.api as smf
- **인쇄 당시의 버전**: 0.6.1
- **권장 설치 명령어**: pip install statsmodels

Scikit-learn

SciPy Toolkits(SciKits)의 부분으로 시작된 Scikit-learn은 파이썬으로 운영되는 데이터 과학 작업의 핵심이다. Scikit-learn은 데이터 전처리, 지도 학습supervised learning과 비지도 학습unsupervised learning, 모델 선택, 검증 그리고 오차 행렬error matrices과 관련해 필요한 모든 기능을 제공한다. 책 전체에 걸쳐 이 패키지에 대해 자세하게 다룰 것이다.

Scikit-learn은 2007년 데이비드 코나퓨David Cournapeau의 구글 여름 코드 프로젝트Google Summer of Code Project로 시작됐으며, 2013년부터 INRA(프랑스 컴퓨터 과학 및 자동화 연구소)의 연구원에 의해 인수됐다.

Scikit-Learn은 데이터 처리(sklearn.processing, sklearn.feature_extraraction), 모델 선택 및 검증(sklearn.cross_validation, sklearn.grid_search, and sklearn.metrics) 그리고 전체 메소드 집합(sklearn.linear_model)을 위한 모듈을 제공한다. 여기에서 수나 확률로 표기되는 목표값target value은 입력 변수의 선형 조합일 것으로 예상된다.

- **웹사이트**: http://scikit-learn.org/stable/
- **임포트 규칙**: 없음. 일반적으로 모듈은 별도로 임포트함
- **인쇄 당시의 버전**: 0.16.1
- **권장 설치 명령어**: pip install scikit-learn

 임포트된 모듈의 이름은 sklearn이다.

▌ 요약

1장에서는 데이터 과학적 관점에서 선형모델의 유용성을 살펴보고 데이터 과학 접근법에 대한 몇 가지 기본 개념을 소개했다. 데이터 과학 접근법은 나중에 더 자세히 설명하

고 선형모델에 적용할 것이다. 또한 1장에서는 파이썬 환경 설정 방법에 대해 자세한 지침을 제공했고, 이러한 지침은 예제를 제시하고 머신 러닝 가설의 빠른 개발을 위한 유용한 코드 정보를 제공하기 위해 책 전체에 사용될 것이다.

2장에서는 통계적 기초 지식에 근거해 선형회귀에 대한 설명을 시작한다. 상관관계에 대한 개념에서부터 단일 예측변수를 사용한 간단한 선형회귀분석을 진행하고 알고리즘을 공식화할 것이다.

02

단순선형회귀분석 접근

파이썬과 IPython을 직접 설치했거나 과학용 배포판을 사용해 모든 작업 도구를 설정했다면, 이제 선형모델을 사용해 구축하려는 소프트웨어에 새로운 기능, 특히 예측 기능을 추가할 준비가 된 것이다. 지금까지는 개발자가 스스로 정의한 특정 사양 또는 다른 사용자가 제공한 사양에 기반을 둔 소프트웨어 솔루션을 개발해왔다. 또한 접근 방식은 모든 상황을 구체적이고 미리 결정된 응답에 매핑하는 코드를 작성함으로 특정 입력에 대한 프로그램의 응답을 조정하는 것이었다. 즉, 응답을 살펴 반영함으로써 자신이나 다른 사람의 경험에서 배운 관행들을 통합하는 것이었다.

그러나 세상은 복잡하며 때로는 개발자가 경험이 있다 하더라도 그 경험이 경쟁이 치열한 비즈니스나 다양하고 많은 가변적인 양상을 띠고 있는 도전적인 문제에서 차별성을 가진 스마트한 소프트웨어를 만들기에 충분하지 않을 수도 있다.

2장에서는 수동으로 직접 조절하는 프로그래밍 방식과는 다른 접근법을 살펴볼 것이다. 여기서 소개하는 방법은 소프트웨어가 특정 입력에 대한 올바른 답을 스스로 학습할 수 있게 하는 것이다. 이 접근 방법을 사용하면 데이터와 목표 반응의 관점에서 문제를 정의할 수 있고, 예측에 적합한 특성을 선택하는 것과 같이 진행 과정에서 도메인이 가진 전문 기술의 몇 가지를 통합할 수 있다. 따라서 데이터를 통해 학습하는 형태로 소프트웨어를 만드는 경우에도 개발자의 경험은 중요하다. 실제로 개발자의 소프트웨어는 개발자가 구체화하는 정도에 따라 데이터로부터 학습하게 될 것이다. 2장에서는 데이터로부터 지식을 도출하는 가장 간단한 방법 중 하나인 선형모델에 의존해 이를 달성할 수 있는 방법을 설명하고자 한다.

2장에서는 다음 주제에 대해 살펴볼 것이다.

- 머신 러닝으로 해결할 수 있는 문제가 무엇인지에 대한 이해
- 회귀모델이 해결할 수 있는 문제가 무엇인지에 대한 이해
- 상관관계^{correlation}의 장점과 단점
- 상관관계를 단순회귀모델로 확장하는 방법
- 회귀모델을 사용하는 시기와 대상 그리고 이유
- 기울기 하강$^{gradient\ descent}$과 관련된 필수 수학 지식

이 과정에서 좀 더 큰 틀의 통계적 관점에서 선형회귀분석을 조망하고자 몇 가지 통계학적 용어와 개념을 사용할 것이다. 또한 사용하는 접근 방식은 실용적인 관점을 유지하면서 파이썬을 이용한 선형모델 구축의 도구와 힌트를 제공할 것이며 소프트웨어 개발을 풍부하게 할 것이다.

▌ 회귀 문제 정의

머신 러닝의 알고리즘 덕분에 데이터에서 지식을 얻는 것이 가능하게 됐다. 머신 러닝은

수년에 걸친 연구에 굳건한 뿌리를 두고 있으며, 1950년대 말 아서 사무엘$^{\text{Arthur Samuel}}$이 머신 러닝을 "컴퓨터에 의해 명시적으로 프로그램되지 않고도 배울 수 있는 학습 능력을 주는 연구 분야"임을 명확히 명시한 이후부터 시작됐다.

이전에는 기록되지 않았던 수많은 양의 데이터를 사용할 수 있게 됨에 따라 데이터의 양이 급증하게 됐고, 이런 데이터의 급증은 최근 기존의 머신 러닝 기술을 광범위하게 사용할 수 있게 했으며, 이를 고성능 기술로 만들었다. 오늘날 핸드폰을 통해 통화가 가능하고, 시리^{Siri}나 구글 나우$^{\text{Google Now}}$ 같은 기능을 이용해 비서 역할을 제공받을 수 있는 것은 분명 머신 러닝 덕분이라고 할 수 있다. 또한 얼굴 인식, 검색엔진, 스팸 필터, 책/음악/영화 추천 시스템, 필기 인식 및 자동 언어 번역과 같은 머신 러닝을 기반으로 한 모든 애플리케이션에도 똑같이 적용된다.

신용등급 평가, 사기 감지, 알고리즘 매매, 웹의 광고 프로파일링 및 건강 진단과 같이 다소 덜 명확하지만 그럼에도 중요하고 수익성이 있는 머신 러닝 알고리즘의 사용도 있다.

일반적으로 머신 러닝 알고리즘은 다음 세 가지 방법으로 학습할 수 있다.

- **지도 학습**$^{\text{supervised learning}}$: 라벨이 있는 예제를 통해 학습한다. 예를 들어 부동산 시장에서 주택의 판매 가격을 미리 예측하고자 할 때 주택의 과거 가격에 대한 정보를 바탕으로 지도 학습 알고리즘을 사용해 주택의 특성과 연관시켜 가격을 성공적으로 추정할 수 있다.
- **비지도 학습**$^{\text{unsupervised learning}}$: 어떤 힌트도 없이 예제를 제시하고 라벨이 있는 알고리즘으로 발전시키는 것이다. 고객 데이터베이스 내부의 그룹을 특성 및 행동을 기반으로 유사한 것끼리 분할하는 방법으로 파악할 수 있다.
- **강화 학습**$^{\text{reinforcement learning}}$: 비지도 학습에서와 같이 라벨 없이 예제를 제시하지만, 라벨 추측이 정확한지 아닌지에 대해 환경으로부터 피드백을 받는다. 비디오 게임이나 주식 시장과 같은 경쟁적인 환경에서 성공적으로 작동하는 소프트웨어가 필요할 때 강화 학습 방법을 사용할 수 있다. 이 경우 소프트웨어는 설정

된 환경에서 작동하기 시작하며 성공을 보장하는 일련의 규칙을 찾을 때까지 오류로부터 직접 학습한다.

선형모델과 지도 학습

비지도 학습은 로보틱 비전robotic vision과 자동 특성 생성automatic feature creation 분야에 중요한 애플리케이션을 가지고 있고, 강화 학습은 로봇이나 지능형 에이전트agent 소프트웨어와 같은 자율적 인공지능을 개발하는 데 매우 중요하다. 반면 지도 학습은 인류가 오랫동안 열망해왔던 예측을 가능하게 한다는 점에서 데이터 과학에서 가장 중요하다고 할 수 있다.

비즈니스 분야에는 일반적인 유용성 증대를 위한 여러 개의 예측 애플리케이션이 있는데, 이런 예측 애플리케이션은 발생할 수 있는 상황의 결과를 알게 해줌으로써 최상의 행동 방침을 취할 수 있게 해준다. 고대의 예측은 마법이나 현인의 지혜와 관련돼 있었지만, 오늘날은 이런 예측 애플리케이션 덕분에 각종 결정과 행동을 성공적으로 만들 수 있다.

"충분히 선진화된 일부 기술은 마술과 같다"고 했던 영국 작가 아서 찰스 클라크 경Arthur Charles Clarke의 말처럼 어떤 사람들에게는 지도 학습이 마술처럼 보일지 몰라도 실상은 전혀 그렇지 않다. 수학과 통계학적 이론에 기반을 둔 지도 학습은 인간의 경험과 관찰을 향상시키는 지렛대 역할을 하며, 인간이 생각할 수 없는 방식으로 정확한 예측을 할 수 있도록 돕는다. 그렇지만 지도 학습은 특정한 조건에서만 예측이 가능하다. 과거의 사례를 통해 특정한 전제 조건에 따라 매우 가능성이 높은 예측을 할 수 있도록 지원하는 규칙과 힌트를 추출할 수 있다.

여하튼 머신 러닝 알고리즘의 정확한 공식화 여부와 관계없이, 예측을 가능케 하는 법칙과 힌트를 끌어낼 수 있다는 것은 관찰된 과거의 특정 결론에 도달할 수 있는 어떤 전제 조건이 존재했기 때문이다.

수학적으로 표현하면, 예측 결과를 응답변수$^{response\ variable}$ 또는 목표변수$^{target\ variable}$라 하고 일반적으로 소문자 y를 사용해 나타낸다.

반면 전제 조건을 예측변수 또는 단순히 속성^{attributes}이나 특성^{features}이라 하며, 전제 조건이 하나일 경우에는 소문자 x로, 전제 조건이 많을 경우에는 대문자 X로 표기한다. 대문자 X를 사용하면 행렬 표기법으로 표현할 수 있다. y를 응답 벡터(기술적으로는 칼럼 벡터)로, X를 속성 벡터의 모든 값을 포함하는 행렬로 처리할 수 있기 때문이다.

또한 X와 y의 크기도 중요하다. 일반적으로 n을 관찰의 횟수로, p를 변수의 개수로 나타낸다. 그 결과 X는 크기 (n, p)의 행렬이 되고, y는 항상 크기 n의 벡터가 될 것이다.

 책 전반에 걸쳐 실질적으로 좀 더 명확하고 장황한 통계적 표기법을 사용할 것이다. 나중에 예제를 통해 보겠지만, 통계적 수식은 수식에 포함된 모든 예측자의 아이디어를 제공한다면, 행렬 표기법은 좀 더 암묵적이다.

지도 학습 방법으로 데이터로부터 예측하는 것을 학습할 때 실제로 어떻게 X가 y를 암시할 수 있는지에 대해 답할 수 있는 함수를 구축하게 된다.

이런 새로운 행렬 기호 표기법을 사용해 X값을 오차 없이 또는 허용 가능한 오차 범위의 y로 변환할 수 있는 함수를 정의할 수 있다. 따라서 앞으로 하는 모든 작업은 다음과 같은 종류의 함수를 결정하고자 하는 것이다.

$$y = h(X)$$

함수가 설정되고, 특정 파라미터를 가진 특정 알고리즘과 특정 데이터로 이뤄진 X 행렬을 염두에 둔다면, 통상적으로 이를 가설^{hypothesis}이라고 할 수 있다. 목표변수 y를 예측하는 데 있어 어느 정도 잘 작동하는지 테스트할 수 있는 준비된 가설로 함수가 의도됐기 때문에 이런 용어의 사용은 적절하다고 본다.

지도 알고리즘 함수에 대해 이야기하기 전에, 우선 어떤 요소가 알고리즘 자체를 형성하는지에 대해 추론할 필요가 있다. 이미 행렬 X를 예측변수, 벡터 y를 목표 응답변수로 소개했다. 이제 데이터에서 이들을 추출하는 방법과 이들이 학습 알고리즘에서 정확히 어떤 역할을 하는지 설명할 차례다.

예측변수 반영

지도 알고리즘에서 예측변수의 역할을 반영할 때, 책 전체에서 염두에 둬야 할 매우 중요하고 결정적인 몇 가지 주의 사항이 있다.

예측변수를 저장하기 위해 일반적으로 다음과 같이 X 행렬을 사용한다.

$$X = \begin{bmatrix} x_1 \\ x_2 \\ . \\ . \\ . \\ x_n \end{bmatrix}$$

여기에서 X는 하나의 변수로 구성돼 있으며, n개의 사례(또는 관찰)를 포함한다.

 머신 러닝에서는 일반적으로 통계학에서 변화하는 무엇인가를 암시하기 위해 사용하는 변수보다 특성 또는 속성의 사용을 선호한다. 전후 상황이나 대상에 따라 효과적으로 둘 중 하나를 선택해서 사용한다.

파이썬 코드에서는 다음과 같이 입력해 1개의 열 혹은 1개의 행으로 구성된 행렬을 만들 수 있다.

```
In:    import numpy as np
       vector = np.array([1,2,3,4,5])
```

```
row_vector = vector.reshape((5,1))
column_vector = vector.reshape((1,5))
single_feature_matrix = vector.reshape((1,5))
```

NumPy의 array를 사용하면 벡터와 행렬을 신속하게 표현할 수 있다. 파이썬의 list를 사용해 벡터(실제로 이는 행 벡터도 열 벡터도 아님)를 만들고, reshape 메소드를 사용해 사용자의 목적에 맞게 이를 행 벡터 또는 열 벡터로 변환할 수 있다.

실제 사회에서 통용되는 데이터는 대개 더 복잡한 행렬을 필요로 한다. 따라서 실제 사회에서 통용되는 행렬은 무수히 많은 서로 다른 데이터 열(빅데이터의 다양한 요소)로 구성된다. 따라서 대부분의 표준 X 행렬은 많은 열을 포함하게 되므로 다음과 같은 표기법을 사용한다.

$$X = \begin{bmatrix} x_{1,1} \, x_{1,2} - x_{1,p} \\ x_{2,1} \, x_{2,2} - x_{2,p} \\ \cdot \\ \cdot \\ \cdot \\ x_{n,1} \, x_{n,2} - x_{n,p} \end{bmatrix}$$

이제 행렬은 더 많은 변수(p개의 변수)를 갖게 되고, 행렬의 크기는 n×p가 된다. 파이썬에서는 두 가지 방법으로 이런 데이터 행렬을 만들 수 있다.

```
In:   multiple_feature_matrix = \
         np.array([[1,2,3,4,5],[6,7,8,9,10],[11,12,13,14,15]])
```

또는

```
In:   vector =  np.array([1,2,3,4,5,6,7,8,9,10,11,12,13,14,15])
      multiple_feature_matrix = vector.reshape((3,5))
```

첫 번째 방법은 array 함수를 사용해 리스트 안에 리스트를 변환하는 방법으로, 안에 있는 리스트 각각은 행 행렬이 된다. 또 다른 방법은 데이터를 벡터로 생성한 다음 그것을 reshape 메소드를 사용해 원하는 행렬 모양으로 변형하는 방법이다.

 NumPy에는 1 행렬과 0 행렬을 신속하게 생성할 수 있는 함수가 있다. 인수로 원하는 (x, y) 모양을 지정하면 된다.

```
all_zeros = np.zeros((5,3))
all_ones = np.ones((5,3))
```

과거의 관찰로부터 얻은 정보(X로 표기해 사용)는 X와 y 사이의 관계를 어떻게 구축할 것인지에 깊은 영향을 미칠 수 있다.

실제로 X와 y 사이에 가능한 연관성을 모두 알지 못하는 경우가 대부분인데 그 이유는 다음과 같다.

- 특정 X에 대해서만 관찰했기 때문에 주어진 X에 대한 y의 경험은 편향돼 있다. 이것은 복권처럼 게임에서 사용할 수 있는 모든 숫자 중에서 특정한 숫자만을 추출했기 때문에 샘플링 편향sampling bias이다.
- 과거에 전혀 발생하지 않았기 때문에, 어떤 특정한 (X, y)의 연관성이 관찰되지 못한다(X와 y 사이의 상호 연관성을 나타내는 튜플 형식에 주목하자). 그러나 향후에 그런 연관성이 발생할 가능성을 배제하지는 않는다.

과거에 제시한 방향을 통해서만 미래를 추정할 수 있으므로, 두 번째 문제는 언급하지 않는다. 그러나 실제로 사용하고 있는 데이터가 얼마나 최근의 것인지는 확인할 수 있다. 변화에 민감하고 일상적으로 변경될 수 있는 상황을 예측하려고 한다면, 데이터가 빠르게 노후화돼 새로운 동향을 예측할 수 없을 수도 있다는 점을 유념해야 한다. 모델을 지속적으로 업데이트해야 하는 가변적인 상황의 한 예로 광고 분야를 들 수 있다(광고 분야는 경쟁 상황이 취약하고 지속적으로 변화한다). 따라서 훨씬 더 효과적인 지도 알고리즘을 구축하기 위해서는 지속적으로 더 새로운 데이터를 수집해야 한다.

첫 번째 문제는 다양한 소스로부터 얻은 많은 사례^{case}를 사용함으로 해결할 수 있다. 더 많은 샘플을 수집하면 할수록, 수집해 모은 X 세트가 X와 y의 실제 연관성과 유사할 가능성이 점점 더 높아진다. 이것은 확률과 통계학에서 중요한 개념인 '많은 수의 법칙'을 통해 이해할 수 있다.

'많은 수의 법칙'은 실험 횟수를 증가시킴에 따라, 결과의 평균값이 실험 자체가 파악하려고 하는 실제 값을 나타낼 가능성을 높여준다는 것을 암시한다.

지도 알고리즘은 배치^{batches}라고 하는 대규모 과거 데이터 샘플을 통해 학습한다. 배치는 데이터베이스^{databases}나 데이터 레이크$^{data\ lakes}$와 같은 대형 데이터 저장소에서 한 번에 모든 데이터를 가져오는 것이다. 또는 지도 알고리즘은 대량의 데이터를 무시하고 스스로 학습하기에 가장 유용한 예제를 선택할 수도 있다. 이를 능동 학습$^{active\ learning}$이라 부른다. 이것은 일종의 준지도 학습$^{semi-supervised\ learning}$이며 이 책에서는 다루지 않을 것이다.

환경이 급변하는 경우에는 예측변수와 응답변수 사이의 새로운 관계를 지속적으로 파악하면서 데이터를 사용 가능한 상태로 스트리밍할 수 있다. 이를 온라인 학습$^{online\ learning}$이라고 하며, 7장, '온라인과 일괄 학습'에서 다룰 것이다.

고려해야 할 예측변수^{predictors} X 행렬의 또 다른 중요한 측면은 현재까지 행렬 X에 있는 정보를 사용해 응답변수 y를 결정적으로 이끌어낼 수 있다고 가정했다는 것이다. 그러나 유감스럽게도 실제 상황에서는 항상 그렇지 않다. 잘못된 일련의 예측 X를 사용해 실제로 응답 y를 파악하려고 시도하는 것도 드문 일이 아니다. 그런 경우에는 실제로 X와 y 사이의 조절을 위해 변수의 관점에서 더 많은 데이터를 통해 다른 X를 찾아야 한다.

사용된 모델에 따르면 더 많은 변수와 사례를 갖는 것은 일반적으로 다른 관점에서 볼 수 있기 때문에 이득이다. 더 많은 사례를 가지면 편향되고 한정적인 일련의 관찰로부터 학습될 수 있는 가능성을 줄일 수 있다. 많은 알고리즘은 대규모의 관찰 세트를 사용해 훈련하면 내부의 파라미터를 더 정확하게 추정하고 예측할 수 있다. 또한 직접 사용 가능한 변수를 더 많이 갖는 것은 유익하고 머신 러닝을 위해 사용되는 설명적 기능을 증가시킬 수 있다. 실제로 많은 알고리즘이 특성의 중복 정보와 노이즈^{noise}에 민감하므로, 결과적으로 모델에 포함된 예측을 줄이기 위해 일부 특성을 선택하게 된다. 이는 선형회귀의 경우와 유사하며, 훈련을 통해 더 많은 실례를 활용할 수 있다. 그러나 최고 성능을 발휘할 수 있는 간소하고 효율적인 특성 세트를 받아야 한다. X 행렬에 대해 알아야 할 또 다른 중요한 점은 행렬이 숫자로만 구성돼야 한다는 것이다. 따라서 무엇을 가지고 작업하느냐는 대단히 중요하며, 다음과 같은 것을 수행할 수 있다.

- **물리적 측정치**: 기본적으로 숫자로 주어지기 때문에 항상 가능하다(예: 높이).
- **인간 측정치**: 특정한 순서(즉, 우리의 판단에 따라 점수로 주어지는 모든 숫자)가 있을 때는 문제가 없다. 따라서 첫 번째, 두 번째, 세 번째 등과 같은 값에 각각 1, 2, 3의 숫자를 부여하는 것과 같은 방식으로 변환할 수 있다.

이런 값을 정량적 측정$^{quantitative\ measurement}$이라고 한다. 정량적 측정은 일반적으로 연속적으로 주어지며, 이는 정량적 변수가 실제 양수나 음수를 유효한 값으로 취할 수 있음을 의미한다. 인간의 측정은 대개 0이나 1에서 시작하면서 양의 값만을 가지고 있기 때문에, 그것들을 정량적이라고 간주하는 것은 공정한 근사치라고 할 수 있다.

물리적 측정$^{physical\ measurement}$의 경우 통계에서 구간^{interval} 변수와 비율^{ratio} 변수를 구분한다. 그 차이는 비율 변수는 자연적인 숫자 0을 가지는 반면, 구간 데이터에서의 0은 임의적인 것이다. 온도가 좋은 예제다. 실제로 절댓값이 0인 켈빈 척도$^{Kelvin\ scale}$를 사용하지 않으면, 화씨와 섭씨는 임의적인 비율 눈금을 갖는다. 주요한 함축적 의미는 비율에 관한 것으로, 0이 임의적이면 그 비율도 임의적이라는 것이다.

수치로 표현된 인간 측정$^{human\ measurement}$ 값을 서수변수$^{ordinal\ variables}$라고 한다. 서수 데이터는 자연적인 숫자 0을 가지지 않는다. 게다가 구간 척도에서 각 값 사이의 간격은 동일하고 규칙적이지만, 서수 척도에서는 값 사이의 거리가 같다고 할지라도 실제 거리는 매우 다를 수 있다. 텍스트 값이 좋은 것과 평균인 것 그리고 나쁜 것의 세 가지 값으로 된 척도를 생각해보자. 그리고 자의적으로 좋음은 3, 평균은 2, 나쁨은 1이라고 결정했다고 하자. 이와 같이 임의적으로 값을 부여하는 것을 서수의 인코딩$^{ordinal \; encoding}$이라고 한다. 과연 2에서 1까지의 간격과 3에서 2사이의 간격이 같다고, 좋음과 평균 사이의 실제 거리가 평균과 나쁨 사이의 거리와 정말로 같을까? 이를테면 고객 만족도 평가에서 나쁨에 대한 평가로부터 평균에 대한 평가로 도달하는 것과 평균에 대한 평가로부터 뛰어남에 대한 평가에 이르기까지가 같은 노력이 소요될까?

정성적 측정$^{qualitative \; measurement}$(예: 좋음, 평균, 나쁨과 같은 가치 판단이나 적색, 녹색 또는 청색으로 칠해지는 것과 같은 속성)은 약간의 작업과 현명한 데이터 조작을 필요로 하지만, 올바른 변환을 사용해 여전히 X 행렬의 일부가 될 수 있다. 예를 들어 텍스트, 소리 또는 그림과 같이 훨씬 더 구조화되지 않은 정성적인 정보도 숫자로 변환돼 X 행렬로 표현될 수 있다.

정성적 변수는 단일 값 벡터에 숫자로 저장하거나 각 클래스에 대해 벡터를 가질 수 있다. 이런 경우 이진변수$^{binary \; variable}$(통계적 용어로는 더미변수$^{dummy \; variable}$)를 사용한다.

특히 데이터 유형이 정성적인 경우 지도 학습에 적합한 입력 행렬로 데이터를 어떻게 손쉽게 변환하는지 5장, '데이터 준비'에서 좀 더 자세히 논의할 것이다.

데이터 자체에 대한 작업에 앞서 하나의 출발점으로 다음과 같은 의문을 갖는 것은 필연적이다.

- **데이터의 품질**: 사용 가능한 데이터가 실제로 X-y 규칙을 추출하기 위한 올바른 정보 풀^{pool}을 나타낼 수 있는지 여부
- **데이터의 양**: 얼마나 많은 데이터를 사용할 수 있는지 확인하고, 강력한 머신 러닝 솔루션을 구축하기 위해 다양하고 많은 변수와 사례를 사용하는 것이 더 안전하다는 점을 염두에 두자(적어도 수천 개의 사례).

- **적시에 데이터 확장**: 과거로부터 학습하고 있기 때문에 데이터가 과거에 얼마나 많은 시간이 걸렸는지 확인한다.

응답변수 반영

응답변수의 역할에 비춰볼 때, 해결해야 할 지도 문제의 유형을 파악해야 하기 때문에 먼저 예측하고자 하는 변수의 유형에 주의를 기울여야 한다.

응답변수가 정량적이고 숫자값인 경우에는 회귀분석 문제가 될 것이다. 서수변수는 회귀분석 문제로 해결할 수 있다. 특히 여러 개의 다른 값을 사용하는 경우에는 더욱 그렇다. 회귀 지도 알고리즘의 아웃풋^{output}은 직접 사용할 수 있고, 다른 예측값 또는 학습에 사용된 실제 응답값과 비교할 수 있다.

회귀분석 문제의 예제로, 부동산 비즈니스에서의 회귀모델은 주택의 특성과 위치에 대한 일부 정보만으로 주택 가격을 예측할 수 있으며, 모델의 예측을 공정한 사실 기반 추정의 지표로 사용하면 아주 싸거나 아주 비싼 시장 가격을 즉시 발견할 수 있다. 만약 모델에 의해 가격을 재구성할 수 있다면, 예측변수로 사용한 측정 가능한 특성의 가치에 의해 정당화될 수 있다.

응답변수가 정성적인 경우에는 주어진 문제는 분류^{classification}의 한 종류다. 2개의 클래스를 포함하면 이진 분류$^{binary\ classification}$ 문제라 하고, 세 개 이상의 클래스가 포함되면 다중 라벨 분류$^{multi-label\ classification}$ 문제라 한다.

예를 들어 두 개의 팀으로 구성된 축구 경기에서 우승자를 예측하려는 경우 첫 번째 팀이 이길지 아닐지만 알면 되기 때문에 이진 분류 문제에 해당된다(두 개의 클래스는 팀 승리 아니면 팀 패배다). 반면 다중 라벨 분류는 여러 개의 팀으로 구성된 축구 경기에서 특정한 팀이 이길 것을 예측하는 데 사용된다. 예측하는 데 있어서 클래스는 팀이다.

많은 서로 다른 값이 존재하지 않으면 서수변수는 다중 라벨 분류 문제로 해결할 수 있다. 축구 선수권 대회에서 최종 순위를 예측해야 하는 경우 클래스로 리더 보드^{leader}

^{board}에서의 최종 위치를 예측할 수 있다. 따라서 이런 서수 문제에서는 선수권 대회의 서로 다른 위치에 해당하는 많은 클래스를 예측해야 한다. 클래스 1은 첫 번째 위치, 클래스 2는 두 번째 위치... 이런 식으로 나타낼 수 있다. 결론적으로 팀의 최종 순위를 우승 가능성이 가장 큰 위치 클래스로 파악할 수 있다.

아웃풋과 관련해 분류 알고리즘은 정확한 클래스로 분류하는 것과 동시에 특정 클래스의 일부가 될 확률의 추정치를 제공할 수 있다.

부동산 비즈니스 사례에서 분류 모델은 주택을 흥정할 수 있을지, 주택의 위치와 특성을 고려해 가치를 높일 수 있을지를 예측하게 하고 그로 인해 신중한 투자 선택을 가능하게 한다.

응답변수의 가장 두드러진 문제점은 정확성이다. 회귀 문제에서의 측정 오차와 분류 문제에서의 분류 오류^{misclassification}는 부정확한 학습 정보를 제공함으로 실제 데이터를 잘 수행할 수 있는 모델의 능력을 손상시킬 수 있다. 또한 사용 가능한 모든 클래스가 아닌 특정 클래스의 사례를 제공하는 것과 같은 편향된 정보는 비현실적 관점에서 데이터를 파악하게 되기 때문에 모델이 실제 상황에서 예측할 수 있는 능력을 손상시킬 수 있다. 응답변수의 부정확성은 특성과 관련된 문제보다 모델에 있어서 더 어렵고 위험하다.

단일 예측변수의 경우 결과변수 y는 벡터다. NumPy에서는 일반 벡터 또는 열 벡터로 나타낸다

```
In:    y = np.array([1,2,3,4,5]).reshape((5,1))
```

선형모델 제품군

선형모델 제품군은 예측변수 X와 목표변수 y의 관계를 나타내는 함수가 X값의 선형 조합으로 이뤄진다. 선형 조합은 각각의 값이 가중치에 의해 수정되는 값들의 합이다. 그러므로 선형모델을 간단하게 말하면 현명한 형태의 합산이라고 할 수 있다.

물론 이런 합산에는 예측값을 예측하는 동안 예상대로 수행하게 하는 트릭이 있다. 전에 언급했듯이 예측변수는 응답변수에 대한 힌트를 제공해야 한다. 그렇지 않으면 어떠한 머신 러닝 알고리즘도 제대로 작동하지 않을 것이다. 응답에 대한 정보가 흩어져 있거나 비틀어져 있거나 혹은 변형돼 있는 것에 상관없이 내부 어딘가에 존재하기 때문에 결과를 예측할 수 있는 것이다. 머신 러닝은 이런 정보를 수집하고 재구성하는 것이다.

선형모델에서 이런 내부 정보는 명확하게 표현되고, 합산에 사용된 가중치에 의해 추출된다. 실제로 의미 있는 예측변수를 가지고 있다면 가중치는 그것을 적절하게 추출하고 정확한 응답으로 변환하기 위한 작업을 수행할 것이다.

X 행렬이 숫자로 돼 있기 때문에 그 원소들의 합도 숫자다. 따라서 선형모델은 회귀 문제를 해결하기 위해 사용되는 적합한 도구다. 그러나 선형모델은 실제로 수치를 예측하는 것으로 제한되지는 않는다. 응답변수를 변환해 특정 그룹 또는 특정 클래스의 일부가 될 상대적인 수(양의 수)와 확률을 예측할 수 있다.

통계에서 선형모델 제품군을 GLM^{generalized linear model} 즉, 일반화 선형모델이라고 한다. 특별한 링크 함수, 응답변수의 적절한 변환, 가중치 및 다양한 최적화 절차의 적절한 제약 등을 통해 GLM은 매우 광범위하게 다양한 문제를 해결할 수 있다. 이 책에서는 통계 분야에서 필요한 이상으로 확장하지는 않을 것이다. 그러나 선형회귀와 로지스틱회귀, 두 가지 모델에 대해 제안할 것이다. 두 가지 모두 데이터 과학에서 가장 기본적인 문제인 회귀와 분류를 해결하는 데 적합한 방법이다.

선형회귀는 응답변수의 어떤 특정한 변환을 필요로 하지 않으며 개념적으로 선형모델의 기본 토대이기 때문에 선형모델이 어떻게 작동하는지에 대한 이해부터 시작할 것이다. 이해를 돕기 위해 단일 예측변수를 사용한 선형모델인 단순선형회귀^{simple linear regression}부터 시작한다. 단순선형회귀의 예측력은 한 번에 많은 예측변수가 모델에 기여하는 다중 형태와 비교할 때 매우 제한적이나, 기능을 이해하고 파악하기가 훨씬 쉽다.

단순선형회귀를 위한 준비

책 전반에 걸쳐 파이썬을 이용한 실용적인 예제를 제공할 것이며, 다양한 회귀모델에 대한 이론적 차원에서의 설명은 하지 않는다. 대신 몇 가지 예제 데이터셋을 살펴보고 회귀모델을 구축하고 모델의 구조를 해석하며 예측 애플리케이션을 배포하는 데 필요한 명령을 체계적으로 설명할 것이다.

 데이터셋은 예측변수와 때로는 응답변수를 포함하는 데이터 구조다. 머신 러닝 목적을 위해, 데이터셋은 행과 열로 된 테이블 모양의 행렬 형태로 구조화되거나 반 구조화될 수 있다.

하나의 예측변수만을 사용해 응답변수를 예측하는 간단한 버전에서의 선형회귀 시작을 위해 부동산 평가와 관련된 몇 개의 데이터셋을 선택할 것이다.

부동산은 인구 조사를 통해 자유롭게 이용할 수 있는 데이터가 상당히 많고 공개돼 있으며, 심지어 시장 및 공급을 모니터링하는 웹사이트로부터 더 많은 데이터를 가져올 수 있기 때문에 자동 예측 모델에서 꽤 흥미로운 주제가 된다. 또한 주택을 빌리거나 사는 것은 수많은 개인에게 경제적으로 중요한 결정 문제이기 때문에, 이용할 수 있는 많은 양의 정보를 수집하고 판단하게 도와주는 온라인 서비스는 좋은 비즈니스 모델이 된다.

첫 번째 데이터셋은 꽤 역사적인 것이다. 해리슨(Harrison, D.)과 루빈펠드(Rubinfeld, D. L.)의 논문 「Hedonic Housing Prices and the Demand for Clean Air」(J. Environ. Economics & Management, vol.5, 81-102, 1978)에 사용된 데이터셋은 많은 분석 패키지에서 찾을 수 있으며 UCI 머신 러닝 리포지터리repository(https://archive.ics.uci.edu/ml/datasets/Housing)에서 볼 수 있다.

첫 번째 데이터셋은 1970년도 인구 조사로부터 가져온 보스턴의 506개 인구 조사 구역으로 구성돼 있으며, 부동산 가치에 영향을 줄 수 있는 다양한 측면에 관한 21개의 특성 변수로 돼 있다. 목표변수는 수천 달러USD로 표시되는 주택의 중앙값median이다. 변수로 사용되는 특성에는 방의 개수, 건물의 나이, 이웃의 범죄 수준 등과 같은 명백한 특성도 있지만 오염 농도, 인근 학교와의 접근 가능성, 고속도로 접근성, 취업 센터와의 거리 등과 같은 덜 명백한 특성도 있다.

두 번째 데이터셋은 카네기 멜론대학 리포지터리Carnegie Mellon University Statlib repository의 데이터셋으로, 1990년 미국 인구 조사에서 파생된 20,640개의 관찰 결과를 포함하고 있다. 각각의 관찰은 지리적으로 밀접한 지역에 사는 1,425명의 특정 블록 그룹에 관한 일련의 통계값이며, 9개의 예측변수를 사용한다. 목표변수는 해당 블록의 주택 값을 나타내는 지표다(기술적으로는 인구 조사 당시 중간 주택 값의 자연로그 값이다). 예측변수는 기본적으로 중간 소득이다.

두 번째 데이터셋은 1977년 페이스Pace와 배리Barry의 공간변수를 포함한 회귀분석에 관한 논문인 「Sparse Spatial Autoregressions, Statistics and Probability Letters」(http://www.spatial-statistics.com/pace_manuscripts/spletters_ms_dir/statistics_prob_lets/pdf/fin_stat_letters.pdf)에 사용됐다. 여기에서 공간변수는 분석에 있어서 다른 위치에 대한 상대적인 위치 표시와 근접성을 나타내기 위한 위치 정보를 의미한다. 이런 데이터셋은 인구, 건물의 밀도, 지역별로 집계된 인구밀도 등을 나타내는 외부 변수에 의해 주택 가치가 변동될 수 있다는 배경을 가지고 있다.

데이터를 다운로드하는 코드는 다음과 같다.

```
In:    from sklearn.datasets import fetch_california_housing
       from sklearn.datasets import load_boston
       boston = load_boston()
       california = fetch_california_housing()
```

보스턴 데이터셋은 이미 Scikit-learn 패키지에 포함돼 있기 때문에, 캘리포니아 데이터셋만 Statlib 데이터셋 아카이브로부터 다운로드하면 된다. 이때 인터넷 연결이 필요하며, 연결 속도에 따라 약간의 시간이 소요될 수 있다.

2장과 3장에서는 보스턴 데이터셋만 집중적으로 사용할 것이다. 그러나 캘리포니아 데이터셋을 탐색하고 보스턴 데이터셋에 대한 분석을 복제할 수 있다. 다른 코드를 실행하기 전에 이전 코드의 스니펫snippet을 사용하는 것이 좋다. 그렇지 않으면 분석을 위해 boston 변수와 california 변수를 사용할 수 없을 것이다.

▌ 기초부터 시작

앞으로 남아 있는 장에서 사용할 일련의 유용한 패키지를 업로드하기 전에, 첫 번째 데이터셋인 보스턴 데이터셋부터 시작한다.

```
In:    import numpy as np
       import pandas as pd
       import matplotlib.pyplot as plt
       import matplotlib as mpl
```

IPython 노트북에서 작업하는 경우 셀에서 다음 명령을 실행하면 자체적으로 그래픽 아웃풋을 나타낼 수 있다. IPython에서 작업하지 않고 파이썬의 IDLE이나 Spyder에서 작업하는 경우에는 명령이 작동하지 않으므로 무시한다.

```
In:    %matplotlib inline
       # IPython을 사용하는 경우 노트북에서 이미지 사용이 가능하다.
```

필요한 변수를 즉시 선택하기 위해, 모든 가능한 데이터를 Pandas 데이터 구조인 DataFrame으로 프레임화한다.

통계 언어 R과 유사한 데이터 구조인 DataFrame은 동일한 데이터셋 변수에서 여러 유형의 데이터 벡터를 쉽게 처리할 수 있게 하며 누락된 값과 데이터 조작에 편리한 기능을 제공한다.

```
In:    dataset = pd.DataFrame(boston.data, columns=boston.feature_names)
       dataset['target'] = boston.target
```

이제, Pandas DataFrame에 있는 데이터를 직접 학습해 첫 번째 회귀모델을 구축한다.

앞서 언급했듯이 선형회귀는 단순한 합산일 뿐 실제로 가능한 가장 단순한 모델은 아니다. 가장 간단한 것은 통계적 평균이다. 항상 동일한 상수를 사용하면 쉽게 추측할 수 있으며, 평균은 데이터 요약을 설명하는 강력한 숫자이기 때문에 이런 역할을 하기에 충분하다.

평균은 정규적으로 분포된 데이터에서 잘 작동하지만, 종종 다른 분포에서도 적합하다. 정규분포 곡선은 대칭적이며 모양(특정 높이 및 산포)과 관련해 특정한 특성을 갖는 데이터 분포다.

정규분포의 특성은 수식으로 정의되며, 다른 많은 분포가 정규분포의 벨 모양과 유사하고 여러 정규분포가 서로 다른 평균과 분산 파라미터에 의해 생성되기 때문에 변수가 정규적인지 아닌지를 확인하기 위한 적절한 통계 테스트가 존재한다.

분포가 정규적인 것을 파악하기 위한 핵심은 분포에서 값의 확률을 설명하는 함수인 확률 밀도 함수 혹은 PDF^{probability density function}다.

정규분포의 경우 PDF는 다음과 같다.

$$f\left(x \mid \mu, \sigma\right) = \frac{1}{\sigma\sqrt{2\pi}} e^{-\frac{(x-\mu)^2}{2\sigma^2}}$$

공식에서 기호 μ는 평균(중앙값 또는 최빈값^{mode}과 일치)이며, 기호 σ는 분산이다. 다음의 코드가 나타내고 시각화하는 것처럼 서로 다른 평균과 분산을 기반으로 다양한 값의 분포를 계산할 수 있다.

```
In:    import matplotlib.pyplot as plt
       import numpy as np
       import matplotlib.mlab as mlab
       import math
       x = np.linspace(-4,4,100)
       for mean, variance in [(0,0.7),(0,1),(1,1.5),(-2,0.5)]:
           plt.plot(x,mlab.normpdf(x,mean,variance))
       plt.show()
```

Out:

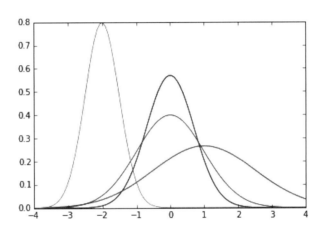

모든 통계 모델이 정규적인 변수에 대한 작업을 포함하는 특성 때문에, 정규분포는 통계에서 기본적인 분포다. 특히 평균이 0이고 분산이 1(단위 분산)인 정규분포를 표준 정규분포standard normal distribution라고 하며, 통계 모델을 위해 훨씬 더 유리한 특성을 갖는다.

어쨌든 실생활에서 정규적으로 분포된 변수는 극히 드물다. 따라서 작업하고 있는 실제 분포가 정규적인지 아닌지를 판단하는 것은 중요한 일이다. 그렇지 않으면 예상 결과에 문제가 생길 수 있다. 정규분포 변수는 평균 및 선형회귀와 같은 통계 모델에 중요한 요소가 된다. 반대로 머신 러닝 모델은 데이터가 어떻게 분포돼 있는지에 대한 이전 가정에 의존하지 않는다. 그러나 실제로 데이터가 특정한 특성을 가지고 있다면 머신 러닝 모델조차도 잘 작동하므로 정규분포 변수로 작업하는 것이 다른 분포에 비해 바람직하다. 책 전반에 걸쳐 머신 러닝 솔루션을 구축하고 적용할 때 무엇을 찾고 무엇을 점검해야 하는 지에 대해 언급할 것이다.

분포가 대칭적이지 않고 극단적인 경우가 있다면 평균 계산에 문제가 발생할 수 있다. 이런 경우 극단적인 경우에서 그들에 대한 평균 추정치가 도출되고 결과적으로는 데이터의 대부분과 일치하지 않게 될 것이다. 보스턴에 있는 506개 구역의 평균값을 계산해보자.

```
In:    mean_expected_value = dataset['target'].mean()
```

여기서는 Pandas DataFrame에서 가능한 방법을 사용해 평균을 계산했다. 그러나 NumPy 함수 mean을 호출해 배열로 된 데이터로부터 평균을 계산할 수도 있다.

```
In:    np.mean(dataset['target'])
```

수학 공식의 관점에서 다음과 같이 간단하게 해결할 수 있다.

$$y = \bar{x}$$

이제 이 규칙에 따라 실제 y값을 예측할 때 생성되는 오차를 측정해 결과를 평가할 수 있다. 통계에서는 예측과 실제값 사이의 오차를 측정하기 위해 차이를 제곱한 후에 그것을 모두 더한다. 이를 SSE^the squared sum of errors(오차 제곱합)라고 한다.

```
In:    Squared_errors = pd.Series(mean_expected_value - \
                        dataset['target'])**2
       SSE = np.sum(Squared_errors)
       print ('Sum of Squared Errors (SSE): %01.f' % SSE)
```

오차의 분포를 다음과 같이 시각화할 수 있다.

```
In:    density_plot = Squared_errors.plot('hist')
       plt.show()
```

Out:

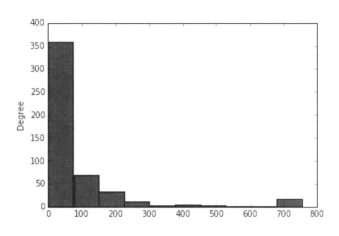

플롯plot은 해당 값과 관련해 특정 오차가 얼마나 자주 발생하는지 보여준다. 대부분의 오차가 0 주위에 있음을 즉각적으로 알 수 있다. 즉, 0 주위에 높은 밀도를 나타낸다. 여기에서도 대부분의 경우 평균은 좋은 근사값이기 때문에 이런 상황은 좋은 상황으로 간주할 수 있지만, 0에서 매우 멀고 실제로 중요한 값일 수도 있는 일부 오차가 존재한다. 오차가 제곱돼 있어 효과가 강조돼 있음을 기억하자. 이런 값을 찾아내려고 접근하면 그것과 관련된 오류를 야기하게 될 것이므로 좀 더 정교한 접근법을 사용해 그것을 최소화하는 접근법을 찾아야 한다.

선형 관계 측정

평균이 특정 값을 잘 대표하지는 못하지만, 분명히 시작하기에 좋은 기준선은 된다. 목표변수는 변경될 수 있는 반면 평균은 고정돼 있다. 그러나 측정하는 다른 변수의 영향으로 인해 목표변수가 변경된다고 가정하면 원인의 변화에 따라 평균을 조정할 수 있다.

이전 접근법에 대한 한 가지 개선점은 실제로 목표와 관련된 다른 변수(하나 또는 둘 이상의 변수)의 특정 값에 대해 평균 조건을 작성하는 것일 수 있다. 이때 관련된 변수의 편차는 목표변수의 편차와 유사하다.

직관적으로 모델에서 예측하고자 하는 것을 역학적으로 안다면 정확한 답에 영향을 줄 수 있는 변수를 찾을 수 있을 것이다.

부동산 비즈니스에서 일반적으로 주택이 클수록 더 비쌈을 안다. 그러나 이런 규칙은 이야기의 일부일 뿐이고, 실제로 가격은 매우 많은 요인에 의해 영향을 받는다. 주택을 확장하는 것이 가격에 긍정적인 영향을 미치는 요인이라고 간단하게 가정한다면, 주택을 건축할 때 공간이 늘면 늘수록 비용도 늘어나게 될 것이다. 즉, 토지가 늘면 더 많은 건축 자재가 들어가고 일이 더 많아지며 결론적으로 더 많은 비용이 들게 된다.

따라서 이제 목표에 따라 변하는 변수를 측정하고 상수 값을 기반으로 한 초기 공식을 확장해야 한다.

통계에는 두 변수가 서로 얼마나 관련이 있고 어떤 방향으로 영향을 주는지를 측정하는 데 도움이 되는 상관관계가 있다.

상관관계에서 고려해야 하는 몇 단계가 있다. 첫째, 변수를 표준화해야 한다(그렇지 않으면 결과는 상관관계가 아니라 작업하는 변수의 크기에 의해 영향을 받는 공변동covariation이 될 것이다).

통계에서 z 점수 표준화는 각 변수에서 평균을 뺀 다음 그 결과를 표준편차로 나눈다. 변환된 변수는 평균이 0이고 표준편차 또는 분산이 1이다(분산은 표준편차의 제곱이기 때문에).

표준화 변수의 공식은 다음과 같다.

$$x = \frac{x - \overline{x}}{\sigma_x}$$

간단한 함수를 사용해 파이썬으로 구현할 수 있다.

```
In:    def standardize(x):
           return (x-np.mean(x))/np.std(x)
```

표준화한 후에 각 변수의 차이를 제곱한 것과 평균을 비교한다. 만약 두 개의 차이의 부호가 같다면, 그들의 곱셈의 결과는 양의 값이 될 것이다. 즉, 동일한 방향성을 가지고 있다는 의미다. 그러나 만약 부호가 다르다면 그들의 곱셈 결과는 음의 값이 될 것이다. 차이를 제곱한 것들을 곱해서 모두 합한 후에 관찰 수로 나누면 −1부터 1 사이의 범위를 갖는 상관관계를 얻을 수 있다.

상관관계의 절댓값은 비교하는 두 변수 사이의 관계 정도를 나타내며, 1은 완벽한 일치를 나타내고 0은 완전히 독립적임을 표시한다. 즉, 두 변수 사이에 아무런 관계가 없음을 나타낸다. 또한 부호는 비례성을 표시한다. 양의 부호는 하나의 변수가 증가하면 다른 하나의 변수도 증가하는 긍정적인 관계이며, 음의 부호는 하나의 변수가 증가하면 다른 하나는 감소하는 부정적인 관계다.

공분산covariance은 다음과 같이 표현한다.

$$cov(x_i, y) = \frac{1}{n} * \sum (x_i - \bar{x}_i) * (y - \bar{y})$$

반면 피어슨 상관관계는 다음과 같이 표현한다.

$$r = \frac{1}{n} * \frac{\sum (x_i - \bar{x}_i) * (y - \bar{y})}{\sigma_{x_i} * \sigma_y}$$

두 공식을 파이썬으로 직접 확인해보자. 피어슨 상관관계는 사실상 표준화된 변수를 기반으로 계산한 공분산이므로, 상관관계 함수는 공분산과 표준화된 변수들로 정의할 수 있다. 실제로 어떻게 작동하는지 이해하기 쉽도록 다음에서 함수들을 다시 생성한다.

```
In:    def covariance(variable_1, variable_2, bias=0):
           observations = float(len(variable_1))
           return np.sum((variable_1 - np.mean(variable_1)) * \
           (variable_2 - np.mean(variable_2)))/(observations-min(bias,1))

       def standardize(variable):
           return (variable - np.mean(variable)) / np.std(variable)

       def correlation(var1,var2,bias=0):
           return covariance(standardize(var1), standardize(var2),bias)

       from scipy.stats.stats import pearsonr
       print ('Our correlation estimation: %0.5f' %
           (correlation(dataset['RM'], dataset['target'])))
       print ('Correlation from Scipy pearsonr estimation: %0.5f' %
           pearsonr(dataset['RM'], dataset['target'])[0])

Out:   Our correlation estimation: 0.69536
       Correlation from Scipy pearsonr estimation: 0.69536
```

목표변수의 값과 그 지역 주택의 평균 방의 개수 사이의 관계에 대한 상관관계 추정은 0.695이다. 상관관계는 양의 최댓값이 1이므로, 0.695는 관계가 상당히 긍정적이고 현저하게 강력함을 의미한다.

 상관관계는 관련성이 있는지 없는지 추정하기 위한 방법으로, 제곱을 한 결과는 두 변수가 공유하는 분산의 백분율을 나타낸다.

두 변수의 상관관계를 그래프로 나타내보자. 산포도^{scatterplot}를 사용하면 관련된 두 변수를 쉽게 시각화할 수 있다. 산포도는 두 변숫값이 직교좌표^{Cartesian coordinates}로 표시되는 그래프다. 따라서 각각의 (x, y) 값에 대해 한 개의 점이 그래프에 표시된다.

```
In:    x_range = [dataset['RM'].min(),dataset['RM'].max()]
       y_range = [dataset['target'].min(),dataset['target'].max()]
       scatter_plot = dataset.plot(kind='scatter', x='RM', y='target',\
           xlim=x_range, ylim=y_range)
       meanY = scatter_plot.plot(x_range, [dataset['target'].mean(),\
           dataset['target'].mean()], '--' , color='red', linewidth=1)
       meanX = scatter_plot.plot([dataset['RM'].mean(),\
           dataset['RM'].mean()], y_range, '--', color='red', \
           linewidth=1)
       plt.show()
```

Out:

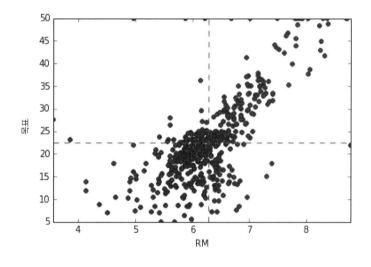

산포도 또한 예측변수와 목표변수의 평균값을 점선으로 나타내며 4분면으로 나눠 표시

한다. 이전의 공분산과 상관관계 공식을 비교하면 왜 상관관계 값이 1에 근접했는지를

이해할 수 있다. 왼쪽 윗부분(제4사분면)에 몇 개의 평균보다 높은 점과 오른쪽 아랫부분

(제2사분면)에 일부 평균보다 낮은 불일치 점이 있다.

완벽한 일치(상관관계 값이 1 또는 −1)는 점들이 일직선상에 있을 때만 가능하다. 모든 점이

오른쪽 윗부분(제1사분면)과 왼쪽 아랫부분(제3사분면)에 집중돼 있는 경우다. 따라서 상관

관계는 점들이 얼마나 직선에 가까운지를 나타내는 선형 관계의 척도다. 이상적으로는 한 직선에 모든 점이 있게 해 목표에 대한 예측변수의 완벽한 매핑을 이루는 것이다.

▌ 선형회귀로 확장

선형회귀는 주어진 점 집합을 통해 직선을 가장 적합하게 선택하는 것이다. 가장 적합한 것은 특정 값 x에 대해 직선이 지정한 값과 해당 y 사이의 차이를 제곱해서 합한 것을 최소화하는 직선이다(예측변수로서 평균이 얼마나 좋은지를 확인할 때 이전에 봤던 것과 동일하게 제곱오차를 최적화하는 것이다).

선형회귀는 하나의 선이므로, 2차원 공간에 표현하는 선의 고전적인 공식 형태인 y = mx + q로 표기한다. 여기서 m은 직선과 x축 사이의 각도를 나타내는 각도 계수angular coefficient이고, q는 직선과 x축 사이의 절편intercept이다.

공식적으로 머신 러닝은 선형회귀에 대해 다음과 같이 표현한다.

$$y = \beta X + \beta_0$$

여기서 X는 예측변수의 행렬이고, β는 계수의 행렬이다. 또한 β_0는 편향bias이라고 하는 상수 값이다. 그것은 직교좌표 공식과 동일하며 표기법만 다르다.

먼저 StatsModels 패키지를 사용한 다음 Scikit-learn 패키지를 사용해 파이썬으로 작동하는 것을 보면 작동 메커니즘을 잘 이해할 수 있다.

Statsmodels를 사용한 회귀

Statsmodels는 통계 분석을 염두에 두고 설계된 패키지다. 그러므로 그 기능은 통계적인 검사와 정보에 있어서 풍부한 아웃풋을 제공한다. 확장성은 패키지의 문제가 아니다. 학습을 위해 좋은 출발점이지만 최적화 알고리즘으로 인해 대규모 데이터셋 혹은 빅데이터를 처리해야 하는 경우에는 최적의 솔루션은 아니다.

Statsmodels를 사용해 선형회귀를 구하는 방법(모듈)은 두 가지가 있다.

- `statsmodels.api`: 별개의 예측변수 및 응답변수와 함께 작동하며, 절편을 추가하는 등 예측변수의 변수 변환을 해야 한다.
- `statsmodels.formula.api`: R과 유사한 방법으로 작동하며, 예측변수의 합 공식과 같은 함수 형태를 지정할 수 있다.

`statsmodels.api`를 사용해 예제를 설명할 것이다. 그러나 `statsmodels.formula.api`를 사용한 또 다른 방법도 제시할 것이다.

첫 번째 단계로, statsmodels의 두 개 모듈을 모두 업로드하고 패키지 설명서에 표시된 것과 같이 명명한다.

```
In:    import statsmodels.api as sm
       import statsmodels.formula.api as smf
```

두 번째 단계로, y 및 X를 정의한다.

```
In:    y = dataset['target']
       X = dataset['RM']
       X = sm.add_constant(X)
```

X 변수는 상수 값 ( )로 확장해야 한다. 그에 따라 편향이 계산된다. 알고 있는 것처럼 실제로 선형회귀 공식은 다음과 같다.

$$y = \beta X + \beta_0$$

그러나 `statsmodels.api`를 사용하면 실제로 수식은 다음과 같이 된다.

$$y = \beta X$$

이것은 해당 β 값을 곱한 X 변수의 조합으로 해석할 수 있다.

결과적으로 예측변수 X는 예측변수와 단위상수 모두를 포함하며, β는 더 이상 단일계수가 아닌 계수의 벡터이다.

head 메소드를 사용해 Pandas DataFrame의 첫 번째 값을 시각적으로 확인해보자.

```
In:   X.head()
```

Out:

	const	RM
0	1	6.575
1	1	6.421
2	1	7.185
3	1	6.998
4	1	7.147

이 시점에서 선형회귀 계산의 초기화를 설정하면 된다.

```
In:   linear_regression = sm.OLS(y,X)
```

또한 회귀계수 β 벡터의 추정을 진행해야 한다.

```
In:   fitted_model = linear_regression.fit()
```

---

statsmodels.formula.api를 사용해 같은 결과를 얻고자 한다면 다음과 같이 입력하면
된다.

```
In:    linear_regression = smf.ols(formula='target ~ RM', data=dataset)
       fitted_model = linear_regression.fit()
```

이 코드에서는 편향이 자동적으로 통합되기 때문에 특정한 변수 준비를 필요로 하지 않
고 동시에 진행되는 두 단계로 구성된다. 사실 어떻게 선형회귀가 작동하는지에 대한 설
명은 문자열 target ~ RM으로 통합되고 ~ 왼쪽에는 응답변수명을, ~ 오른쪽에는 예측변
수명(다중회귀분석의 경우에는 여러 개임)을 나타낸다.

실제로 smf.ols는 sm.OLS와 비교할 때 입력이 상당히 차이가 난다. smf.ols는 원본 데이
터셋 전체를 허용하기 때문에 제공된 공식을 사용해 어떤 변수를 사용할지 선택하는 반
면 sm.OLS는 예측을 위해 사용되는 특성만을 포함해 행렬을 구성한다. 따라서 두 개의 서
로 다른 접근법을 사용할 때 어느 정도 주의를 기울여야 한다.

적합 모델의 한 방법인 summary를 통해 회귀분석에 대해 알아야 할 모든 것을 신속하게
알 수 있다. statsmodels.formula.api에서는 그들이 동일한 X에서 작업하지 않기 때문
에 statsmodels.api를 사용해 선형회귀를 다시 초기화해야 한다. 다음에 주어진 코드는
sm.OLS를 사용한 경우다.

```
In:    linear_regression = sm.OLS(y,X)
       fitted_model = linear_regression.fit()
       fitted_model.summary()
```

Out:

OLS Regression Results

Dep. Variable:	target	R-squared:	0.484
Model:	OLS	Adj. R-squared:	0.483
Method:	Least Squares	F-statistic:	471.8
Date:	Sat, 28 Nov 2015	Prob (F-statistic):	2.49e-74
Time:	21:02:32	Log-Likelihood:	-1673.1
No. Observations:	506	AIC:	3350.
Df Residuals:	504	BIC:	3359.
Df Model:	1		
Covariance Type:	nonrobust		

	coef	std err	t	P>|t|	[95.0% Conf. Int.]
const	-34.6706	2.650	-13.084	0.000	-39.877 -29.465
RM	9.1021	0.419	21.722	0.000	8.279 9.925

Omnibus:	102.585	Durbin-Watson:	0.684
Prob(Omnibus):	0.000	Jarque-Bera (JB):	612.449
Skew:	0.726	Prob(JB):	1.02e-133
Kurtosis:	8.190	Cond. No.	58.4

많은 통계 테스트와 정보를 포함하는 꽤 긴 일련의 표를 얻을 수 있다. 분석 목적이 통계적인 것이 아니라면 처음에는 상당히 위압적이겠지만 실제로 이런 아웃풋이 모두 필요한 것은 아니다. 데이터 과학은 주로 통계적 문제에 대해 형식적으로 정확한 사양이 아닌, 실제 데이터를 예측하는 실제 모델과 관련이 있다. 그럼에도 이런 아웃풋의 일부는 여전히 성공적인 모델 구축에 유용하며 주요 수치에 대한 통찰력을 제공할 것이다.

아웃풋을 설명하기 전에 먼저 적합 모델로부터 두 가지 요소를 추출한다. 앞에서 모델을 구축한 데이터에 대해 계산된 계수와 예측값이다. 두 가지 모두 다음 설명에서 유용하게 사용할 것이다.

```
In:     print (fitted_model.params)
        betas = np.array(fitted_model.params)
        fitted_values = fitted_model.predict(X)
```

결정계수

결과의 첫 번째 표부터 살펴보자. 첫 번째 표는 두 개의 열로 나눠진다. 첫 번째 열은 적합 모델에 대한 설명을 포함한다.

- Dep. Variable: 목표변수를 나타낸다.
- Model: 적합 모델을 나타낸다. OLS는 선형회귀의 또 다른 방법으로 ordinary least squares의 약어다.
- Method: 파라미터 적합 방법을 나타낸다. 최소제곱$^{Least Square}$ 방법은 고전적인 계산 방법이다.
- No. Observations: 사용된 관찰 개수를 나타낸다.
- DF Residuals: 잔차의 자유도를 나타내며, 관찰 개수에서 파라미터의 수를 뺀 값이다.
- DF Model: 모델에서 추정하는 파라미터의 개수를 나타내며, 상수항은 제외한다.

두 번째 표는 선형회귀모델의 적합성 정도를 나타내며, 모델과 관련해 발생할 수 있는 문제점을 지적 가능하게 한다.

- R-squared: 결정계수로, 회귀가 단순평균과 관련해 얼마나 잘 수행하는지 나타낸다.
- Adj. R-squared: 모델의 파라미터 개수와 모델 구축에 도움이 된 관찰 개수에 따라 조정된 결정계수를 나타낸다.

- **F-statistic**: 통계적 관점에서 볼 때 편향을 제외한 모든 계수가 0과 다른지 나타내는 척도다. 간단히 말해서 회귀가 단순평균보다 나은지 보여준다.
- **Prob (F-statistic)**: 실제로 사용한 관찰로 인해 운 좋게 F-statistic에 도달할 확률을 나타내며, F-statistic의 p값$^{\text{p-value}}$이라고 한다. 그 값이 충분히 낮다면 회귀가 단순평균보다 훨씬 더 좋다는 것을 확신할 수 있다. 일반적으로 통계와 과학에서 테스트 확률은 통계적 유의성에 대한 전통적인 기준인 0.05 이하여야 한다.
- **AIC**: 관찰 개수와 모델 자체의 복잡성을 기반으로 모델을 평가하는 점수이며, Akaike information Criterion의 약어다. AIC 점수가 낮을수록 더 좋다. 다양한 모델을 비교하고 통계 변수를 선택할 때 매우 유용하다.
- **BIC**: AIC와 유사하게 작동하나 파라미터가 많은 모델에 대해 더 많은 단점을 갖는다. Bayesian Information Criterion의 약어다.

이런 통계의 대부분은 두 개 이상의 예측변수를 다룰 때 더 의미가 있으므로, 이를 3장에서 다룰 것이다. 따라서 지금은 단순선형회귀를 통해 두 가지 측정법인 F-statistic과 R^2을 면밀히 검토한다. F-statistic은 실제로 관찰 결과가 충분하고 최소한의 상관관계가 있는 예측변수에 의존하는 경우에는 많은 것을 알려주지 않는 테스트다. 일반적으로 데이터 과학 프로젝트에서는 크게 관심의 대상이 되지 않는다.

반면 R^2은 회귀모델이 단순평균에 비해 얼마나 더 좋은지를 알려주기 때문에 더 흥미롭다. 평균에 대해 설명되지 않은 변동의 비율을 예측변수로 제공해 모델이 실제로 설명될 수 있도록 한다.

직접 측정값을 계산하려면, 목표변수의 평균에 대한 제곱오차의 합계를 계산하면 된다. 그것이 설명되지 않은 분산의 기준선이다(현재 사용하는 예제에서 모델을 통해 설명하려고 하는 것은 주택 가격의 변동성이다). 이 기준선에서 회귀모델의 제곱오차 합계를 **빼면** 제곱오차의 잔차 합계가 된다. 이것을 기준선과 구분해 비교할 수 있다.

```
In:    mean_sum_squared_errors = np.sum((dataset['target']-\
           dataset['target'].mean())**2)
       regr_sum_squared_errors = np.sum((dataset['target']-\
           fitted_values)**2)
       (mean_sum_squared_errors-\
           regr_sum_squared_errors) / mean_sum_squared_errors
```

```
Out:   0.48352545599133412
```

 실수로 작업하는 경우 반올림 오류가 발생할 수 있으므로, 소수점 이하의 일부가 계산과 일치 하지 않아도 신경 쓸 필요 없다. 소수점 이하 8번째 숫자까지 일치하면 결과가 같다는 것을 확신해도 된다.

이상적으로 회귀모델의 제곱오차의 합계를 0으로 줄인다면, 설명된 변동의 최대 비율인 1의 값을 얻을 수 있다.

또한 R^2 측정값은 예측변수와 목표변수 사이의 상관계수를 제곱해서 얻은 비율과도 비교 할 수 있다.

예제에서 그것은 0.484이며, 실제로 정확히 R^2값이다.

```
In:    (pearsonr(dataset['RM'], dataset['target'])[0])**2
```

```
Out:   0.4835254559913339
```

위에서 보았듯이, R^2은 선형회귀가 최소화하려고 하는 제곱오차에 따라 완벽하게 좌우 된다. 따라서 더 높은 R^2값은 더 좋은 모델임을 의미한다. 그러나 한 번에 여러 개의 예측 변수를 사용해 작업할 때에는 측정(실제로는 선형회귀 자체)에 문제가 있다. 다시 말해, 한 번에 여러 개의 예측변수를 동시에 모델링할 때까지 기다려야 한다. 따라서 단순선형회 귀에서만 더 높은 R^2값이 더 좋은 모델이 된다는 것이다.

계수의 의미와 중요성

아웃풋의 두 번째 표는 계수에 대해 알려주며 일련의 테스트를 제공한다. 이런 테스트를 통해 분석의 기초에서 비롯된 몇 개의 극단적인 관찰값에 속지 않았다는 것을 확신할 수 있다.

- coef: 추정계수를 나타낸다.
- std err: 계수 추정치의 표준오차로, 값이 크면 클수록 계수 추정치의 불확실성이 높아진다.
- t: t 값$^{t\text{-value}}$으로, 계수의 참값이 0과 다른지를 나타내는 척도다.
- P 〉| t |: 계수가 0이 아닐 확률을 나타내는 p값이다.
- [95.0% Conf. Interval]: 다른 관찰값과 추정계수가 다를 수 있는 모든 가능성에 대해 계수의 상한값과 하한값 모두 95%로 고려함을 의미한다.

데이터 과학 관점에서는 대부분 응답변수를 예측하는 동안 회귀가 작동하는지 여부를 확인하는 데에만 주로 관심이 있기 때문에 t-test와 신뢰 영역은 별로 중요하지 않다. 따라서 coef 값(추정계수)과 표준오차에만 초점을 맞출 것이다.

계수는 결과를 예측할 수 있는 가중치 합계를 재생성할 수 있게 해주기 때문에 회귀모델에서 얻을 수 있는 가장 중요한 아웃풋이다.

예를 들어 아웃풋에서 계수는 편향의 경우 −34.6706이며 이것은 직교 공간의 선에 대한 공식에서 절편이라고 부른다. 또한 RM 변수의 경우는 9.1021이다. 공식을 상기해 위에서 얻은 수치를 입력해보자.

$$y = \beta X + \beta_0$$

추정계수를 사용해 변경하면 다음과 같이 된다.

$$y = 9.1021 * x_{RM} - 34.6706$$

이제 보스턴 지역의 평균적인 방의 개수를 안다면 빠르게 주택의 예상값을 추측할 수 있을 것이다. 예를 들어 x_{RM}이 4.55인 경우,

```
In:   9.1021*4.55-34.6706

Out:  6.743955
```

여기서, 두 가지 점을 주목해야 한다. 첫째, 공식에서 각 변수의 베타는 단위 변화 측정값이 되며, 이는 변수가 한 단위씩 증가할 때 결과가 달라지는 변화 정도에 해당한다. 예제에서 평균적인 방의 공간은 5.55이다.

```
In:   9.1021*5.55-34.6706

Out:  15.846055
```

x_{RM}에서 단위 변화의 증가는 β_{RM}에 상응하는 결과의 변화에 해당한다. 주목해야 할 또 다른 포인트는 평균적인 방의 공간이 1 또는 2가 되면 추정치가 음수가 되며 비현실적이 된다는 것이다. 이는 예측변수와 목표변수 사이의 매핑이 예측변수의 한정 범위 경계에서 발생했기 때문이다.

```
In:   (np.min(dataset['RM']),np.max(dataset['RM']))

Out:  (3.5609999999999999, 8.7799999999999994)
```

모델을 적합시키기 위해 사용된 경계 외부에 있는 x(또는 X의 집합)로 응답값을 추정하려고 할 때마다 선형회귀 계산으로부터 전혀 최적화되지 않은 응답이 발생한다. 다른 방법으로 표현하면, 선형회귀분석을 사용하면 예측하는 것을 학습할 수 있으며, 예측변수와 목표변수 사이에 명확한 선형적 함수 형태가 아닌 경우(실제로 한 개의 선으로 표현됨) 예측

변수가 비정상 값을 가질 때 잘못된 예측을 할 수 있다. 다시 말해서 선형회귀는 학습한 값의 범위 안에서 항상 작동하지만(보간법이라 함), 특정한 조건에서만 학습 경계에 대해 정확한 값을 제공할 수 있다(다른 예측 방법인 보외법이라 함).

 앞서 말했듯이 모델을 적합시키기 위해 사용된 관찰 횟수는 견고하고 신뢰할 수 있는 선형회귀모델을 얻기 위한 가장 중요한 요소다. 관찰 횟수가 많을수록 모델이 생산에서 실행될 때 비정상적인 것이 나올 확률이 줄어든다.

표준오차$^{standard\ error}$는 예측변수와 응답 사이에 약하거나 불명확한 관계를 나타내기 때문에 매우 중요하다. 표준오차를 β로 나눈 값이 0.5 이상이면 모델이 정확한 계수 추정치를 제공했다는 사실을 신뢰할 수 없음을 나타낸다. 계수의 표준오차를 줄이고 추정치를 향상시키기 위해 더 많은 경우를 고려하는 것이 해결책이다. 그러나 주요한 요인 분석을 통해 특성들 사이에 존재하는 중복 분산을 제거하는 방법 또는 예측변수를 신중하고 철저하게 선택하는 방법 등의 오류를 줄이기 위한 다른 방법도 존재한다. 여러 개의 예측변수를 다룰 때 이런 모든 주제와 문제에 대한 해결책에 대해 논의할 것이다.

적합값 평가

마지막 표는 회귀 잔차의 분석에 대해 다룬다. 잔차는 목표변수와 예측 적합값 사이의 차이이다.

- Skewness(비대칭도): 평균 주위 잔차의 대칭을 측정한 것으로, 대칭 분포 잔차의 경우에는 값이 0에 가까워야 한다. 양수값은 오른쪽으로 긴 꼬리를 나타내고, 음수값은 왼쪽으로 긴 꼬리를 나타낸다.
- Kurtosis(첨도): 잔차의 분포 모양을 측정한 것으로, 종 모양의 분포이면 0의 값을 갖는다. 음수값은 아주 평평한 분포이고, 양수값은 매우 뾰족한 분포를 갖는다.
- Omnibus D'Angostino's test: 비대칭도와 첨도를 결합한 통계 테스트다.

- Pro(Omnibus): 옴니버스 통계를 확률로 변환한 것이다.
- Jarque – Bera (JB): 비대칭도와 첨도의 또 다른 테스트다.
- Prob(JB): JB 통계를 확률로 변환한 것이다.
- Durbin−Watson: 잔차 사이의 상관관계 여부를 나타내는 테스트다. 시간 기반 데이터 분석과 관련이 있다.
- Cond. No: 다중공선성^{multicollinearity}에 대한 테스트다. 여러 개의 예측변수를 작업할 때 다룰 것이다.

잔차가 회귀분석과 관련한 심각한 문제의 여부를 나타낼 수 있기 때문에, 잔차에 대한 면밀한 분석은 통계 실행에 상당히 중요하다. 단일변수로 작업할 때 잔차를 시각적으로 검사하면 이상한 사례가 있는지 또는 잔차가 무작위로 분포되지 않았는지를 파악할 수 있다. 특히 다음 세 가지 문제점에 주의를 기울여야 한다.

1. 평균으로부터 너무 멀리 떨어진 값을 고려해야 한다. 큰 표준화된 잔차는 관측 자료를 모델링할 때 심각한 어려움이 있음을 암시한다. 또한 이런 값들을 학습하는 과정에서 회귀계수가 왜곡됐을 수도 있다.
2. 예측변숫값에 대해 다른 분산을 고려해야 한다. 선형회귀가 예측변수에 대해 조건부 평균인 경우 역방향 분산은 예측변수가 특정한 값을 가질 때 회귀가 적절하게 작동하지 않는다는 것을 암시한다.
3. 잔차 점들의 이상한 모양은 분석하는 데이터에 대해 조금 더 복잡한 모델이 필요함을 나타낸다.

예제에서는 응답변수에서 적합값을 뺌으로 쉽게 잔차를 계산할 수 있다. 또한 표준화된 잔차를 그래프로 나타낼 수 있다.

```
In:    residuals = dataset['target']-fitted_values
       normalized_residuals = standardize(residuals)
```

```
In:    residual_scatter_plot = plt.plot(dataset['RM'], \
```

```
                normalized_residuals,'bp')
mean_residual = plt.plot([int(x_range[0]),round(x_range[1],0)], \
                [0,0], '-', color='red', linewidth=2)
upper_bound = plt.plot([int(x_range[0]),round(x_range[1],0)], \
              [3,3], '--', color='red', linewidth=1)
lower_bound = plt.plot([int(x_range[0]),round(x_range[1],0)], \
              [-3,-3], '--', color='red', linewidth=1)
plt.grid()
plt.show()
```

Out:

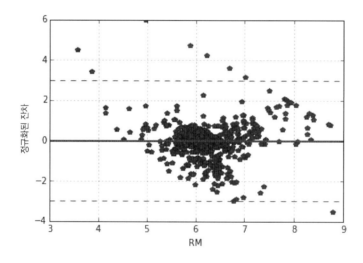

앞에서 회귀분석이 잘 이뤄지고 있지 않는 부분을 경고한 것처럼 결과로 나타난 산포도에서도 잔차가 일부 문제점을 가지고 있음을 나타낸다. 첫째, 정규화된 잔차값 −3과 3(잔차가 정규분포를 갖는 경우 가정적으로 값의 99.7%를 적용하는 범위)에서 두 개의 점선으로 구분된 영역 외부에 몇 개의 점이 존재한다. 이런 점들은 오류에 큰 영향을 미치며, 실제로 선형회귀의 성능을 저하시킬 수 있다. 이런 문제에 대한 해결책은 3장에서 이상치[outlier]에 대해 논의할 때 다룰 것이다.

두 번째, 점 구름이 무작위로 흩어져 있지 않고 가로 좌표 축에 있는 예측변수의 서로 다른 값에서 다른 분산을 보여주고 있음을 나타낸다. 즉, 일직선상에 점이 있거나 일종의 U 형태를 갖는 예상치 못한 형태가 나타난다.

결과가 전혀 놀라운 일은 아니다. 평균적인 방의 개수는 좋은 예측변수이긴 하지만 유일한 원인이 아니거나 직접적인 요인으로 재검토해야 할 수도 있기 때문이다. 방의 개수가 많다는 것은 주택이 크다는 것일 수 있으나, 만약 방이 평균보다 크기가 작다면 결과는 어떨까? 이것은 강한 상관관계가 실제로 변수를 선형 관계의 좋은 후보로 만드는지를 논의하게 한다.

상관관계는 인과관계가 아니다

실제로 예측변수와 목표변수 사이의 상관관계를 확인하고 선형회귀를 사용해 성공적으로 적합시키는 것을 관리한다고 해서 두 값 사이에 반드시 인과관계가 있다는 것을 의미하지는 않는다(회귀가 잘 작동하고 최적이라 하더라도).

통계적 접근법 대신 데이터 과학 접근법을 사용하는 경우 모델에서 특정 효과를 보장할수 있기는 있지만 왜 목표변수가 예측변수에 연관이 돼 있는지에 대한 실마리를 찾지 못한다면 실수하기 쉽다.

예측변수를 다루는 데 도움이 되는 6가지 단어와 그 이유에 대해 제시한다.

- **직접적 인과관계**: x는 y를 유발한다. 예를 들어 부동산 비즈니스에서 주택의 값은 평방미터로 주어지는 주택의 크기에 정비례한다.
- **상호작용 효과**: x는 y를 유발하지만 y에 의해서도 영향을 받는다. 이것은 정책의 효과가 영향을 증대시키거나 감소시키는 거시경제 역학에서 매우 전형적이다. 부동산 예제에서, 지역의 범죄율이 높을수록 주택 가격이 낮아질 수 있지만 지역의 평균 주택 가격이 낮은 경우 빠르게 그 지역을 하락시키고 더 위험하게 만들 수 있다.

- **허위 인과관계**: 실제로 원인이 z일 때 발생하며, x와 y를 모두 유발시킨다. 결과적으로 x가 y를 암시하는데 그 이유는 z가 있기 때문이다. 예를 들어 값비싼 예술품 상점과 미술관의 존재는 주택 가격과 관련이 있는 것처럼 보이지만 실제로는 둘 다 부유한 거주자의 존재에 의해 결정된다.
- **간접적 인과관계**: x는 실제로 y를 유발하지 않지만 다른 원인을 유발해 y를 유발시킨다. 높은 세금으로 사회기반시설에 투자하는 좋은 지방자치단체는 살기가 더 편해지면서 더 많은 수요가 발생하기 때문에 간접적으로 주택 가격에 영향을 미치게 된다. 세금이 높아질수록 투자가 늘게 되고 간접적으로 주택 가격에 영향을 미치게 된다.
- **조건부 효과**: x는 다른 변수 z의 값에 대해 y를 유발한다. 일례로 z가 일정한 값을 가질 경우에 x는 y에 영향을 미치지 않지만 z가 특정한 값을 취하면 x는 y에 영향을 미치기 시작한다. 이것을 상황 상호작용이라 한다. 범죄율이 낮을 때 지역에 학교가 있는 것은 매력적인 사실이 될 수 있으며, 또한 범죄가 거의 없을 경우에는 주택 가격에 영향을 미친다.
- **무작위 효과**: x와 y 사이에 기록된 일부 상관관계는 운 좋은 샘플 선택에 기인한다. 실제로 y와 전혀 관계가 없다.

이상적인 경우는 직접적인 인과관계를 가지고 있을 때다. 이런 경우 모델에서 응답을 이끌어내는 데 항상 최상의 값을 제공하는 예측변수를 가질 것이다.

다른 경우들은 목표변수와의 불완전한 원인 효과 관계가 존재하기 때문에 모델에서는 보지 못했던 데이터와 작업하는 생산의 경우에 있어서 더욱 더 안 좋은 추정치를 만들 수 있다.

상호작용 효과는 계량 경제 모델에서 더 전형적이다. 그것은 특별한 유형의 회귀분석을 요구한다. 회귀분석에서 이것을 포함하면 모델을 향상시킬 수는 있지만, 그들의 역할이 과소평가될 수도 있다.

허위 인과관계와 간접적 인과관계는 x 및 y 관계에 약간의 노이즈를 추가시킬 수 있다.

더 큰 표준오차와 같은 노이즈가 많은 추정치를 가져올 수 있다. 분석을 위해 더 많은 관찰 횟수가 해결책이 될 수 있다.

조건부 효과가 잡히지 않으면 정확한 추정치를 산출하는 모델의 능력을 제한할 수 있다. 문제에 대한 지식 범위를 감안할 때 조건부 효과에 대해 잘 모른다면 변수 사이의 가능한 상호작용을 테스트하기 위한 자동 프로시저를 사용해 검사하는 것이 좋다.

무작위 효과는 모델에 발생할 수 있는 최악의 경우지만, 모델의 결과를 검증하기 위해 필요한 모든 조치를 다룰 때 6장, '일반화 달성'에서 설명하는 데이터 과학 프로시저를 따르면 쉽게 피할 수 있다.

회귀모델을 이용한 예측

계수를 회귀 공식에 적용하면 예측은 행렬 곱셈을 통해 데이터를 계수 벡터에 적용하는 문제가 된다.

첫째, 새로운 경우를 포함하는 배열을 제공함으로써 적합 모델에 의존할 수 있다. 다음 예제에서 단일 신규 사례를 나타내는 Xp 변수를 통해 적합 모델에서 predict 메소드를 사용해 쉽게 예측할 수 있음을 확인할 수 있다.

```
In:    RM = 5
       Xp = np.array([1,RM])
       print ("Our model predicts if RM = %01.f the answer value \
               is %0.1f" % (RM, fitted_model.predict(Xp)))

Out:   Our model predicts if RM = 5 the answer value is 10.8
```

predict 메소드는 방의 평균 개수를 예측하는 예측변수와 관련해 주택 가격 변동을 시각화하는 이전의 산포도에 맞게 예측을 투사하는 것이다.

```
In:   x_range = [dataset['RM'].min(),dataset['RM'].max()]
      y_range = [dataset['target'].min(),dataset['target'].max()]
      scatter_plot = dataset.plot(kind='scatter', x='RM', y='target',\
          xlim=x_range, ylim=y_range)
      meanY = scatter_plot.plot(x_range,\
          [dataset['target'].mean(),dataset['target'].mean()], '--',\
          color='red', linewidth=1)
      meanX =scatter_plot.plot([dataset['RM'].mean(),\
          dataset['RM'].mean()], y_range, '--', color='red', \
          linewidth=1)
      regression_line = scatter_plot.plot(dataset['RM'], fitted_values,\
          '-', color='orange', linewidth=1)
      plt.show()
```

Out:

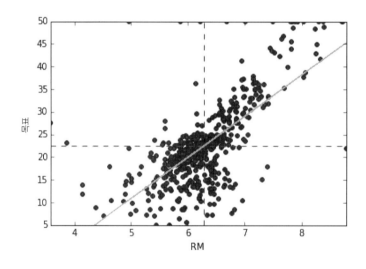

이전 코드 스니펫을 사용하면 선이 데이터 점 구름을 어떻게 가로지르는지에 대한 표시가 추가된 회귀 직선의 그래픽 표현을 얻을 수 있다. 이런 그래픽 디스플레이 덕분에 회귀선이 정확하게 x와 y 평균의 교차점을 통과한다는 것을 알 수 있다.

predict 메소드 외에도 NumPy에서 dot 함수를 사용하면 쉽게 예측을 생성할 수 있다. 변수 데이터와 편향(1개의 열) 그리고 계수 벡터를 모두 포함한 X 행렬을 준비한 뒤 행렬에 벡터를 곱하면 된다. 결과는 관찰 개수와 동일한 길이의 벡터가 된다.

```
In:    predictions_by_dot_product = np.dot(X,betas)
       print ("Using the prediction method: %s" % fitted_values[:10])
       print ("Using betas and a dot product: %s" %
              predictions_by_dot_product[:10])

Out:   Using the prediction method: [ 25.17574577 23.77402099 30.72803225
              29.02593787 30.38215211
              23.85593997 20.05125842 21.50759586 16.5833549 19.97844155]
       Using betas and a dot product: [ 25.17574577 23.77402099 30.72803225
              29.02593787 30.38215211
              23.85593997 20.05125842 21.50759586 16.5833549 19.97844155]
```

predict 메소드를 사용해 얻은 결과와 단순한 곱셈을 통해 얻은 결과를 비교하면 완벽하게 일치한다. 선형회귀를 통해 예측하는 것은 간단하기 때문에 필요한 경우 파이썬과 다른 언어를 사용해 이런 곱셈을 애플리케이션에 구현할 수 있다. 이 경우 행렬 계산 라이브러리를 찾거나 직접 함수를 프로그래밍한다. SQL 스크립트 언어로도 이런 함수를 쉽게 작성할 수 있다.

Scikit-learn을 사용한 회귀

StatsModels 패키지를 사용해 작업하는 동안 봤듯이, 선형모델은 Scikit-learn과 같이 좀 더 지향적인 머신 러닝 패키지를 사용해 구축할 수 있다. linear_model 모듈을 사용하면 예측변수가 정규화돼선 안 된다는 것과 모델에 편향이 있어야 한다는 것을 지정하는 선형회귀모델을 설정할 수 있다.

```
In:   from sklearn import linear_model
      linear_regression = \
          linear_model.LinearRegression(normalize=False,\
          fit_intercept=True)
```

대신, 데이터 준비에서 관찰 개수를 계산하고 예측변수로 2차원 배열을 신중하게 준비해야 한다. 벡터를 사용하면 적합 절차에서 오류가 발생한다.

```
In:   observations = len(dataset)
      X = dataset['RM'].values.reshape((observations,1))
      # X는 항상 벡터가 아닌 행렬이어야 한다.
      y = dataset['target'].values
      # y는 벡터가 될 수 있다.
```

이전 단계를 모두 완료한 뒤 fit 메소드를 사용해 모델을 적합시킬 수 있다.

```
In: linear_regression.fit(X,y)
```

Scikit-learn 패키지의 매우 편리한 기능은 복잡성의 형태에 상관없이 모든 모델이 같은 메소드를 공유한다는 것이다. fit 메소드는 항상 적합시킬 때 사용되며, 지도 모델인 경우 한 개의 X와 한 개의 y를 기대한다. 회귀분석을 위한 정확한 예측과 확률(모델이 확률적일 때)을 위한 두 가지 일반적인 방법은 각각 predict와 predict_proba이다.

모델을 적합시킨 후에는 계수 벡터와 편향 상수를 검사할 수 있다.

```
In:   print (linear_regression.coef_)
      print (linear_regression.intercept_)

Out:  [ 9.10210898]
      -34.6706207764
```

predict 메소드를 사용해 결과 목록의 처음 10개 원소를 분할하면 처음 10개의 예측값을 아웃풋으로 받아볼 수 있다.

```
In:   print (linear_regression.predict(X)[:10])
```

```
Out:  [ 25.17574577 23.77402099 30.72803225 29.02593787 30.38215211
        23.85593997 20.05125842 21.50759586 16.5833549 19.97844155]
```

앞에서 봤듯이, 새로운 행렬을 준비하고 하나의 상수를 추가하면 간단한 행렬-벡터 곱셈을 사용해 스스로 결과를 계산할 수 있다.

```
In:   Xp = np.column_stack((X,np.ones(observations)))
      v_coef = list(linear_regression.coef_) + \
              [linear_regression.intercept_]
```

예상대로 결과는 predict 메소드를 사용했을 때와 같은 추정치를 제공한다.

```
In:   np.dot(Xp,v_coef)[:10]
```

```
Out:  [ 25.17574577, 23.77402099, 30.72803225, 29.02593787,
        30.38215211, 23.85593997, 20.05125842, 21.50759586,
        16.5833549 , 19.97844155]
```

이 시점에서, linear_model 모듈의 사용법에 대해 의문을 제기하는 것은 당연하다. Statsmodels에서 제공한 이전 기능과 비교할 때 Scikit-learn은 통계적 아웃풋을 거의 제공하지 않는 것으로 보이며, 많은 선형회귀 기능이 제거된 것처럼 보인다. 그러나 실제로는 데이터 과학에서 필요한 것을 정확히 제공하며 대규모의 데이터 세트를 다룰 때 완벽하게 빠른 성능을 발휘한다.

IPython에서 작업하는 경우 대규모 데이터 세트를 생성하고 선형회귀의 두 버전의 성능을 확인하기 위해 다음과 같은 간단한 테스트를 시도한다.

```
In:    from sklearn.datasets import make_regression
       HX, Hy = make_regression(n_samples=10000000, n_features=1,\
              n_targets=1, random_state=101)
```

단일변수에 대해 천만 건의 관측치를 생성한 뒤 마법 함수인 IPython의 %%time을 사용해 측정을 시작하자. 이 마법 함수는 IPython 셀에서 작업을 완료하는 데 걸리는 시간을 자동으로 계산한다.

```
In:    %%time
       sk_linear_regression = linear_model.LinearRegression(\
              normalize=False,fit_intercept=True)
       sk_linear_regression.fit(HX,Hy)

Out:   Wall time: 647 ms
```

Statsmodels 패키지를 시용하면 다음과 같다.

```
In:    %%time
       sm_linear_regression = sm.OLS(Hy,sm.add_constant(HX))
       sm_linear_regression.fit()

Out:   Wall time: 2.13 s
```

모델에 단일변수가 포함돼 있음에도 불구하고 Statsmodels의 기본 알고리즘은 Scikit-learn에 비해 3배 느리다는 것이 입증됐다. 3장에서 더 많은 예측변수를 사용하고 다른 fit 메소드를 사용해 이 테스트를 반복할 것이다.

▌ 비용 함수 최소화

선형회귀의 핵심은 직선의 y값과 원래 값 사이의 차이에 대한 제곱오차의 합계를 최소화할 수 있는 선의 방정식을 찾는 것이다. 회귀 함수를 h라고 하고 다음 공식에서처럼 예측 값 h(X)를 가정해보자.

$$y \approx h(X) = \beta X + \beta_0$$

결과적으로 비용 함수[cost function]는 다음과 같이 최소화될 수 있다.

$$\frac{1}{2n} * \sum (h(X) - y)^2$$

최소화하는 방법은 여러 가지가 있다. 대용량 데이터가 있을 때 다른 방법보다 성능이 뛰어난 일부 방법도 존재한다. 더 나은 성능을 위해 가장 중요한 것은 의사 역행렬 [Pseudoinverse](통계 책에서 찾을 수 있음), QR 인수분해, 기울기 하강 등이다.

제곱오차를 사용하는 이유

처음에는 선형회귀분석에서 추정치와 모델을 구축하는 데이터 사이의 차이 제곱을 최소화하기 위해 노력한다는 것이 이상할 수 있다. 차이의 제곱은 기호 없이 계산되는 차이의 절댓값만큼 직관적으로 설명할 수는 없다.

예를 들어 주식 가격이나 광고 활동으로부터의 수익과 같은 금전적 가치를 예측해야 하는 경우에는 R^2값이 아닌 절대 오차를 아는 것이 더 흥미로울 수 있다. 제곱으로 더 큰 손실이 강조될 수 있기 때문이다.

앞서 언급했듯이 선형회귀분석은 통계 지식 영역의 단계를 밟는다. 실제로 통계적으로 절대적인 오차를 최소화하는 것보다 제곱오차를 최소화하는 것을 선호하는 몇 가지 이유가 있다.

안타깝게도 그런 이유는 상당히 복잡하고 기술적이기 때문에 이 책의 범위를 벗어난다. 그러나 높은 수준의 관점에서 적절하고 합당한 설명을 한다면 제곱이 다음과 같은 두 가지 중요한 목표를 훌륭하게 달성한다는 것이다.

- 음수값을 제거한다. 따라서 정반대의 오차를 합산할 때 서로 상쇄되지 않는다.
- 차이를 더 크게 강조한다. 제곱하면 절댓값의 단순 합계와 비교해 오차 합계를 비례적으로 증가시키기 때문이다.

추정치와의 차이의 제곱을 최소화하면 이전에 기본 모델에서 제안한 것처럼 그 이유에 대한 정당성 제시 없이 평균을 사용할 수 있다.

모든 공식을 개발하지 않고 파이썬을 이용해 함께 확인해보자. 다음과 같이 x 벡터값을 정의하자.

```
In:    import numpy as np
       x = np.array([9.5, 8.5, 8.0, 7.0, 6.0])
```

또한 비용 함수를 차이를 제곱해 반환하는 함수로 정의하자.

```
In:    def squared_cost(v,e):
           return np.sum((v-e)**2)
```

scipy 패키지가 제공하는 fmin 최소화 프로시저를 사용하면 하나의 벡터(x 벡터값)에 대해 최소제곱 합계를 만드는 값을 계산한다.

```
In:    from scipy.optimize import fmin
       xopt = fmin(squared_cost, x0=0, xtol=1e-8, args=(x,))

Out:   Optimization terminated successfully.
       Current function value: 7.300000
```

```
Iterations: 44
Function evaluations: 88
```

최상의 e 값을 출력하고, 그것이 실제로 x 벡터의 평균인지 확인한다.

```
In:   print ('The result of optimization is %0.1f' % (xopt[0]))
      print ('The mean is %0.1f' % (np.mean(x)))

Out:  The result of optimization is 7.8
      The mean is 7.8
```

한편 절대 오차의 합계를 최소화하는 것이 무엇인지 알아내보자.

```
In:   def absolute_cost(v,e):
          return np.sum(np.abs(v-e))

In:   xopt = fmin(absolute_cost, x0=0, xtol=1e-8, args=(x,))

Out:  Optimization terminated successfully.
      Current function value: 5.000000
      Iterations: 44
      Function evaluations: 88

In:   print ('The result of optimization is %0.1f' % (xopt[0]))
      print ('The median is %0.1f' % (np.median(x)))

Out:  The result of optimization is 8.0
      The median is 8.0
```

그것은 평균값이 아니라 중앙값인 것을 알 수 있을 것이다. 안타깝게도 중앙값은 평균값과 동일한 통계적 특성을 갖지 않는다.

의사 역행렬 및 기타 최적화 방법

회귀분석을 해결하고 비용 함수를 최소화하면서 데이터의 계수 벡터를 얻기 위한 분석적 공식은 다음과 같다.

$$w = (X^T X)^{-1} X^T y$$

공식을 증명하는 것은 이 책의 범위를 벗어나지만 파이썬 코딩의 힘을 사용해 테스트할 수 있다.

따라서 NumPy의 np.linalg.inv를 사용해 행렬의 역을 구하거나 정규 방정식이라고 하는 선형 방정식에서 w를 푸는 것과 같이 다른 방법을 사용해 직접적으로 해결할 수 있다.

$$(X^T X)^{-1} * w = X^T y$$

여기서 함수 np.linalg.solve는 모든 계산을 수행할 수 있다.

```
In:    observations = len(dataset)
       X = dataset['RM'].values.reshape((observations,1))
       # X는 항상 벡터가 아닌 행렬이어야 한다.
       Xb = np.column_stack((X,np.ones(observations))) # 편향을 추가한다.
       y = dataset['target'].values # y는 벡터일 수 있다.

       def matrix_inverse(X,y, pseudo=False):
           if pseudo:
               return np.dot(np.linalg.pinv(np.dot(X.T,X)),np.dot(X.T,y))
           else:
               return np.dot(np.linalg.inv(np.dot(X.T, X)),np.dot(X.T,y))

       def normal_equations(X,y):
               return np.linalg.solve(np.dot(X.T,X), np.dot(X.T,y))
```

```
      print (matrix_inverse(Xb, y))
      print (matrix_inverse(Xb, y, pseudo=True))
      print (normal_equations(Xb, y))
```

Out: [9.10210898 -34.67062078]
      [9.10210898 -34.67062078]
      [9.10210898 -34.67062078]

이런 접근법을 사용해 선형회귀를 해결하는 데 있어 유일한 문제는 복잡성이다. `np.linalg.inv`를 사용해 역수를 직접 계산할 때 계산의 정확성을 다소 상실할 수 있으며, 당연히 X^TX 곱셈은 역변환할 수 있어야 한다는 사실이다(때로는 서로 밀접하게 연관된 여러 변수를 사용할 때 그렇지 않을 수도 있다).

이전에 인용된 숫자 오작동을 극복할 수 있는 Statsmodels의 핵심 알고리즘인 QR 인수분해를 사용하는 경우조차도 최악의 성능은 $O(n^3)$으로 추정할 수 있다(세제곱 복잡도).

의사 역행렬(NumPy에서 `np.linalg.pinv`)을 사용하면 복잡도 $O(n^m)$을 얻을 수 있으며, 여기서 m은 2.37 미만(거의 2차)으로 추정된다.

이것은 선형회귀분석을 신속하게 추정하는 데 큰 한계가 된다. 사실 통계 분석에서 가능한 관찰 개수인 10^3개의 관측치로 작업하는 경우 최악의 경우 10^9개의 계산이 필요하다. 그러나 10^6개의 관측치를 쉽게 얻을 수 있는 데이터 과학 프로젝트로 작업할 때는 회귀 문제에 대한 해결책을 찾는 데 필요한 계산 횟수가 10^{18}로 증가할 수 있다.

작업에서의 기울기 하강

통상적인 고전적 최적화 알고리즘에 대한 대안으로, 기울기 하강은 훨씬 적은 계산을 사용해 선형회귀분석의 비용 함수를 최소화할 수 있는 기법이다. 기울기 하강 복잡도는 $O(n*p)$이므로, 큰 n(관찰 횟수)과 큰 p(변수의 수)가 발생하는 경우에도 학습 회귀계수의 실현이 가능하다.

이 방법은 무작위 해법에서 시작해 최적의 솔루션에 점진적으로 수렴되는 단순한 경험적 방법을 활용해 작동한다. 간단히 설명하면, 산에서 걷는 맹인과 같다. 가장 낮은 계곡으로 내려가기를 원하는 경우 비록 길을 모를지라도 잠시 내리막길을 가다가 멈추고 다시 가다가 멈추면서 더 이상 내려갈 수 없는 지점에 도착할 때까지 진행하면 원하는 목적지에 도착할 것이다.

계곡의 중간에서 나무 또는 호수가 있는 등의 위험 상황이 발생하면, 그곳에서 내려가는 것을 멈추기 때문에 도착으로 착각하게 된다.

최적화 프로세스에서 이런 상황을 지역 최솟값^{local minimum}으로 정의한다(반면 목표값은 가능한 최상의 최솟값인 전역 최솟값^{global minimum}이다). 지역 최솟값은 최소화하는 함수에 따라 하향 이동 결과가 될 수 있다. 다행인 것은 어떤 경우든 선형모델군의 오차 함수는 사발 모양이며(기술적으로 비용 함수는 오목함), 적절하게 내려갈 경우 어디에서나 잡힐 수 있는 가능성이 희박하다는 것이다.

기울기 하강을 기반으로 한 해결책에 대한 필수 단계는 계수 집합(벡터 w)에 대한 비용 함수를 통해 쉽게 설명된다.

$$J(w) = \frac{1}{2n} \sum (Xw - y)^2$$

먼저 임의의 숫자(예를 들어 평균값 0과 단위 분산을 갖는 표준 정규 곡선으로부터 취해진 숫자)를 선택해 w에 대해 무작위 초기화를 시작한다.

그런 다음, 이전 J(w)의 향상이 마침내 최적의 최솟값에 도달했음을 파악할 수 있을 만큼 충분히 작을 때까지 w 값을 반복해서 업데이트한다.

비용 함수의 편미분 값의 알파 비율(α : 학습률)을 각각에서 **빼서** 차례로 w 값을 업데이트할 수 있다.

$$w_j = w_j - \alpha * \frac{\partial}{\partial w} J(w)$$

공식에서 w_j는 단일계수를 의미한다(이를 반복한다). 편미분을 해결한 뒤 최종 형태는 다음과 같다.

$$w_j = w_j - \alpha * \frac{1}{n} \sum (Xw - y) * x_j$$

모든 것을 단순화하면 x 계수에 대한 기울기는 예측값과 그에 해당하는 각각의 x값을 곱한 값의 평균값에 불과하다.

학습률$^{learning\ rate}$이라고 하는 알파값은 매우 중요하다. 알파값이 너무 크면 최적화 과정이 우회하거나 실패할 수 있기 때문이다. 각각의 기울기가 한 방향으로 달리거나 점프하는 것으로 생각해야 한다. 그것을 완전히 취하면 우연히 최적의 최솟값을 넘어 또 다른 상승 기울기로 끝날 수도 있다. 연속적이고 긴 단계를 너무 많이 반복하면 비용 기울기를 올라가게 해 제곱의 합계인 비용 함수로 주어지는 초기 위치를 악화시킬 수도 있다.

작은 알파값을 사용하면 기울기 하강이 해결책을 뛰어넘지는 않지만 원하는 최솟값에 도달하는 데 더 많은 시간이 걸릴 수 있다. 올바른 알파값을 선택하는 방법은 시행착오의 문제다. 어쨌든 0.01과 같은 알파값부터 시작하는 것은 최적화 문제에 대한 많은 경험에서 볼 때 결코 나쁜 선택은 아니다.

당연히 동일한 알파값을 사용하면 기울기는 솔루션에 접근할 때 더 짧은 단계를 생성하게 된다. 그래프로 시각화하면 실제로 기울기 하강이 솔루션을 작동하는지 여부에 대한 힌트를 얻을 수 있다.

결과를 최적화할 수 있는 곳으로 단계적으로 이동하면서 적용하는 직관적인 관점에서 보면 개념적으로 매우 단순하지만, 기울기 하강은 실제 데이터로 작업할 때 매우 효과적이며 실제로 확장 가능하다. 이런 흥미로운 특성이 기울기 하강을 머신 러닝의 핵심 최적화 알고리즘으로 올려놨다. 그것은 선형모델군에 국한하지 않고 훈련 오차를 최소화하기 위해 신경망의 모든 가중치를 업데이트하는 백 프로퍼게이션back propagation 과정에서의 신경 네트워크까지 확장시킬 수 있다. 또한 기울기 하강은 놀랍게도 또 다른 복잡한 머신 러닝 알고리즘인 기울기 부스팅 트리 앙상블gradient boosting tree ensembles의 핵심이다. 기울기 부스팅 트리 앙상블은 최적화 과정에서 단순한 학습 알고리즘을 사용해 오차를 최소화하기 위한 단계를 반복하며, 높은 편향에 의해 제한되기 때문에 이를 약한 학습자라 한다.

다음은 파이썬을 사용한 첫 번째 구현이다. 3장에서는 하나의 예측변수가 아닌 여러 개의 예측변수와 함께 효과적으로 작업할 수 있도록 약간 수정할 것이다.

```
In:    observations = len(dataset)
       X = dataset['RM'].values.reshape((observations,1))
       # X는 항상 행렬이어야 하며, 벡터는 될 수 없다.
       X = np.column_stack((X,np.ones(observations))) # 바이어스를 추가한다.
       y = dataset['target'].values # y는 벡터일 수 있다.
```

이제 응답변수를 정의한 후에 예측변수(주택당 방의 평균 개수인 RM 특성)를 선택하고 편향(상수 1)을 더해 최적화 과정에 사용되는 모든 함수를 정의하면 코드는 다음과 같다.

```
In:    import random

       def random_w( p ):
           return np.array([np.random.normal() for j in range(p)])

       def hypothesis(X,w):
           return np.dot(X,w)

       def loss(X,w,y):
           return hypothesis(X,w) - y

       def squared_loss(X,w,y):
           return loss(X,w,y)**2
```

```python
def gradient(X,w,y):
    gradients = list()
    n = float(len( y ))
    for j in range(len(w)):
            gradients.append(np.sum(loss(X,w,y) * X[:,j]) / n)
    return gradients

def update(X,w,y, alpha=0.01):
    return [t - alpha*g for t, g in zip(w, gradient(X,w,y))]

def optimize(X,y, alpha=0.01, eta = 10**-12, iterations = 1000):
    w = random_w(X.shape[1])
    path = list()
    for k in range(iterations):
            SSL = np.sum(squared_loss(X,w,y))
            new_w = update(X,w,y, alpha=alpha)
            new_SSL = np.sum(squared_loss(X,new_w,y))
            w = new_w
            if k>=5 and (new_SSL - SSL <= eta and \
                        new_SSL - SSL >= -eta):
                path.append(new_SSL)
                return w, path
            if k % (iterations / 20) == 0:
                path.append(new_SSL)
    return w, path
```

기울기 하강이 작동하는 데 필요한 모든 함수를 최종적으로 정의한 후, 단일 회귀 문제에 대한 솔루션을 위해 최적화를 시작한다.

```python
In:    alpha = 0.048
       w, path = optimize(X,y,alpha, eta = 10**-12, iterations = 25000)
       print ("These are our final coefficients: %s" % w)
       print ("Obtained walking on this path of squared loss %s" % path)
```

```
Out:   These are our final coefficients: [9.1021032698295059,\
       -34.670584445862119]
       Obtained walking on this path of squared loss [369171.02494038735,
       23714.645148620271, 22452.194702610999, 22154.055704515144,
       22083.647505550518, 22067.019977742671, 22063.093237887566,
       22062.165903044533, 22061.946904602359, 22061.895186155631,
       22061.882972380481, 22061.880087987909, 22061.879406812728,
       22061.879245947097, 22061.879207957238, 22061.879198985589,
       22061.879196866852, 22061.879196366495, 22061.879196248334,
       22061.879196220427, 22061.879196220034]
```

Scikit-learn의 `linear_regression`은 실제로 기울기 하강에 의해 구동되므로, 크기가 큰 빅데이터를 사용하는 데이터 과학 프로젝트에서 작업할 때 선호한다.

▌요약

2장에서는 지도 머신 러닝 알고리즘으로 선형회귀를 소개했다. 기능적 형태, 통계적 척도인 평균과 상관관계에 대해 설명했고 보스턴 주택 가격에 대해 단순한 선형회귀모델을 구축했다. 그리고 나서 마지막으로 수학적 공식을 제안하고 파이썬 코드로 변환함으로 회귀가 어떻게 작동하는지 살펴봤다.

3장에서는 선형회귀에 관한 논의를 계속하면서 예측변수를 여러 개로 확장할 것이다. 또한 선형회귀 알고리즘으로 처리하기에 적합하도록 데이터에 적용할 수 있는 유용한 변환을 설명할 것이다.

03

다중회귀분석

2장에서 통계에 기반을 둔 머신 러닝 지도 방법으로 선형회귀를 소개했다. 그런 방법은 데이터가 목표변수와 상관관계에 의해 측정 가능한 선형 관계가 있다는 가정하에 연속적 수치 또는 이진변수일 수 있는 예측변수의 조합을 사용해 수치를 예측한다. 많은 개념을 부드럽게 소개하고 그 방법이 어떻게 작동하는지 쉽게 설명하기 위해 예제 모델에서 예측변수를 한 개로 제한했다.

그러나 실제 애플리케이션에서는 모델링에서 이벤트를 결정하는 중요한 몇 가지 요인이 있을 수 있고, 단일변수가 혼자서 전 과정에 관여해 예측 모델을 만드는 경우는 드물다. 세상은 복잡하고 실제로는 여러 원인과 효과가 서로 혼합해 연관돼 있으며, 이는 종종 다양한 원인, 영향을 주는 요소 그리고 힌트 없이는 쉽게 설명할 수 없다. 일반적으로 예측을 통해 더 정확하고 신뢰할 수 있는 결과를 얻기 위해서는 더 많은 변수와 작업해야 한다.

그런 직관력은 모델의 복잡성에 결정적으로 영향을 미치며, 이 시점부터는 더 이상 2차원 플롯으로 쉽게 표현할 수 없게 된다. 여러 개의 예측변수를 감안할 때, 예측변수 각각은 자체적인 차원을 이루며 예측변수와 목표변수 사이의 관계뿐만 아니라 예측변수들 사이에서도 관계를 갖는다. 이는 다중공선성이라고 부르는 데이터의 특성이다.

시작하기 전에 다루고자 하는 주제에 대해 조금 이야기하고자 한다. 통계학 문헌에는 회귀추정과 예측을 다룬 많은 출판물과 서적이 있지만, 이 책에서는 그런 주제를 생략할 것이기 때문에 거의 찾을 수 없을 것이다. 여기서는 순수한 통계적 접근이 아닌 실제적인 데이터 과학 접근법을 기반으로 회귀모델의 결과에 영향을 미칠 수 있는 문제와 측면을 논의할 것이다.

이런 전제 조건을 감안해, 3장에서는 다음의 내용을 다룰 것이다.

- 단순회귀 프로시저를 다중회귀 프로시저로 확장해 다중공선성과 같은 문제의 가능한 원인을 주시한다.
- 선형모델 방정식에서 각 항의 중요성을 이해한다.
- 변수를 여러 개 사용하고, 변수 간의 상호작용을 통해 예측하는 능력을 향상시킨다.
- 다항식 확장을 활용해 비선형 함수의 선형모델 적합을 증가시킨다.

▌ 여러 특성 사용

2장에서 사용한 도구를 재현하기 위해, 모든 패키지와 보스턴 데이터셋을 다시 로드한다.

```
In:   import numpy as np
      import pandas as pd
      import matplotlib.pyplot as plt
```

```
import matplotlib as mpl
from sklearn.datasets import load_boston
from sklearn import linear_model
```

강력히 제안한 바와 같이 IPython 노트북에서 코드를 작업 중인 경우 다음의 마법 명령을 사용해 인터페이스에서 플롯을 직접 시각화할 수 있다.

In: `%matplotlib inline`

인구 조사 구역에서 집계된 일련의 통계 자료를 바탕으로 1970년대 보스턴의 다양한 주택 가격을 설명하기 위한 데이터셋인 보스턴 데이터셋을 3장에서도 사용할 것이다.

In:
```
boston = load_boston()
dataset = pd.DataFrame(boston.data, columns=boston.feature_names)
dataset['target'] = boston.target
```

일련의 유익한 변수들, 관찰 횟수, 변수 이름, 입력 데이터 행렬 및 응답 벡터는 항상 작업에 함께 사용할 것이다.

In:
```
observations = len(dataset)
variables = dataset.columns[:-1]
X = dataset.ix[:,:-1]
y = dataset['target'].values
```

Statsmodel로 모델 구축

앞에서 Statsmodels를 사용해 수행한 분석을 좀 더 많은 예측변수로 확장하기 위한 첫 번째 단계로, 패키지에서 필요한 모듈을 다시 로드하자(하나는 행렬로, 다른 하나는 수식으로 작업함).

```
In:    import statsmodels.api as sm
       import statsmodels.formula.api as smf
```

또한 편향 벡터(단위값을 가진 상수 변수)를 포함하는 열을 추가한 후 Xc라고 명명해 입력 행렬을 준비하자.

```
In:    Xc = sm.add_constant(X)
       linear_regression = sm.OLS(y,Xc)
       fitted_model = linear_regression.fit()
```

위에서 지정한 모델을 적합시킨 후, 즉시 요약 결과를 살펴본다.

```
In: fitted_model.summary()
Out:
```

OLS Regression Results

Dep. Variable:	y	R-squared:	0.741
Model:	OLS	Adj. R-squared:	0.734
Method:	Least Squares	F-statistic:	108.1
Date:	Tue, 29 Sep 2015	Prob (F-statistic):	6.95e-135
Time:	21:45:28	Log-Likelihood:	-1498.8
No. Observations:	506	AIC:	3026.
Df Residuals:	492	BIC:	3085.
Df Model:	13		
Covariance Type:	nonrobust		

	coef	std err	t	P>|t|	[95.0% Conf. Int.]
const	36.4911	5.104	7.149	0.000	26.462 46.520
CRIM	-0.1072	0.033	-3.276	0.001	-0.171 -0.043
ZN	0.0464	0.014	3.380	0.001	0.019 0.073
INDUS	0.0209	0.061	0.339	0.735	-0.100 0.142
CHAS	2.6886	0.862	3.120	0.002	0.996 4.381
NOX	-17.7958	3.821	-4.658	0.000	-25.302 -10.289
RM	3.8048	0.418	9.102	0.000	2.983 4.626
AGE	0.0008	0.013	0.057	0.955	-0.025 0.027
DIS	-1.4758	0.199	-7.398	0.000	-1.868 -1.084
RAD	0.3057	0.066	4.608	0.000	0.175 0.436
TAX	-0.0123	0.004	-3.278	0.001	-0.020 -0.005
PTRATIO	-0.9535	0.131	-7.287	0.000	-1.211 -0.696
B	0.0094	0.003	3.500	0.001	0.004 0.015
LSTAT	-0.5255	0.051	-10.366	0.000	-0.625 -0.426

Omnibus:	178.029	Durbin-Watson:	1.078
Prob(Omnibus):	0.000	Jarque-Bera (JB):	782.015
Skew:	1.521	Prob(JB):	1.54e-170
Kurtosis:	8.276	Cond. No.	1.51e+04

기본적으로 2장에서 제시된 다양한 통계적 방법은 여전히 유효하다. 여러 개의 예측변수와 관련돼 있기 때문에 2장에서 언급할 수 없었던 추가적인 몇 가지 특성에 대해 설명할 것이다.

먼저 조정된 $R^{2 \text{adjusted R-squared}}$을 주목해야 한다. 여러 변수와 작업하는 경우 표준 R^2은 모델에 삽입된 많은 계수로 인해 부풀린 값을 얻을 수 있다. 아주 많은 예측변수를 사용하는 경우 그것의 측정값은 R^2으로부터 상당히 벗어날 것이다. 조정된 R^2은 모델의 복잡성을 고려해 좀 더 현실적인 R^2 측정값을 나타낸다.

표준 R^2과 조정된 R^2 측정값 사이의 비율을 정한다. 차이가 20%를 초과하는지 살펴보자. 20%를 초과한다는 것은 모델에 중복 변수가 있음을 의미한다. 당연히 비율이 크면 클수록 문제는 더 심각해진다.

위의 예제는 0.741과 0.734로 차이가 아주 작기 때문에 이 경우에 해당하지 않는다. 비율은 0.741 / 0.734 = 1.01로 표준 R^2에 비해 1% 증가했다.

두 번째로, 한 번에 많은 변수로 작업하는 경우 계수에 중요한 경고가 있는지 확인해야 한다. 관련된 위험은 노이즈가 많은 계수 또는 중요하지 않은 정보를 얻는 것과 같은 것이다. 일반적으로 이런 계수는 0에서 멀리 떨어져 있지 않으며, 큰 표준오차로 인해 눈에 띌 것이다. 이들을 발견할 수 있는 적합한 도구는 t-테스트다.

 p값이 낮은 변수는 모델에서 제거할 수 있는 좋은 후보가 된다.

예제에서, 크게 유의하지 않은 AGE와 INDUS 변수는 모델에서 유효성에 심각한 어려움을 겪을 수 있는 계수로 나타난다.

마지막으로 조건수$^{Condition Number}$ 테스트는 이전에 언급했던 것과는 또 다른 통계로, 예측 시스템을 기반으로 새로운 중요성을 얻고 있다. 행렬 역변환을 기반으로 최적화를 시도할 때 수치적으로 불안정한 결과를 나타낸다. 그런 불안정성의 원인은 다중공선성 때문이다. 다음 단락에서 다룰 문제다.

 일반적으로 조건수가 30을 초과하면 불안정한 결과로 인해 신뢰도가 낮아진다. 예측은 크게 오류를 나타낼 수 있으며, 하위 집합 또는 다른 관찰 집합을 사용해 동일한 회귀분석을 다시 실행하면 계수가 크게 달라질 수 있다.

예제의 경우 조건수가 30을 훨씬 초과하므로 심각한 경고 표시다.

공식을 대안으로 사용

statsmodels.formula.api를 사용해 동일한 결과를 얻고, Patsy 패키지(http://patsy.readthedocs.org/en/latest/)에 의해 해석될 공식을 설명하기 위해 다음을 사용한다.

```
In:   linear_regression = smf.ols(formula = 'target ~ CRIM + ZN +INDUS + \
            CHAS + NOX + RM + AGE + DIS + RAD + TAX + PTRATIO + B + \
            LSTAT', data=dataset)
      fitted_model = linear_regression.fit()
```

이 경우 모든 변수를 분석해 모델 구축에 입력하려면 공식의 오른쪽에 이름을 지정해 넣어야 한다. 모델을 적합시킨 후에는 계수 및 결과를 보고하기 위해 이전에 살펴본 모든 Statsmodels 메소드를 사용할 수 있다.

상관행렬

단일 예측변수를 사용해 모델링할 때 예측변수와 목표변수 사이의 선형 연관 계수를 추정하기 위해 피어슨의 상관계수Pearson's correlation를 사용했다(피어슨은 발명자 이름이다). 이제부터 분석에 변수가 많아지며 여전히 각 예측변수가 응답에 얼마나 연관이 있는지에 관심을 가질 것이다. 그러나 예측변수의 분산과 목표변수의 분산 사이의 관계가 고유한 것인지 또는 공유된 분산에 의해 발생한 것인지를 구별해야 한다.

고유 분산으로 인한 연관성의 측정을 부분상관관계partial correlation라고 하며, 변수에 고유하게 존재하는 정보에 의해 응답에 대해 무엇을 추측할 수 있는지를 표현할 수 있다. 그것은 응답을 예측하는 데 있어서 변수의 독점적인 공헌도 및 목표에 대한 직접적인 원인으로서의 고유한 영향을 나타낸다(상관관계는 인과관계가 아니기 때문에 그것을 원인으로 간주할 수 있다).

반면에 공유분산은 한 개의 변수와 현재 사용 중인 데이터셋의 다른 변수에 동시에 존재하는 정보의 양이다. 공유분산에는 여러 가지 원인이 있을 수 있다. 2장의 '상관관계는 인과관계가 아니다' 절에서 언급한 것과 같이 하나의 변수가 원인이 될 수도 있고, 다른 변수와 충돌을 일으킬 수도 있다. 공유분산은 두 변수 사이에서는 공선성, 세 개 또는 그 이상의 변수 사이에서는 다중공선성이라고 하며, 데이터 과학 접근법에서는 덜 위협적이지만 고전적인 통계 접근법에 있어서는 심각한 요소를 가질 수 있다.

통계적 접근 방식의 경우 높은 또는 거의 완벽한 다중공선성은 계수 추정을 불가능하게 만들 뿐만 아니라(행렬 역변환이 작동하지 않음), 실현 가능할 때도 계수의 표준오차를 크게 만드는 등 계수 추정의 부정확성에 의해 영향을 받을 것이다. 그러나 예측은 어떤 방법으로든 영향을 받지 않아야 하며, 그것이 방향을 데이터 과학 관점으로 이끌어줄 것이다.

사실상 다중공선성 변수를 가지면 분석을 위해 올바른 변수를 선택하기가 어려워진다. 분산이 공유되기 때문에 어떤 변수가 원인이 되는지 파악하기가 쉽지 않으므로, 분석에 포함된 관찰 개수를 늘리는 것이 차선의 해결책일 수 있다.

서로 영향을 미치는 예측변수의 수와 방법을 결정하기 위한 올바른 도구로는 상관관계 행렬이 있다. 특성의 수가 많을 때는 다소 읽기 어렵지만, 여전히 공유분산의 존재를 확인하는 가장 직접적인 방법이 될 수 있다.

```
In:   X = dataset.ix[:,:-1]
      correlation_matrix = X.corr()
      print (correlation_matrix)
```

다음과 같은 결과가 출력된다.

```
                CRIM        ZN     INDUS      CHAS       NOX        RM       AGE  \
CRIM        1.000000 -0.199458  0.404471 -0.055295  0.417521 -0.219940  0.350784
ZN         -0.199458  1.000000 -0.533828 -0.042697 -0.516604  0.311991 -0.569537
INDUS       0.404471 -0.533828  1.000000  0.062938  0.763651 -0.391676  0.644779
CHAS       -0.055295 -0.042697  0.062938  1.000000  0.091203  0.091251  0.086518
NOX         0.417521 -0.516604  0.763651  0.091203  1.000000 -0.302188  0.731470
RM         -0.219940  0.311991 -0.391676  0.091251 -0.302188  1.000000 -0.240265
AGE         0.350784 -0.569537  0.644779  0.086518  0.731470 -0.240265  1.000000
DIS        -0.377904  0.664408 -0.708027 -0.099176 -0.769230  0.205246 -0.747881
RAD         0.622029 -0.311948  0.595129 -0.007368  0.611441 -0.209847  0.456022
TAX         0.579564 -0.314563  0.720760 -0.035587  0.668023 -0.292048  0.506456
PTRATIO     0.288250 -0.391679  0.383248 -0.121515  0.188933 -0.355501  0.261515
B          -0.377365  0.175520 -0.356977  0.048788 -0.380051  0.128069 -0.273534
LSTAT       0.452220 -0.412995  0.603800 -0.053929  0.590879 -0.613808  0.602339

                 DIS       RAD       TAX   PTRATIO         B     LSTAT
CRIM       -0.377904  0.622029  0.579564  0.288250 -0.377365  0.452220
ZN          0.664408 -0.311948 -0.314563 -0.391679  0.175520 -0.412995
INDUS      -0.708027  0.595129  0.720760  0.383248 -0.356977  0.603800
CHAS       -0.099176 -0.007368 -0.035587 -0.121515  0.048788 -0.053929
NOX        -0.769230  0.611441  0.668023  0.188933 -0.380051  0.590879
RM          0.205246 -0.209847 -0.292048 -0.355501  0.128069 -0.613808
AGE        -0.747881  0.456022  0.506456  0.261515 -0.273534  0.602339
DIS         1.000000 -0.494588 -0.534432 -0.232471  0.291512 -0.496996
RAD        -0.494588  1.000000  0.910228  0.464741 -0.444413  0.488676
TAX        -0.534432  0.910228  1.000000  0.460853 -0.441808  0.543993
PTRATIO    -0.232471  0.464741  0.460853  1.000000 -0.177383  0.374044
B           0.291512 -0.444413 -0.441808 -0.177383  1.000000 -0.366087
LSTAT      -0.496996  0.488676  0.543993  0.374044 -0.366087  1.000000
```

개략적으로 DIS와 TAX, NOX, INDUS 사이의 상관관계가 높게 나타난다. DIS는 고용 센터와의 거리, NOX는 오염 지수, INDUS는 해당 지역의 상업용 건물 또는 비주거용 건물의 지분 그리고 TAX는 재산세율을 나타낸다. 이런 변수들을 올바르게 조합하면 어떤 곳이 생산적인 지역인지를 잘 알 수 있다.

더 빠르지만 덜 숫자적인 표현은 상관관계의 히트맵heat map을 구축하는 것이다.

```
In:   def visualize_correlation_matrix(data, hurdle = 0.0):
          R = np.corrcoef(data, rowvar=0)
          R[np.where(np.abs(R)<hurdle)] = 0.0
          heatmap = plt.pcolor(R, cmap=mpl.cm.coolwarm, alpha=0.8)
          heatmap.axes.set_frame_on(False)
```

```python
heatmap.axes.set_yticks(np.arange(R.shape[0]) + 0.5, \
minor=False)
heatmap.axes.set_xticks(np.arange(R.shape[1]) + 0.5, \
minor=False)
heatmap.axes.set_xticklabels(variables, minor=False)
plt.xticks(rotation=90)
heatmap.axes.set_yticklabels(variables, minor=False)
plt.tick_params(axis='both', which='both', bottom='off', \
        top='off', left = 'off', right = 'off')
plt.colorbar()
plt.show()

visualize_correlation_matrix(X, hurdle=0.5)
```

다음과 같은 결과가 출력된다.

Out:

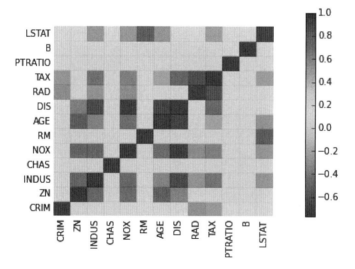

히트맵을 상관관계 0.5(25% 공유분산으로 변환됨)에서 절단할 경우 PTRATIO와 B가 다른 예측변수와 얼마나 연관이 없는지를 즉시 나타낸다. 변수의 의미를 상기해보면, B는 해당 지역의 유색 인종 비율을 정량화한 지표, PTRATIO는 해당 지역의 학교에서 학생과 교사의 비율이다. 히트맵이 제공하는 또 다른 직관적인 해석으로 TAX, INDUS, NOX 및 RAD와 같은 변수 집합이 강한 선형 관계에 있음을 확인할 수 있다.

이런 연관성을 찾아내고 행렬 역변환을 사용해 수치 문제를 알아내는 좀 더 자동적인 방법은 고유 벡터^{eigenvector}를 사용하는 것이다. 비전문가의 용어로 설명하면 고유 벡터는 변수들 사이의 분산을 재조합하는 아주 현명한 방법이며, 모든 공유분산을 누적하는 새로운 특성을 만들어 낸다. 이런 재조합은 NumPy의 linalg.eig를 사용해 실행할 수 있으며, 고유 벡터와 고유값^{eigenvalue} 벡터를 결과로 갖는다. 고유 벡터는 새로운 변수가 기존의 변수와 어떻게 연관돼 있는지 나타내는 행렬이며, 고유값은 각각의 새로운 변수에 대해 재조합된 분산의 정도를 나타낸다.

```
In:   corr = np.corrcoef(X, rowvar=0)
      eigenvalues, eigenvectors = np.linalg.eig(corr)
```

고유값을 추출한 후, 내림차순으로 정렬해 인쇄해서 0에 가깝거나 다른 요소에 비해 아주 작은 값을 갖는 요소를 찾는다. 0에 가까운 값은 정규 방정식 및 행렬 역변환을 기반으로 한 다른 최적화 방법에 대한 실제 문제를 나타낼 수 있다. 작은 값은 크지만 중요하지 않은 다중공선성의 요인임을 나타낸다. 이런 낮은 값을 발견하면 목록에 색인을 기록해둔다. 파이썬 색인은 0부터 시작한다.

```
In:   print (eigenvalues)
Out:  [ 6.12265476 1.43206335 1.24116299 0.85779892 0.83456618
      0.65965056 0.53901749 0.39654415 0.06351553 0.27743495
      0.16916744 0.18616388 0.22025981]
```

고유값 목록에서 색인 위치를 사용하면, 로드된 모든 변수(원래 변수 수준)를 포함하는 고유 벡터에서 특정 벡터를 호출할 수 있다. 예제에서 색인 8의 고유 벡터를 살펴보자. 고유 벡터 내의 색인 위치 2와 8 그리고 9에서 절댓값으로 봤을 때 현저하게 다른 값을 발견할 수 있다.

```
In:   print (eigenvectors[:,8])
Out:  [-0.04552843 0.08089873 0.25126664 -0.03590431 -0.04389033
      -0.04580522 0.03870705 0.01828389 0.63337285 -0.72024335
      -0.02350903 0.00485021 -0.02477196]
```

이제 변수의 이름을 출력해 고유 벡터를 구성하는 데 어떤 변수가 크게 기여하는지 파악한다.

```
In:   print (variables[2], variables[8], variables[9])
Out:  INDUS RAD TAX
```

다중공선성의 위험 요소 변수를 찾았으면 그런 변수에 어떠한 개선책을 사용할 수 있을까? 그중 일부를 제거하는 것이 최선의 해결책이며, 6장, '일반화 달성'에서 변수 선택이 어떻게 작동하는지를 탐구할 때 자동화된 방식으로 수행될 것이다.

▐ 기울기 하강 재방문

2장에 이어서 기울기 하강에 대한 설명과 실험을 계속하고자 한다. 행렬 표기법을 사용해 수학적인 공식과 파이썬 코드로의 변환을 이미 정의했으므로, 한 번에 두 개 이상의 변수를 다루는 것에 대해서는 걱정할 필요가 없다. 행렬 표기법을 사용하면 알고리즘을 약간만 수정해 이전에 소개했던 예제를 여러 개의 예측변수로 쉽게 확장할 수 있다.

특히 최적화 과정 동안 더 많은 추정 파라미터를 사용함으로써 실제로 더 많은 차원(다차원)을 도입하는 점에 주목해야 하고, 다차원에 따른 일정한 공통점과 차이점을 고려해야 한다.

특성 조정

서로 다른 특성을 가지고 작업하는 것은 계수를 추정할 때, 처음에 논의했던 것처럼 계수의 유사성 때문에 추정치의 분산을 야기할 수 있어 더 많은 주의가 필요하다. 또한 변수 사이의 다중공선성은 행렬 역변환(정규 방정식 계수 추정의 핵심에서 행렬 연산)을 불가능하게 는 아니어도 매우 어렵게 할 수 있기 때문에 또 다른 단점을 가질 수 있다. 이런 문제는 알고리즘의 수학적 한계로 인해 발생한다. 반면 기울기 하강은 상호 간의 상관관계에 의해 전혀 영향을 받지 않으므로, 완벽한 공선성의 경우에서조차 신뢰할 수 있는 계수를 추정할 수 있다.

어쨌든 다른 접근법에 영향을 미치는 문제에 상당히 저항적이지만, 단순성으로 인해 각각의 특성에 존재하는 서로 다른 스케일과 같은 또 다른 일반적인 문제에 취약해질 수 있다. 실제로 데이터의 일부 특성은 특성을 나타내는 단위 척도에 따라 기본 단위로 표시될 수도 있고 소수로 표시될 수도 있으며 천 단위로 표시될 수도 있다. 부동산 예제에서 한 개의 특성은 방의 개수일 수 있고, 또 다른 특성은 공기 중 특정 오염 물질의 비율일 수 있으며 이웃에 있는 평균 주택 가격일 수 있다. 특성이 다른 스케일을 갖는 경우 알고리즘이 각각의 특성을 개별적으로 처리하지만 최적화는 좀 더 광범위한 규모의 변수에 의해 지배될 것이다. 서로 다른 차원의 공간에서 작업하는 경우 솔루션에 도달하기까지 좀 더 많은 반복 과정을 필요로 한다. 때로는 솔루션에 도달하지 않을 수도 있다.

해결 방법은 아주 간단하다. 모든 특성을 동일한 스케일로 맞추기만 하면 된다. 이런 작업을 특성 조정이라 한다. 특성 조정은 표준화 또는 정규화를 통해 달성할 수 있다. 정규화는 모든 변수를 구간 0과 1 사이로 재조정한다. 일반적으로 다른 구간도 가능하다.

반면 표준화는 평균을 제거하고 표준편차로 나누어 단위 분산을 구하는 방식으로 작동한다. 여기서는 표준화가 더 바람직하다. 그 이유는 얻어진 표준화된 계수를 원래 스케일로 쉽게 되돌릴 수 있기 때문이며, 또한 모든 특성을 평균 0에 집중시켜 많은 머신 러닝 알고리즘에 의해 오차 표면을 더욱 다루기 쉽도록 하기 때문이다. 표준화는 변수의 최솟값과 최댓값을 재조정하는 것보다 훨씬 효과적인 방법이다.

특성을 조정할 때 중요한 점은 특성의 스케일을 변경하면 변수가 재조정된 적이 없는 것처럼 계수를 다시 계산할 수 있는 경우가 아니라면 재조정된 특성을 예측에도 사용해야 한다는 것이다.

먼저 Scikit-learn의 preprocessing 모듈에 기반한 표준화를 사용해 알고리즘을 시도해 보자.

```
In:    from sklearn.preprocessing import StandardScaler
       observations = len(dataset)
       variables = dataset.columns
       standardization = StandardScaler()
       Xst = standardization.fit_transform(X)
       original_means = standardization.mean_
       originanal_stds = standardization.std_
       Xst = np.column_stack((Xst,np.ones(observations)))
       y = dataset['target'].values
```

앞의 코드에서, Scikit-learn의 StandardScaler 클래스를 사용해 변수를 표준화했다. 이 클래스는 데이터 행렬을 적합시키고 열 평균 및 표준편차를 기록하며 열 데이터를 표준화하면서 다른 유사한 행렬뿐만 아니라 자체적으로도 변환을 수행할 수 있다. 이 방법을 사용하면 나중에 원래 스케일을 사용해 계수를 다시 계산하고자 할 때 편리하며 적합시킨 뒤 사용한 평균과 표준편차를 추적할 수 있다.

```
In:    import random

       def random_w( p ):
           return np.array([np.random.normal() for j in range(p)])

       def hypothesis(X,w):
           return np.dot(X,w)

       def loss(X,w,y):
           return hypothesis(X,w) — y

       def squared_loss(X,w,y):
           return loss(X,w,y)**2

       def gradient(X,w,y):
           gradients = list()
           n = float(len( y ))
           for j in range(len(w)):
                   gradients.append(np.sum(loss(X,w,y) * X[:,j]) / n)
           return gradients

       def update(X,w,y, alpha=0.01):
           return [t - alpha*g for t, g in zip(w, gradient(X,w,y))]

       def optimize(X,y, alpha=0.01, eta = 10**-12, iterations = 1000):
           w = random_w(X.shape[1])
           path = list()
           for k in range(iterations):
                   SSL = np.sum(squared_loss(X,w,y))
                   new_w = update(X,w,y, alpha=alpha)
                   new_SSL = np.sum(squared_loss(X,new_w,y))
                   w = new_w
                   if k>=5 and (new_SSL - SSL <= eta and \
                               new_SSL - SSL >= -eta):
                       path.append(new_SSL)
```

```
                    return w, path
            if k % (iterations / 20) == 0:
                path.append(new_SSL)
        return w, path


    alpha = 0.02
    w, path = optimize(Xst, y, alpha, eta = 10**-12, \
            iterations = 20000)
    print ("These are our final standardized coefficients: " + ', \
            '.join(map(lambda x: "%0.4f" % x, w)))
```

Out: These are our final standardized coefficients: -0.9204, 1.0810,
       0.1430, 0.6822, -2.0601, 2.6706, 0.0211, -3.1044, 2.6588, -2.0759,
       -2.0622, 0.8566, -3.7487, 22.5328

여러 개의 표준화된 변수 입력을 제외하면 위의 코드는 2장에서 사용했던 코드와 전혀 다르지 않다. 이 경우 알고리즘은 이전보다 더 적은 반복 횟수로 수렴에 도달하고 더 작은 알파값을 사용한다. 이전 예제에서는 실제로 단일변수가 표준화되지 않았기 때문이다. 이제 출력 결과를 관찰하면서, 변수 특성에 맞게 계수를 재조정할 방법이 필요하며 기울기 하강 해결책을 표준화되지 않은 형식으로 보고할 수 있다.

또 하나 언급해야 할 점은 알파값을 선택하는 것이다. 몇 번의 테스트를 거친 후에 구체적인 문제에 대한 좋은 성과로 0.02의 값이 선택됐다. 알파는 학습률이며, 최적화하는 동안 최적화 과정 각 단계에서 최대한 비용 함수를 최소화하기 위해 값을 수정하는 라인 검색 방법^{line search method}에 따라 고정될 수도 있고 변화될 수도 있다. 예제에서는 고정된 학습률을 선택했고 최적 값을 몇 가지 시도해 적은 수의 반복 횟수로 최소 비용을 결정해 최상의 값을 찾았다.

비표준화 계수

선형회귀분석에서 표준화된 계수 벡터와 편향이 주어지면, 다음과 같은 선형회귀 공식을 호출할 수 있다.

$$y = \beta_0 + \sum \beta_i x_i$$

평균 및 표준편차를 사용해 예측변수를 변환하는 이전 공식은 몇 번의 계산을 거치면 실제로 다음 식과 동일하다.

$$y = \left(\hat{\beta}_0 - \sum \frac{\hat{\beta}_i * \bar{x}_i}{\delta_i} \right) + \sum \left(\frac{\hat{\beta}_i}{\delta_i} * x_i \right)$$

공식에서 $\bar{x}$는 원래 평균을 나타내고, δ는 변수의 원래 분산을 나타낸다.

두 공식의 서로 다른 부분(첫 번째 괄호와 두 번째 합계)을 비교해 표준화된 계수를 비표준화 계수로 전환할 때 편향과 계수 등가값을 계산할 수 있다. 모든 수학적 공식을 복제하지 않고도 파이썬 코드로 신속하게 구현할 수 있으며, 어떻게 이런 계산이 기울기 하강 계수를 변환할 수 있는지 보여주는 애플리케이션을 즉시 제공할 수 있다.

```
In:   unstandardized_betas = w[:-1] / originanal_stds
      unstandardized_bias = w[-1]-np.sum((original_means /
            originanal_stds) * w[:-1])
      print ('%8s: %8.4f' % ('bias', unstandardized_bias))
      for beta,varname in zip(unstandardized_betas, variables):
          print ('%8s: %8.4f' % (varname, beta))
```

Out:

```
    bias:   36.4911
    CRIM:   -0.1072
      ZN:    0.0464
   INDUS:    0.0209
    CHAS:    2.6886
     NOX:  -17.7958
      RM:    3.8048
     AGE:    0.0008
     DIS:   -1.4758
     RAD:    0.3057
     TAX:   -0.0123
 PTRATIO:   -0.9535
       B:    0.0094
   LSTAT:   -0.5255
```

이전 코드 스니펫의 결과물로, Scikit-learn 및 Statsmodels를 사용한 이전 추정치와 동일한 계수 목록을 얻을 것이다.

▌ 특성 중요도 평가

구축한 선형모델의 계수값을 확인하고 모델이 올바르게 작동하는지 이해하는 데 필요한 기본적인 통계를 조사한 뒤, 예측이 어떻게 이뤄졌는지 먼저 파악해 작업 감사auditing를 시작할 수 있다. 예측되는 값의 구성에서 각 변수의 역할을 설명함으로써 이것을 얻을 수 있다. 계수에 대해 수행해야 할 첫 번째 감사는 그들이 표현하는 방향성에 있으며, 이는 단순히 기호에 의해 구분된다. 주제에 대한 전문 지식(작업하고 있는 영역에 대해 잘 알고 있어야 함)을 토대로 모든 계수가 방향성 측면에서 기대치에 부합하는지를 확인할 수 있다. 일부 특성은 기대한 것만큼 응답을 감소시켜 음수 부호를 가진 계수를 확실하게 확인시켜주는 반면, 다른 특성은 응답을 증가시켜 양의 계수를 확인한다. 계수가 기대치에 부합하지 않을 때, 반전을 갖는다. 반전은 드문 일이 아니며, 실제로 작업이 예상했던 것과 다른 방식으로 작동한다는 사실을 나타낼 수 있다. 그러나 예측변수 사이에 많은 다중공선성이 존재한다면 추정치의 높은 불확실성 때문에 반전이 이뤄질 수 있다. 일부 추정치는 최적화 과정에서 잘못된 부호를 할당하게 해 불확실성을 제공할 수 있다. 따라서 선형회귀가 기대에 부응하지 못한다면 성급하게 결론을 내리지 않는 것이 좋다. 대신 다중공선성을 향한 모든 통계적 측정을 면밀히 검토한다.

두 번째 감사는 모델에 미치는 변수의 영향에 대해 실행한다. 그것은 예측된 결과가 특성의 변화에 의해 얼마나 지배되는가를 나타내는 것이다. 일반적으로 영향력이 낮으면 변수에 의해 야기된 반전 및 다른 어려움(예를 들어 신뢰할 수 없는 소스에서 왔거나, 부정확하게 측정된 것)은 예측에 지장을 적게 주거나 무시할 수도 있다.

또한 영향력 측면에서 살펴본다면 모델링된 계수의 수를 기준으로 모델을 경제적으로 만들 수 있는 가능성도 제시된다. 지금까지는 가능한 한 최선의 방법으로 데이터를 적합시키는 것이 바람직하다는 생각에만 집중했으며, 예측 공식이 새로운 데이터에 잘 적용되는지 여부를 확인하지 않았다. 예측변수에 순위를 매기는 것은 모델에서 가장 중요한 특성만을 선택함으로써 새로운 단순 모델을 만드는 데 도움이 된다. 그리고 모델이 단순할수록 생산 단계에서 오차가 덜 발생한다.

목표를 단순히 현재의 데이터를 가장 효과적으로 적합시키는 것이 아니라 미래의 데이터에도 잘 적합시키도록 하려면, 오컴의 면도날 이론을 적용할 필요가 있다. 이는 좀 더 정확한 답을 고려할 때 복잡한 모델보다 더 단순한 모델을 항상 선호한다는 것을 의미한다. 핵심 아이디어는 복잡성이 과잉 적합overfitting을 감출 수 있기 때문에 실제보다 더 복잡한 선형모델을 설명하지 않는 것이다.

표준화된 계수 검사

선형모델에 대한 해석을 단일변수에서 여러 개의 변수로 확장하더라도, 각 예측변수에 의해 응답변수에 유도된 단위 변화로 각각의 단일계수를 읽을 수 있다(다른 예측변수를 일정하게 유지하면서).

직관적으로 더 큰 계수는 선형 조합의 결과에 더 많은 영향을 미치는 것처럼 보이지만, 기울기 하강을 다시 살펴봤을 때 확인했듯이 서로 다른 변수는 다른 스케일을 가질 수 있으며 그들의 계수는 이를 통합할 수 있다. 계수의 측면에서 더 작거나 더 큰 것은 분석에 포함된 다른 특성과 비교한 변수의 상대적 스케일 때문일 수 있다.

변수를 표준화함으로써 하나의 단위를 변수 자체의 표준편차와 비슷한 스케일로 배치한다. 변수가 높은 값에서 낮은 값까지 확장되면 (범위가 큰 변수) 표준편차가 커지는 경향이 있으며, 이 값을 줄여야만 한다. 그렇게 해서 정규분포와 유사한 분포를 갖는 대부분의 변수를 −3 < x < +3 범위로 축소해야 하며, 이것은 예측에 대한 기여도를 비교할 수 있게 한다. 심하게 비대칭된 분포는 −3 < x < +3 범위에서 표준화되지 않는다. 어쨌든 이런 변환은 범위가 크게 축소될 것이고 그 뒤에는 모두가 같은 단위 측정 즉, 단위 분산을 나타내기 때문에 서로 다른 분포를 비교하는 것이 의미가 있을 것이다. 표준화 후에는 더 큰 계수가 결과 확립에 주요하게 기여하는 것으로 해석될 수 있다(가중치 합계이므로 결과는 더 큰 가중치가 더 가깝게 유사할 것이다). 따라서 표준화된 계수를 사용하면 확실하게 변수의 순위를 정할 수 있고, 기여도가 적은 변수를 찾아낼 수 있다.

보스턴 데이터셋을 사용해 예제를 진행하자. 이번에는 통계적 특성에 대한 선형모델을 필요로 하지 않고 빠르고 확장 가능한 알고리즘을 사용하는 모델을 작업하기 때문에 Scikit-learn의 LinearRegression 메소드를 사용할 것이다.

```
In:    linear_regression = linear_model.LinearRegression(normalize=False,
              fit_intercept=True)
```

초기화에서 모델 설계에 편향 삽입을 설명하는 fit_intercept 파라미터와는 별도로 normalize 옵션은 0과 1 사이의 범위에 있는 모든 변수의 크기를 재조정할지 여부를 나타낸다. 이런 변환은 통계적 표준화와 다르므로, False 상태로 설정해 잠시 생략할 것이다.

```
In:     from sklearn.preprocessing import StandardScaler
        from sklearn.pipeline import make_pipeline
        standardization = StandardScaler()
        Stand_coef_linear_reg = make_pipeline(standardization,\
                linear_regression)
```

이전에 봤던 StandardScalar 외에도, Scikit_learn의 make_pipeline 래퍼[wrapper]를 임포트해 선형회귀분석에 데이터를 제공하기 전에 자동으로 수행할 일련의 작업을 설정할 수 있다. 이제 Stand_coef_linear_reg 파이프라인은 회귀분석하기 전에 데이터에 대해 통계적 표준화를 실행해, 표준화된 계수를 아웃풋으로 출력할 것이다.

```
In:     linear_regression.fit(X,y)
        for coef, var in sorted(zip(map(abs,linear_regression.coef_), \
                dataset.columns[:-1]), reverse=True):
            print ("%6.3f %s" % (coef,var))

Out:
                        17.796 NOX
                         3.805 RM
                         2.689 CHAS
                         1.476 DIS
                         0.953 PTRATIO
                         0.525 LSTAT
                         0.306 RAD
                         0.107 CRIM
                         0.046 ZN
                         0.021 INDUS
                         0.012 TAX
                         0.009 B
                         0.001 AGE
```

첫 번째 단계로, 비표준화 데이터에 대한 회귀계수를 출력한다. 이전에 봤듯이, 아웃풋은 3.8 이하의 작은 계수를 간과하는 NOX 변수의 17.8의 절댓값을 갖는 거대한 계수에 의해 지배되는 것처럼 보인다. 그러나 변수를 표준화한 뒤에도 그렇게 될 수 있는지는 의문이다.

```
In:     Stand_coef_linear_reg.fit(X,y)
        for coef, var in \
            sorted(zip(map(abs,Stand_coef_linear_reg.steps[1][1].coef_), \
                            dataset.columns[:-1]), reverse=True):
            print ("%6.3f %s" % (coef,var))

Out:
                        3.749 LSTAT
                        3.104 DIS
                        2.671 RM
                        2.659 RAD
                        2.076 TAX
                        2.062 PTRATIO
                        2.060 NOX
                        1.081 ZN
                        0.920 CRIM
                        0.857 B
                        0.682 CHAS
                        0.143 INDUS
                        0.021 AGE
```

다음 단계로, 모든 예측변수를 비슷한 스케일로 사용하면 각 계수에 대해 좀 더 현실적이고 쉽게 해석할 수 있다. LSAT, DIS, RM, RAD 및 TAX 변수가 포함될 때 단위 변경이 더 큰 영향을 미치는 것으로 보인다. LSAT는 하위 계층의 인구 비율이며, 이런 측면은 그 관련성을 설명한다.

표준화된 스케일을 사용하면 가장 중요한 변수를 분명하게 알려주지만, 다음과 같은 이유로 각 변수의 예측력에 있어서 여전히 완벽한 것은 아니다.

- 표준화 계수는 모델이 예측을 얼마나 잘 수행하는지 나타낸다. 큰 계수는 결과 응답에 크게 영향을 미치기 때문이다. 계수가 크다는 것은 변수가 얼마나 중요한지에 대한 힌트임에는 틀림없지만, 단지 변수가 추정치의 오차를 줄이고 예측을 좀 더 정확하게 만드는 데 하는 역할의 일부만을 말해준다.

- 표준화된 계수는 순위를 매길 수 있다 그러나 그들의 단위는 스케일은 비슷하지

만 다소 추상적이고(각 변수의 표준편차), 현재의 데이터에 상대적이다(따라서 각각의 표준편차가 다르기 때문에 서로 다른 데이터셋의 표준화된 계수를 비교해서는 안 된다).

한 가지 해결책은 표준화 계수를 기반으로 중요도 추정을 통합하는 대신 오차 측정에 관련된 일부 측정을 사용하는 것이다.

R^2으로 모델 비교

일반적인 관점에서 간단한 평균과 관련해 얼마나 잘 수행되는지를 비교함으로써 모델을 평가할 수 있다. 그것이 바로 결정계수 R^2이다.

R^2은 모델이 얼마나 좋은지를 추정할 수 있다. 그러므로 변수가 제거된 대체 모델과 작업하는 모델의 R^2을 비교함으로써 각각의 제거된 변수가 얼마나 예측 가능한지에 대한 아이디어를 얻을 수 있다. 우리가 해야 할 일은 변수를 제거한 모델과 초기 모델의 결정계수의 차이를 계산하는 것이다. 차이가 큰 경우 그 변수는 좀 더 나은 R^2과 좀 더 나은 모델을 결정하는 데 매우 중요하게 된다.

여기에서는 모든 변수를 가진 모델을 구축할 때 R^2이 무엇인지를 먼저 기록한다. 이런 값을 비교의 기준선으로 삼을 수 있다.

```
In:   from sklearn.metrics import r2_score
      linear_regression = linear_model.LinearRegression(normalize=False,\
          fit_intercept=True)

      def r2_est(X,y):
          return r2_score(y,linear_regression.fit(X,y).predict(X))

      print ('Baseline R2: %0.3f' % r2_est(X,y))

Out:   Baseline R2: 0.741
```

그 뒤, 예측변수 집합으로부터 한 번에 한 개의 변수를 제거하고, 해당 결정계수를 기록한 회귀모델을 다시 추정해 완전한 회귀모델에서 얻은 기준값에서 빼는 것이다.

```
In:    r2_impact = list()
       for j in range(X.shape[1]):
           selection = [i for i in range(X.shape[1]) if i!=j]
           r2_impact.append(((r2_est(X,y) - \
                   r2_est(X.values[:,selection],y)),dataset.columns[j]))
       for imp, varname in sorted(r2_impact, reverse=True):
           print ('%6.3f %s' % (imp, varname))

Out:
                       0.057 LSTAT
                       0.044 RM
                       0.029 DIS
                       0.028 PTRATIO
                       0.011 NOX
                       0.011 RAD
                       0.006 B
                       0.006 ZN
                       0.006 TAX
                       0.006 CRIM
                       0.005 CHAS
                       0.000 INDUS
                       0.000 AGE
```

모든 차이를 파악한 뒤, R^2에 대한 각 변수의 기여도를 나타내는 각 변수에 순위를 매기면 선형모델의 오차를 줄이는 데 어떤 변수가 더 많이 기여하는지 알 수 있다. 이는 어떤 변수가 응답값에 가장 많이 기여했는지 아는 것과는 다른 관점이다. 이런 기여를 부분 R^2partial R-squared이라고 한다.

관련 변수를 관련 없는 변수와 분리하기 위해 두 가지 측정(표준화 계수와 부분 R^2)을 사용하는 것 외에도, 부분 R^2을 사용해 실제로 변수의 중요성을 직접 비교할 수 있다. 그 이유는 비율을 사용하는 것이 여기에서 의미가 있기 때문이다(오차를 두 배로 줄일 수 있기 때문에 변수가 다른 변수보다 두 배 더 중요하다는 것을 알 수 있다).

또 다른 주목할 만한 점은 부분 R^2이 실제로 초기 R^2 측정의 분해가 아니라는 것이다. 사실 모든 부분 점수를 합산하는 방법으로 예측변수가 상관관계가 없는 경우에만 전체 모델의 정확한 결정계수를 얻을 수 있다. 이것은 변수 간의 공선성 때문이다. 모델에서 변수를 제거할 때 제거된 변수와 유사한 정보를 포함하는 연관 있는 변수가 모델에 유지되기 때문에 모델의 흩어진 모든 정보가 제거되지는 않는다. 상관관계가 아주 높은 변수가 두 개 있는 경우 변수 한 개를 제거했을 때 R^2이 크게 변경되지 않을 수 있다. 한 개를 제거했을 때 다른 한 개가 잃어버린 정보를 제공하기 때문이다(따라서 표준화된 계수를 사용한 이중 검사가 필요하다).

변수의 중요성을 평가하는 더 정교한 방법이 있지만, 이 두 가지 방법으로 충분한 통찰력을 제공할 것이다. 어떤 변수가 결과에 더 강하게 영향을 미치는지 파악하면 다음과 같은 것을 제공할 수 있다.

1. 경영진에게 합리적이고 이해하기 쉬운 방법으로 결과를 설명한다.
2. 프로젝트 성공과 가장 관련이 있는 특성에 우선적으로 집중해 데이터 정리, 준비 및 변환과 관련해 작업의 우선순위를 정한다.
3. 회귀모델을 구축할 때 사용되는 데이터의 양이 줄기 때문에 리소스 특히 메모리를 절약한다.

제시한 측정법 중 하나를 사용해 관련성이 없는 변수를 제거하기 위해 중요성을 사용하고 싶다면, 가장 안전한 방법은 집합에서 변수를 제거하기로 결정할 때마다 매번 순위를 다시 계산하는 것이다. 그렇지 않고 동일하게 단일 순위를 사용하면 상관관계가 높은 변수의 진정한 중요성이 숨겨질 수 있다(이것은 표준화된 계수에서 조금 더 두드러지지만 두 개의 방법 모두에 해당된다).

이런 접근법은 확실히 시간이 오래 걸리지만, 현재 데이터에 적합한 모델이 새로운 관찰 결과에 일반화할 수 없다는 것을 알게 되면 필요하다.

이런 상황에 대해서는 6장, '일반화 달성'에서 자세히 다룰 예정이다. 이때 예측변수 집합을 줄이고 솔루션을 간소화하며 좀 더 효과적으로 일반화해 예측 성능을 개선하는 가장 좋은 방법을 설명할 것이다.

▌ 상호작용 모델

여러 변수를 사용해 회귀모델을 구축하는 방법을 설명하고 활용과 해석이라는 주제를 설명했으므로, 이 단락부터는 이를 개선하는 방법을 살펴보고자 한다. 첫 번째 단계는 현재 데이터에 적합하게 작업하는 것이다. 4장에서 모델 선택 및 타당성 검증에 주력해 실제로 일반화할 수 있는 방법 즉, 이전에는 볼 수 없었던 새로운 데이터에 대해 정확하게 예측할 수 있는 방법을 집중적으로 다룰 것이다.

앞에서 설명했듯이 선형회귀의 베타계수는 예측변수의 단위 변경과 응답 변동 사이의 관계를 나타낸다. 이런 모델의 핵심적인 가정은 각 예측변수와 목표 사이에 일정하고 단일 방향적인 관계다. 그것은 선형 관계 가정이며, 각도 계수에 의해 방향과 변동이 결정되는 선의 특성을 갖는다(그러므로 선형회귀라는 이름은 회귀 연산의 암시이며 일부 데이터 증거를 통해 선형 형태로 되돌아감을 의미한다). 선형 관계가 좋은 근사 방법이긴 하지만, 흔히 실제 데이터에서 사실이 아닌 단순화한 경우가 많이 있다. 대부분의 관계는 선형적이지 않으며, 굴곡과 곡선을 보이고 증가와 감소의 변동이 번갈아 나타난다.

다행인 것은 원래 제공된 특성에만 국한하지 않아도 되고, 목표변수와의 관계를 올바르게 조정하기 위해 특성을 수정할 수 있다는 것이다. 실제로 예측변수와 응답의 유사성이 높을수록 학습 집합$^{training \, set}$의 적합성이 높아지고 예측오차가 줄어든다.

결과적으로 다음과 같이 말할 수 있다.

- 예측변수를 다양한 방법으로 변환해 선형회귀를 개선할 수 있다.
- 모든 변환이 잔차오차의 양에 영향을 미치고 궁극적으로 결정계수에 영향을 미치므로, 부분 R^2을 사용해 이런 개선을 측정할 수 있다.

상호작용 발견

비선형성의 첫 번째 원인 중 하나는 예측변수 사이에서 발생하는 상호작용 때문이다. 두 개의 예측변수는 이들 중 하나가 응답변수에 미치는 영향이 다른 예측변수의 값에 따라 달라지는 경우에 상호작용한다.

수학 공식에서 상호작용 용어(상호작용 변수)는 선형모델이 상호작용하는 두 개의 예측변수를 가진 모델 예제에서 표현한 것처럼 관계의 추가 정보를 얻기 위해 곱해져야 한다.

$$y = \beta_0 + \beta_1 x_1 + \beta_2 x_2 + \beta_{12} x_1 x_2$$

회귀모델에서 상호작용에 대해 잘 알려진 예제로는 자동차 평가 시 엔진 소음의 역할이 있다. 자동차 모델에 대한 선호도를 모델링하는 경우 엔진 소음이 자동차 가격에 따라 자동차에 대한 소비자 선호도를 낮추거나 높일 수 있음을 알 수 있을 것이다. 자동차가 조용하고 저렴한 것은 확실히 필수적이지만 페라리나 다른 스포츠카와 같은 고가의 자동차에서 소음은 특이할 만한 장점이 되기도 한다.

상호작용을 다루는 것이 좀 까다로운 듯하지만 실제로는 전혀 그렇지 않다. 결국 선형회귀에서 다른 하나를 기반으로 변수 역할을 변환시키는 것뿐이다. 상호작용 용어를 찾는 것은 두 가지 다른 방법으로 수행할 수 있다. 첫 번째 방법은 도메인 지식이다. 즉, 모델링하는 문제를 직접 파악하고 그것에 전문 지식을 통합하는 것이다. 전문 지식이 없는 경우 R^2과 같은 공개된 측정법을 사용해 잘 테스트하면 가능한 조합에 대한 자동 검색이 이뤄지므로 충분하다.

자동 검색 접근법을 설명하는 가장 좋은 방법은 상호작용과 다항식 확장을 허용하는 함수인 Scikit-learn의 PolynomialFeatures를 사용해 파이썬 예제를 보여주는 것이다. 다음 단락에서 이에 대해 설명할 것이다.

```
In:    from sklearn.preprocessing import PolynomialFeatures
       from sklearn.metrics import r2_score
```

```
linear_regression = linear_model.LinearRegression(normalize=False,\
        fit_intercept=True)
create_interactions = PolynomialFeatures(degree=2, \
        interaction_only=True, include_bias=False)
```

degree 파라미터를 통해 상호작용에 투입할 변수의 수를 정의하며, 3개 이상의 변수가 서로 상호작용할 수 있다. 통계에서 상호작용은 포함된 변수의 개수에 따라 양방향 효과, 3방향 효과 등으로 불린다(반면, 원래 변수에 대해서는 주 효과라고 한다).

```
In:   def r2_est(X,y):
          return r2_score(y,linear_regression.fit(X,y).predict(X))
      baseline = r2_est(X,y)
      print ('Baseline R2: %0.3f' % baseline)

Out:  Baseline R2: 0.741

In:   Xi = create_interactions.fit_transform(X)
      main_effects = create_interactions.n_input_features_
```

기준선 R^2값을 호출한 후에, 코드는 fit_transform 메소드를 사용해 새로운 입력 데이터 행렬을 생성하고 원래 데이터에 모든 변수의 상호작용 효과를 부여한다. 이 시점에서 일련의 새로운 선형회귀모델을 만든다. 각각의 모델에는 모든 주 효과와 단일 상호작용이 포함돼 있다. 개선 정도를 측정하고, 기준선과의 차이를 계산한 다음 특정 임계값에 대한 상호작용만 보고한다. 0 바로 위의 임계값 또는 통계 테스트를 기반으로 결정한 임계값만을 결정할 수 있다. 예제에서는 모든 R^2 증가를 0.01 이상으로 보고하기 위해 임의의 임계값을 결정했다.

```
In:   for k,effect in \
              enumerate(create_interactions.powers_[(main_effects):]):
          termA, termB = variables[effect==1]
```

```
        increment = r2_est(Xi[:,list(range(0,main_effects)) \
            +[main_effects+k]],y) - baseline
      if increment > 0.01:
        print ('Adding interaction %8s *%8s R2: %5.3f' % \
                (termA, termB, increment))
```

Out:

```
      Adding interaction     CRIM *    CHAS R2: 0.011
      Adding interaction     CRIM *      RM R2: 0.021
      Adding interaction       ZN *      RM R2: 0.013
      Adding interaction    INDUS *      RM R2: 0.038
      Adding interaction    INDUS *     DIS R2: 0.013
      Adding interaction      NOX *      RM R2: 0.027
      Adding interaction       RM *     AGE R2: 0.024
      Adding interaction       RM *     DIS R2: 0.018
      Adding interaction       RM *     RAD R2: 0.049
      Adding interaction       RM *     TAX R2: 0.054
      Adding interaction       RM * PTRATIO R2: 0.041
      Adding interaction       RM *       B R2: 0.020
      Adding interaction       RM *   LSTAT R2: 0.064
```

관련 상호작용 효과는 변수 RM(앞에서 본 것처럼 가장 중요한 것 중의 하나)으로 명확하게 나타
나며, 다른 주요 특성인 LSTAT와의 상호작용을 통해 가장 강력한 개선 효과가 나타난다.
중요한 것은 위의 두 가지를 단순하게 곱한 값을 원본 데이터 행렬에 추가하는 것이다.

```
In:   Xi = X
      Xi['interaction'] = X['RM']*X['LSTAT']
      print ('R2 of a model with RM*LSTAT interaction: %0.3f' % \
            r2_est(Xi,y))
```

Out: R2 of a model with RM*LSTAT interaction: 0.805

▌ 다항식 회귀

상호작용의 확장으로, 다항식 확장은 원래 변수의 상호작용 및 비선형 거듭제곱 변환 power transformation을 모두 생성하는 자동적인 수단을 체계적으로 제공한다. 거듭제곱 변환은 직선이 응답에 적합시키기 위해 취할 수 있는 굴곡band이다. 거듭제곱의 정도가 높을수록 곡선curve에 적합시키기 위해 굴곡의 정도가 심해진다.

예를 들어 단순한 선형회귀 형식은 다음과 같다.

$$y = \beta_0 + \beta_1 x$$

2차라고 부르는 2도 변환second degree transformation을 통해 새로운 형식을 얻을 수 있다.

$$y = \beta_0 + \beta_1 x + \beta_3 x^2$$

3차라고 하는 3도 변환에 의해 방정식이 다음과 같이 바뀐다.

$$y = \beta_0 + \beta_1 x + \beta_3 x^2 + \beta_4 x^3$$

회귀가 여러 개인 경우 확장에서 파생된 새로운 특성의 수를 증가하면서 추가적인 합(상호작용)이 생성된다. 예를 들어 2도 변환을 사용해 확장된 두 개의 예측변수(x_1과 x_2)로 이뤄진 다중회귀는 다음과 같이 된다.

$$y = \beta_0 + \beta_1 x_1 + \beta_2 x_2 + \beta_3 x_1 x_2 + \beta_4 x_1^2 + \beta_5 x_2^2$$

계속하기 전에, 확장 절차의 두 가지 측면을 주목해야 한다.

- 다항식 확장은 예측변수의 수를 빠르게 증가시킨다.

- 더 높은 차수의 다항식은 예측변수의 높은 거듭제곱으로 해석돼 숫자 안정성에 문제가 있으므로 적절한 숫자 형식이 필요하거나 아주 큰 숫자값을 표준화해야 한다.

선형 대 3차 변환 테스트

앞에서 본 PolynomialFeatures 함수에서 interaction_only 파라미터를 off로 설정하면, 이전과 같은 상호작용뿐만 아니라 입력 행렬의 완전한 다항식 변환을 얻을 수 있다.

```
In:     from sklearn.preprocessing import PolynomialFeatures
        from sklearn.pipeline import make_pipeline
        from sklearn.preprocessing import StandardScaler
        linear_regression = linear_model.LinearRegression( \
                normalize=False, fit_intercept=True)
        create_cubic = PolynomialFeatures(degree=3, \
                interaction_only=False, include_bias=False)
        create_quadratic = PolynomialFeatures(degree=2, \
                interaction_only=False, include_bias=False)
        linear_predictor = make_pipeline(linear_regression)
        quadratic_predictor = make_pipeline(create_quadratic, \
                linear_regression)
        cubic_predictor = make_pipeline(create_cubic, linear_regression)
```

PolynomialFeatures와 LinearRegression을 모두 파이프라인으로 전송하여 단일 명령을 통해 자동으로 함수를 생성하고 데이터를 확장하고 회귀할 수 있다. 한 번에 모든 변수를 확장할 수 있음을 기억하면서 명확하게 하기 위해 실험적으로 LSTAT 변수만 모델링해보자.

```
In:    predictor = 'LSTAT'
       x = dataset['LSTAT'].values.reshape((observations,1))
       xt = np.arange(0,50,0.1).reshape((50/0.1,1))
       x_range = [dataset[predictor].min(),dataset[predictor].max()]
       y_range = [dataset['target'].min(),dataset['target'].max()]

       scatter = dataset.plot(kind='scatter', x=predictor, y='target', \
               xlim=x_range, ylim=y_range)
       regr_line = scatter.plot(xt, linear_predictor.fit(x,y).predict(xt),
               '-', color='red', linewidth=2)
       plt.show()
```

Out:

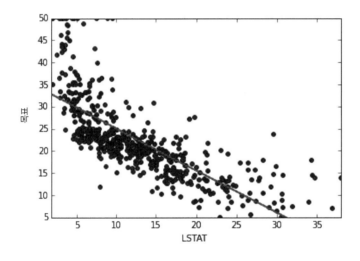

첫 번째는 간단한 선형회귀이며(단순선형회귀), 산포도에서 응답의 **LSTAT**와 관련된 점 구름을 직선이 잘 표현하지 못한다는 것을 알 수 있다. 곡선이 필요할 것 같아 보인다. 포물선으로 변하는 2도 변환을 테스트하는 대신 즉시 3차 변환을 시도한다. 두 개의 곡선을 사용하면 좀 더 나은 적합 결과를 얻을 것이다.

```
In:    scatter = dataset.plot(kind='scatter', x=predictor, y='target', \
           xlim=x_range, ylim=y_range)
       regr_line = scatter.plot(xt, cubic_predictor.fit(x,y).predict(xt),
           '-', color='red', linewidth=2)
       plt.show()
```

Out:

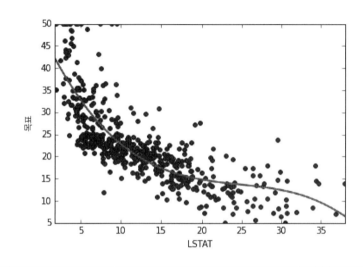

그래픽 검사를 통해 LSTAT와 응답이 얼마나 관련이 있는지 좀 더 확실하게 확인할 수
있다. 더 높은 수준의 변환을 사용하면 더 좋아질 수 없을까에 대한 의문도 제기할 수
있다.

더 높은 차수의 솔루션 제공

더 높은 차수의 다항식 변환을 테스트하기 위해, 다항식 확장을 생성하고 R^2 측정을 보고
하는 스크립트를 준비한다. 그런 다음 시리즈에서 가장 높은 차수의 함수를 플롯하고 데
이터가 어떻게 적합되는지 살펴본다.

```
In:    for d in [1,2,3,5,15]:
           create_poly = PolynomialFeatures(degree=d,\
               interaction_only=False, include_bias=False)
           poly = make_pipeline(create_poly, StandardScaler(),\
               linear_regression)
           model = poly.fit(x,y)
           print ("R2 degree - %2i polynomial :%0.3f" \
               %(d,r2_score(y,model.predict(x))))

Out:
       R2 degree -  1 polynomial :0.544
       R2 degree -  2 polynomial :0.641
       R2 degree -  3 polynomial :0.658
       R2 degree -  5 polynomial :0.682
       R2 degree - 15 polynomial :0.695
```

주목할 만한 것은 선형모델과 2차 다항식인 2차 확장 사이의 결정계수에 큰 차이가 있다는 것이다. 측정값은 0.544에서 0.641로 점프하며 5차에 도달하면 차이는 0.682까지 증가한다. 차수가 계속 증가되고 차수가 15차가 되면 0.695에 도달하지만 이런 증가가 그렇게 놀랄 만한 것은 아니다. 후자가 결정계수 측면에서 가장 좋은 결과이며, 데이터 구름 플롯을 살펴보면 낮은 차수의 다항식 확장에서 볼 수 있는 것처럼 매끄러운 적합성이 나타나지는 않는다.

```
In:    scatter = dataset.plot(kind='scatter', x=predictor,\
               y='target', xlim=x_range, ylim=y_range)
       regr_line = scatter.plot(xt, model.predict(xt), '-',\
               color='red', linewidth=2)
       plt.show()
```

Out:

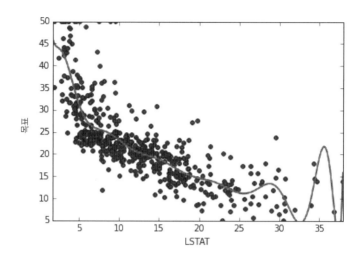

결과 곡선을 면밀히 관찰하면, 높은 차수에서의 곡선은 예측변숫값 범위의 가장자리에서 밀도가 약해질 때 불규칙하게 변하면서 엄격하게 점의 분포를 따르는 경향이 있다는 것을 알 수 있다.

과소 적합과 과잉 적합 소개

다항식 회귀는 모델의 복잡성에 대해 이야기를 시작할 수 있는 적절한 기회를 제공한다. 명시적으로 테스트하지는 않았지만, 다항식의 확장 차수를 증가시키면 더 잘 적합할 것이라는 것을 이미 느꼈을 것이다.

과도한 파라미터화(모델에서 학습해야 하는 파라미터의 초과)로 인한 성능 저하는 선형회귀 및 기타 많은 머신 러닝 알고리즘의 문제다. 추가하는 파라미터가 많을수록 모델이 데이터의 규칙 및 규칙성을 가로막는 것을 멈추기 때문에 적합도가 높아지지만, 데이터에 존재하는 불규칙하고 잘못된 정보로 많은 계수를 채우기 시작할 것이다. 이런 상황에서 모델은 일반 규칙을 학습하지 않고 단지 데이터셋 자체를 다른 형식으로 기억할 것이다.

이것을 과잉 적합overfitting이라고 한다. 결과를 예측하기 위한 데이터 형식의 추출과는 거리가 멀다. 결과는 아주 단순한 암기일 뿐이다. 한편 다른 문제는 과소 적합underfitting 이다. 즉, 예측에 너무 적은 파라미터를 사용하는 경우다. 가장 간단한 예제는 단순선형 회귀를 사용해 비선형 관계를 적합하는 것이다. 분명히 곡선 밴드와 일치하지 않을 것이고 일부 예측은 호도될 것이다.

과소 적합인지 혹은 과잉 적합인지를 확인하기 위한 적절한 도구가 있다. 데이터 과학을 설명하는 6장, '일반화 달성'에서 논의할 것이다. 그동안 높은 차수의 다항식으로 너무 과잉 적합하지 않을 것을 권한다.

▌ 요약

3장에서는 예제를 단순선형회귀에서 다중회귀로 확장해 다뤘다. 또한 Statsmodels 선형 함수(고전적 통계 접근법) 및 기울기 하강(데이터 과학 엔진)의 이전 아웃풋을 재검토했다.

선택된 예측변수를 제거하고 R^2 측정의 관점에서 움직임의 영향을 평가함으로 모델을 실험했다. 한편, 예측변수 사이의 상호 상관관계 및 특성의 다항식 확장 또는 상호작용 조절을 통해 각각의 예측변수와 목표변수 사이의 선형 관계를 만드는 방법을 공부했다.

3장에서 회귀모델을 다시 진행하고 확장해 분류 작업을 실행 가능하게 만들어 확률 예측 변수로 전환할 것이다. 확률 세계로의 개념적 도약은 선형모델을 성공적으로 적용할 수 있는 가능한 문제의 범위를 확장할 수 있을 것이다.

04

로지스틱회귀분석

4장에서는 또 다른 지도 방법인 분류^{classification}를 소개한다. 가장 간단한 클래시파이어 ^{classifier}인 선형회귀와 동일한 기반을 공유하는 로지스틱 리그레서^{regressor}를 소개하지만, 분류 문제를 목표로 한다.

4장에서 다루는 내용은 다음과 같다.

- 이진 및 다중 클래스 문제에 대한 분류 문제의 공식 및 수학적 정의
- 클래시파이어의 성능을 평가하는 방법, 즉 그들의 행렬
- 로지스틱회귀 저변에 깔려 있는 수학
- 로지스틱회귀를 위해 특별히 구축된 SGD 공식 재검토
- 다중 클래스 로지스틱회귀를 사용한 다중 클래스 사례

분류 문제 정의

로지스틱회귀라는 이름이 회귀 연산을 시사하지만, 로지스틱회귀의 목표는 분류다. 통계와 같은 매우 엄격한 세계에서 왜 애매모호하게 이름을 붙였을까? 간단히 말해서 그 이름은 전혀 틀린 것이 아니며 완벽하게 이치에 맞다. 그 이유는 약간의 소개와 조사를 필요로 한다. 그 뒤 왜 그것이 로지스틱회귀라고 부르는지 충분히 이해하게 될 것이고 더이상 틀린 이름이라고 생각하지 않을 것이다

먼저 분류 문제가 무엇인지, 클래시파이어가 무엇인지, 어떻게 작동하는지, 아웃풋은 무엇인지 소개하고자 한다.

3장에서 회귀를 목표변수가 연속적인 값을 추정하는 연산으로 제시했다. 수학적으로 말해 예측변수는 $(-\infty, +\infty)$ 범위의 실수다. 한편 분류는 클래스를 예측한다. 즉, 유한한 클래스 집합의 인덱스를 예측한다. 가장 간단한 경우는 이진 분류^{binary classification}로 명명되며, 아웃풋은 일반적으로 부울 값(참/거짓)이다. 클래스가 참이면 샘플을 일반적으로 양성 샘플이라 하고, 그렇지 않으면 음성 샘플이라고 한다.

다음은 몇 개의 예제를 설명하기 위해 주어지는 이진 분류 문제에 관한 몇 가지 질문이다.

- 이 이메일은 스팸입니까?
- 내 집은 최소한 20만 달러의 가치가 있습니까?
- 사용자가 배너 혹은 이메일을 클릭하거나 열 수 있습니까?
- 재무에 관한 최신 문서입니까?
- 이미지에 사람이 있습니까? 남자 또는 여자입니까?

 회귀 문제의 아웃풋에 임계값을 부여하는 것은 실제로 그 값이 고정된 임계값보다 큰지 작은지를 결정하는 이진 분류 문제다.

아웃풋이 다중 값을 갖는 경우, (즉 예측된 라벨이 범주형 변수인 경우) 분류는 다중 클래스 분류multiclass classification로 명명된다. 일반적으로 가능한 라벨은 수준이나 클래스로 명명된다. 라벨의 목록은 유한해야 하며 미리 알려져 있어야 한다(그렇지 않으면 지도된 문제가 아니라 비지도된 문제일 것이다).

다중 클래스 분류 문제의 예제는 다음과 같다.

- 이 꽃은 어떤 종류의 꽃입니까?
- 이 웹 페이지의 주요 주제는 무엇입니까?
- 어떤 종류의 네트워크 공격이 발생합니까?
- 어떤 숫자 또는 문자가 이미지에 그려집니까?

문제의 공식화: 이진 분류

이제 가장 간단한 분류 유형인 이진 분류에 대해 설명한다. 더 나아가 다중 클래스 분류에 초점을 맞추면 작업은 좀 더 복잡해질 것이다.

공식적으로, 일반적인 관찰은 n차원의 특성 벡터 (x_i)와 그 라벨을 쌍으로 결합한 것이다. i번째는 다음과 같이 쓸 수 있다.

$$\left(x_i, y_i \right) : x_i \in \mathbb{R}^n, y_i \in \left\{ 0, 1 \right\}$$

클래시파이어 밑의 모델은 함수이며, 그것을 선형 또는 비선형일 수 있는 분류 함수classification function라고 한다. 함수의 형식은 다음과 같다.

$$f : \mathbb{R}^n \to \left\{ 0, 1 \right\}$$

예측 작업을 하는 동안 분류 함수는 새로운 특성 벡터에 적용되고 클래시파이어의 아웃풋은 입력 샘플이 분류되는 클래스 즉, 예측된 라벨을 나타낸다. 완벽한 클래시파이어는 가능한 모든 입력에 대해 올바른 클래스 y를 예측한다.

특성 벡터 x는 숫자로 구성돼야 한다. 범주형 특성을 다루는 경우(성별, 멤버십^{membership}, 단어^{word}와 같은)에는 해당 변수를 하나 혹은 그 이상의 숫자 변수(일반적으로 이진)로 가져올 수 있어야 한다. 이 점에 대해서는 나중에 변수를 회귀에 가장 적합한 형식으로 데이터를 준비하는 것에 대해 다루는 5장, '데이터 준비'에서 자세히 살펴볼 것이다.

무슨 일이 일어나고 있는지 시각적으로 이해하기 위해, 모든 특성이 2차원(2-D 문제)인 이진 분류 문제를 살펴본다. 먼저 입력 데이터셋을 정의해보자. 여기서 Scikit-learn 라이브러리의 make_classifier 메소드가 매우 유용하다. 그것은 클래스의 수, 문제의 차수 및 관찰 횟수를 파라미터로 제공해 분류를 위한 더미 데이터셋을 생성한다. 또한 각 특성은 유익한 정보를 제공해야 하며 (중복되지 않아야 하고) 각 클래스는 단일 점 구름으로 구성돼야 한다.

In: %matplotlib inline

```
import matplotlib.pyplot as plt
from sklearn.datasets import make_classification

X, y = make_classification(n_samples=100, n_features=2,
                           n_informative=2, n_redundant=0,
                           n_clusters_per_class=1,
                           class_sep = 2.0, random_state=101)
plt.scatter(X[:, 0], X[:, 1], marker='o', c=y,
            linewidth=0, edgecolor=None)
plt.xlabel('Feature 1')
plt.ylabel('Feature 2')
plt.show()
```

Out:

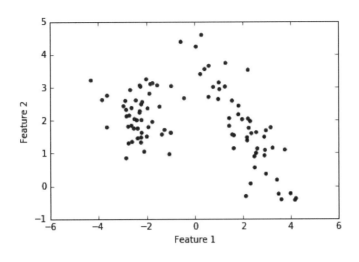

클래시파이어의 성능 평가

분류 작업에서 최상의 성능을 가진 클래시파이어를 식별하기 위해 또는 클래시파이어가 좋은 것인지를 이해하기 위해서는 몇 가지 측정 항목을 정의해야 한다. 정의된 라벨의 정확성 또는 완전성, 분류 오류 횟수의 최소화, 특정 라벨을 가질 확률에 대한 올바른 정렬 등과 같이 몇 가지 다른 분류 목표가 있을 수 있으므로 단일 척도는 없다. 모든 측정은 비용 행렬을 적용한 후 분류 행렬로부터 도출할 수 있다. 결과는 어떤 오류가 더 비용이 많이 들고 결과적으로 어떤 것이 덜 비싼지 강조한다.

여기에 명시한 특정 항목은 이진 분류 또는 다중 클래스 분류 모두에 사용할 수 있다. 성능 측정의 기준은 아니지만, 각각의 클래스에 대해 정확한 분류와 잘못 분류한 오류의 시각적인 영향력을 제공하는 가장 단순한 측정 지표인 혼동 행렬^{confusion matrix}부터 시작한다. 행에는 실제 라벨이 있고, 열에는 예측된 라벨이 있다. 실험을 위해 더미 라벨 집합과 예측 집합을 만들어보자. 예제에서 원래 라벨은 6개의 0과 4개의 1이다. 클래시파이어 분류 오류 항목은 2개의 0과 1개의 1이다.

```
In:    y_orig = [0,0,0,0,0,0,1,1,1,1]
       y_pred = [0,0,0,0,1,1,1,1,1,0]
```

이제 실험을 위해 혼동 행렬을 생성해보자.

```
In:    from sklearn.metrics import confusion_matrix
       confusion_matrix(y_orig, y_pred)

Out:   array([[4, 2],
              [1, 3]])
```

이 행렬을 통해 몇 가지 증거를 추출할 수 있다.

- 샘플의 수는 10개다(전체 행렬의 합계).

- 원본에서 0으로 분류된 샘플의 수는 6개고, 1로 분류된 수는 4개다(행의 합계). 이 숫자를 서포트support라고 명명한다.

- 예측된 데이터 세트에서 0으로 분류된 샘플의 수는 5개이고, 1로 분류된 수는 5개다(열의 합계).

- 올바른 분류는 7개다(대각선의 합).

- 분류 오류는 3개다(대각선에 있지 않은 모든 숫자의 합).

모든 숫자는 대각선에 있고, 대각선이 아닌 곳에는 0이 있으면 완벽한 분류의 예제다.

이러한 행렬은 히트맵을 사용해 그래픽으로 표현할 수 있다. 이것은 특히 다중 클래스 문제를 다룰 때 매우 효과적인 표현이다.

```
In:    plt.matshow(confusion_matrix(y_orig, y_pred))
       plt.title('Confusion matrix')
       plt.colorbar()
       plt.ylabel('True label')
```

```
plt.xlabel('Predicted label')
plt.show()
```

Out:

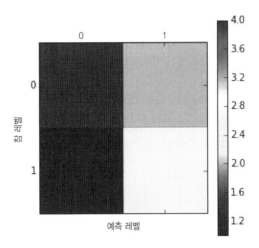

클래시파이어의 성능을 평가하기 위해 살펴볼 첫 번째 측정 기준은 정확도^{accuracy}이다. 정확도는 총 샘플 개수에 대한 정확한 분류의 백분율이다. 대각선상의 합계를 행렬 요소의 합계로 나눔으로써 오류 측정값을 혼돈 행렬로부터 직접 얻을 수 있다. 최상의 정확도는 1.0이고 최악의 정확도는 0.0이다. 앞의 예제에서 정확도는 7/10=0.7이다.

파이썬을 사용하면 다음과 같다.

```
In:    from sklearn.metrics import accuracy_score
       accuracy_score(y_orig, y_pred)
```

Out: 0.69999999999999996

또 다른 유효한 측정 기준은 정밀도^{precision}이다. 하나의 라벨만 고려하며, 해당 라벨에 대해 정확한 분류의 백분율을 계산한다. 라벨 "1"을 고려할 때, 정밀도는 혼돈 행렬에서 오른쪽 하단에 있는 숫자를 두 번째 열에 있는 요소의 합으로 나눈 값이다. 즉, 3/5=0.6 이다. 값은 0과 1 사이로 제한되며, 최상의 결과는 1이고 최악의 결과는 0이다.

Scikit-learn에서 이 함수는 검사 대상 클래스만 참으로 표시되는 이진 입력을 요구한다 (이것을 클래스 표시기class indicator라고 한다). 각 라벨에 대해 정밀도 점수를 추출하려면 각 클래스를 이진 벡터로 만들어야 한다.

```
In:    from sklearn.metrics import precision_score
       precision_score(y_orig, y_pred)
```

```
Out:   0.59999999999999998
```

정밀도와는 다른 오류 측정 방법으로 재현율recall이 존재한다. 정밀도가 얻은 것의 질(라벨 "1"로 표시된 결과의 품질)에 관한 것이라면, 재현율은 얻을 수 있었던 것의 질(제대로 추출할 수 있는 "1"의 인스턴스가 얼마나 많이 있었는지에 대한 품질)에 관한 것이다. 또한 이 측정 방법은 클래스 기반이며 클래스 "1"에 대한 재현율 점수를 계산하기 위해 혼돈 행렬에서 오른쪽 하단의 숫자를 두 번째 행의 합계로 나눠야 한다. 즉, 3/4=0.75이다. 재현율은 0과 1 사이로 제한되며, 최상의 점수는 1이고 원본 데이터셋에서 "1"의 모든 인스턴스가 정확하게 "1"로 분류됐음을 의미한다. 점수가 0이면 "1"이 제대로 분류되지 않았음을 의미한다.

```
In:    from sklearn.metrics import recall_score
       recall_score(y_orig, y_pred)
```

```
Out:   0.75
```

정밀도와 재현율은 클래시파이어가 클래스에 얼마나 잘 수행했는지를 나타내는 두 가지 지표다. 조화 평균harmonic average을 사용해 두 개의 점수를 합하면 포괄적인 f1-점수를 얻을 수 있으므로 두 오류 측정의 성능을 한눈에 파악할 수 있다.

수학적으로

$$f1 = 2 \cdot \frac{precision \cdot recall}{precision \mid recall}$$

파이썬에서는 좀 더 쉽게 수행할 수 있다.

```
In:    from sklearn.metrics import f1_score
       f1_score(y_orig, y_pred)
```

```
Out:   0.66666666666666652
```

결론적으로 많은 오류 점수가 존재하는 경우 어떤 것을 사용하는 것이 가장 좋을까? 해결책은 그렇게 쉬운 것이 아니며, 종종 클래시파이어를 모두 평가하는 것이 좋을 수 있다. 어떻게 그렇게 할 수 있을까? 매우 긴 함수를 써야 하는 것일까? 그렇지 않다. 각 클래스에 대해 모든 점수를 계산하기 위한 메소드를 제공하는 Scikit-learn이 도와줄 것이다. Scikit-learn은 사용하기에 편리하며, 작동 방식은 다음과 같다.

```
In:    from sklearn.metrics import classification_report
       print(classification_report(y_orig, y_pred))
```

```
Out:
```

	precision	recall	f1-score	support
0	0.80	0.67	0.73	6
1	0.60	0.75	0.67	4
avg / total	0.72	0.70	0.70	10

확률 기반 접근법 정의

로지스틱회귀가 어떻게 작동하는지에 대해 점차적으로 소개할 것이다. 앞에서 이를 클래시파이어라고 했지만, 이름은 리그레서를 생각나게 한다. 필요한 요소는 확률론적 해석이다.

이진 분류 문제에서, 아웃풋은 0 또는 1이 될 수 있다. 클래스 "1"에 속하는 라벨의 확률을 확인하면 어떨까? 더 구체적으로 말하면, 분류 문제는 다음과 같이 볼 수 있다. 특성 벡터가 주어지면 조건부 확률을 최대화하는 클래스(0 또는 1)를 찾는다.

$$P\left(y_i = "1" \mid x_i\right)$$

다음과 같은 연결이 이뤄질 수 있다. 확률을 계산하면 분류 문제는 회귀 문제처럼 보인다. 게다가 이진 분류 문제에서는 단지 클래스 "1"의 멤버십 확률을 계산하기만 하면 되기 때문에 그것은 잘 정의된 회귀 문제처럼 보인다. 회귀 문제에서 클래스는 더 이상 "0" 또는 "1"(문자열로서의)이 아니라, 클래스 "1"에 속할 확률을 나타내는 1.0과 0.0이다.

이제 확률론적 해석을 사용해 더미 분류 문제에 다중 선형 리그레서를 적용해보자. 4장 앞 부분에서 작성한 것과 동일한 데이터셋을 재사용하지만, 먼저 데이터셋을 훈련 집합과 테스트 집합test set으로 분리하고 y 벡터를 부동 소수점 값으로 변환한다.

```
In:    from sklearn.cross_validation import train_test_split
       X_train, X_test, y_train, \
           y_test = train_test_split(X, y.astype(float),\
           test_size=0.33, random_state=101)

In:    y_test.dtype

Out:   dtype('float64')

In:    y_test
```

Out:

```
array([ 0.,  1.,  1.,  0.,  1.,  1.,  0.,  1.,  0.,  0.,  0.,  0.,  1.,
        0.,  1.,  0.,  0.,  1.,  1.,  0.,  0.,  0.,  0.,  0.,  0.,  0.,
        0.,  0.,  0.,  1.,  0.,  1.,  0.])
```

위의 몇 가지 방법을 사용해 데이터셋을 훈련 집합과 테스트 집합 두 개로 나누고, y 배열에 있는 모든 숫자를 부동 소수점으로 변환했다. 마지막 셀에서는 작업을 효과적으로 확인할 수 있다. y=1.0이면 상대적인 관측값이 100% 클래스 "1"임을 의미한다. y=0.0이면 관측값이 0% 클래스 "1"임을 의미한다. 또한 이진 분류 작업이기 때문에 그것은 100% 클래스 "0"임을 의미하기도 한다. 여기서 백분율은 확률을 나타낸다.

이제 회귀를 진행해보자.

In:

```
from sklearn.linear_model import LinearRegression
regr = LinearRegression()
regr.fit(X_train, y_train)
regr.predict(X_test)
```

Out:

```
array([ 0.06688448,  1.01981921,  1.08597427, -0.15225094,  1.05856628,
        0.8156161 ,  0.04837505,  0.7997539 ,  0.18942251, -0.03658995,
       -0.0462575 , -0.09640911,  1.0253004 , -0.17062754,  1.13642842,
        0.14052848, -0.00703683,  0.90903158,  1.26997191,  0.03606483,
       -0.19047191,  0.22476337, -0.05936491, -0.18559975,  0.28378888,
        0.01139188, -0.03559395,  0.22742328,  0.07485246,  1.24545626,
        0.13924533,  1.09388935,  0.35341582])
```

리그레서의 예측인 아웃풋은 클래스 "1"에 속할 확률이어야 한다. 마지막 셀 아웃풋에서 볼 수 있듯이 0 이하의 값과 1 이상의 값을 포함하기 때문에 이것은 적절하지 않다. 여기에서 가장 간단한 개념은 0과 1 사이의 결과를 클리핑^{clipping}해서 0.5로 임계값을 설정하는 것이다. 값이 0.5보다 크면 예측된 클래스는 "1"이고, 그렇지 않으면 예측된 클래스는 "0"이다.

지금까지의 절차가 효과가 있지만, 더 잘할 수 있는 방법을 생각해보자. 분류 문제에서 회귀 문제로 전환한 후에 예측된 값을 가지고 예측된 클래스로 다시 돌아가는 것이 얼마나 쉬운지 이미 살펴봤다. 이 과정을 염두에 두고, 몇 가지 변화를 도입하는 동안 핵심 알고리즘을 깊이 연구하면서 분석을 다시 시작해보자.

더미 문제에서 클래스 "1"에 속하는 관찰의 확률을 추정하기 위해 선형회귀모델을 적용했다. 3장에서 봤듯이 회귀모델은 다음과 같다.

$$y = X \cdot w$$

이제 아웃풋이 적절한 확률이 아니라는 것을 알았다. 확률이 되려면 다음을 수행해야 한다.

1. 0.0과 1.0 사이로 아웃풋을 제한한다(클리핑).
2. 예측이 임계값(이전에 0.5를 선택)과 같으면 확률은 0.5이어야 한다(대칭).

두 개의 조건을 모두 만족시키기 위한 최선의 방법은 리그레서의 아웃풋을 시그모이드 sigmoid 곡선 또는 S자형의 곡선을 통해 적용하는 것이다. 일반적으로 시그모이드는 R(실수 영역)에 있는 값을 범위 [0, 1] 사이의 값으로 매핑하고 실수 0의 매핑값은 0.5이다.

이러한 가설에 기초해, 이제 처음으로 로지스틱회귀 알고리즘 저변에 깔린 공식을 작성한다.

$$P\left(y = 1 \mid x\right) = \sigma\left(W^{T} \cdot x\right)$$

여기에서, W[0](편향 가중치)는 시그모이드의 중심점에 대한 정렬 오차misalignment를 처리한다(임계값은 0.5인데 반해 그것은 0에 있음).

이것이 로지스틱회귀 알고리즘이다. 한 가지 빠진 것이 있는데, 왜 로지스틱이냐는 것과 σ 함수는 무엇인가 하는 것이다.

이 두 가지 질문에 대한 답은 간단하다. 시그마의 표준 선택은 로지스틱 함수이며, 또한 역로짓 함수inverse-logit function라고도 한다.

$$\sigma(t) = logit^{-1}(t) = \frac{1}{1 + e^{-t}}$$

시그모이드 제약 조건을 만족하는 함수는 무한히 많지만 연속적이고 쉽게 식별할 수 있으며 신속하게 계산할 수 있기 때문에 로지스틱이 선택됐다. 결과가 만족스럽지 못한 경우에는 항상 파라미터 두 개를 도입해 함수의 첨도steepness와 중심을 변경할 수 있음을 기억하자.

In:
```
import numpy as np

def model(x):
    return 1 / (1 + np.exp(-x))

X_vals = np.linspace(-10, 10, 1000)
plt.plot(X_vals, model(X_vals), color='blue', linewidth=3)
plt.ylabel('sigma(t)')
plt.xlabel('t')

plt.show()
```

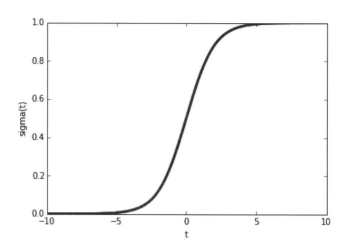

매우 낮은 t의 경우, 함수는 0의 값을 향하고 있음을 알 수 있다. 매우 높은 t에 대해서는 함수가 1의 값으로 향하고 있고 t가 0인 중심에서는 함수가 0.5다. 정확하게 찾고 있던 시그모이드 함수다.

로지스틱 함수와 로짓 함수에 대한 추가 정보

왜 로짓 함수의 역을 사용했을까? 그보다 더 좋은 것은 없었을까? 이 질문에 대한 답은 통계로부터 나온다. 우리는 확률을 다루고 있으며, 로짓 함수는 아주 적합하다. 통계에서 확률에 적용하는 로짓 함수는 로그 손실log-odds을 반환한다.

$$logit(p) = \log\left(\frac{p}{1-p}\right) = \log(p) - \log(1-p)$$

이 함수는 [0, 1] 범위의 숫자를 (−∞, +∞)의 숫자로 변환한다.

이제 로지스틱회귀를 위한 시그모이드 함수로 역로짓 함수를 선택한 논리를 직관적으로 이해할 수 있는지 살펴보자. 먼저 로지스틱회귀방정식에 따라 두 개의 클래스에 대한 확률을 정리하자.

$$P\left(y = "1" \mid x\right) = \frac{1}{1 + e^{-t}}$$

$$P\left(y = "0" \mid x\right) = 1 - \frac{1}{1 + e^{-t}}$$

로그 손실을 계산해보자.

$$\log\left(\frac{P\left(y = "1" \mid x\right)}{P\left(y = "0" \mid x\right)}\right) = W^{T} \cdot x$$

그것은 "1"을 얻을 확률에 적용되는 로짓 함수다.

$$logit\left(P\left(y = "1" \mid x\right)\right) = W^{T} \cdot x$$

왜 로지스틱회귀가 정의에서 암시하듯이 로지스틱 함수를 기반으로 하는지가 여기에 있다. 사실 로지스틱회귀는 일반화된 선형모델^{GLM, Generalized Linear Model}의 가장 큰 범주의 모델이다. 각각의 모델은 다른 함수, 다른 공식, 다른 작동 가설을 갖지만 놀랍게도 다른 목표를 갖지는 않는다.

몇 가지 코드 확인

먼저 4장 첫 부분에서 생성한 더미 데이터셋으로 시작하자. 로지스틱 리그레서 클래시파이어를 생성하고 적합하는 것은 아주 쉽다. Scikit-learn 덕분에 단지 파이썬 코드 몇 줄만 있으면 된다. 리그레서에 대해서는 모델을 훈련시키기 위해 fit 메소드 호출을 필요로 하지만, 클래스를 예측하기 위해서는 predict 메소드 호출을 필요로 한다.

```
In:    from sklearn.linear_model import LogisticRegression

       clf = LogisticRegression()
       clf.fit(X_train, y_train.astype(int))
       y_clf = clf.predict(X_test)

       print(classification_report(y_test, y_clf))
```

```
Out:
                precision    recall   f1-score    support

          0.0        1.00      0.95       0.98         22
          1.0        0.92      1.00       0.96         11

    avg / total      0.97      0.97       0.97         33
```

여기서는 회귀 연산을 수행하지 않는다. 그것이 라벨 벡터를 정수(또는 클래스 인덱스)로 구성해야 하는 이유다. 위에 표시된 아웃풋은 모든 클래스에 대해 모든 점수가 1에 가까우므로 매우 정확한 예측을 보여준다. 테스트 집합에 33개의 샘플을 가지고 있으므로, 0.97은 잘못 분류된 사례가 단 한 개뿐이라는 것을 의미한다. 이 더미 예제는 거의 완벽하다고 할 수 있다.

더 자세히 살펴보도록 하자. 먼저 클래시파이어의 결정 경계decision boundary를 점검한다. 2차원 공간에서 어떤 부분이 "1"로 분류되며, "0"은 어디에 있는지를 알기 위해 결정 경계를 시각적으로 볼 수 있는 방법을 살펴보자.

```
In:    # 다음에 근거한 예제 :
       # 코드 소스: Gaël Varoquaux(Jaques Groblerdml에 의해 문서화하기 위해 수정됨,
                    라이선스: BSD 3 clause)

       h = .02 # 메시의 스탭 크기
```

```python
# 결정 경계를 플롯한다. 이를 위해 각각에 색상을 지정한다.
# 메시에서 [x_min, m_max]x[y_min, y_max]를 가리킨다.
x_min, x_max = X[:, 0].min() - .5, X[:, 0].max() + .5
y_min, y_max = X[:, 1].min() - .5, X[:, 1].max() + .5
xx, yy = np.meshgrid(np.arange(x_min, x_max, h), np.arange(y_min,
    y_max, h))
Z = clf.predict(np.c_[xx.ravel(), yy.ravel()])

# 결과를 색상을 넣어 플롯한다.
Z = Z.reshape(xx.shape)
plt.pcolormesh(xx, yy, Z, cmap=plt.cm.autumn)

# 훈련 포인트도 플롯한다.
plt.scatter(X[:, 0], X[:, 1], c=y, edgecolors='k', linewidth=0,
    cmap=plt.cm.Paired)

plt.xlim(xx.min(), xx.max())
plt.ylim(yy.min(), yy.max())
plt.xticks(())
plt.yticks(())

plt.show()
```

Out:

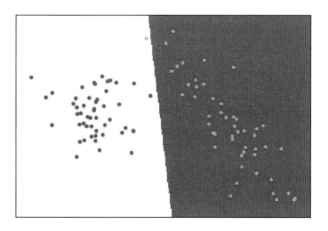

거의 수직으로 분리된다. "1"은 왼쪽(노란색)에 있고 "0"은 오른쪽(빨간색)에 있다. 스크린 샷에서 분류 오류^{misclassification}를 즉시 인식할 수 있다. 그것은 경계에 무척 가까이 있으므로 클래스 "1"에 속할 확률은 0.5에 매우 가까울 것이다.

이제 순수한 확률과 가중치 벡터를 살펴보자. 확률을 계산하려면 클래시파이어의 predict_proba 메소드를 사용해야 한다. 그것은 각 관찰에 대해 두 개의 값을 반환한다. 첫 번째 값은 클래스 "0"이 될 확률이고, 두 번째 값은 클래스 "1"이 될 확률이다. 여기서는 클래스 "1"에 관심이 있기 때문에 모든 관찰에 대해 두 번째 값을 선택한다.

```
In:    Z = clf.predict_proba(np.c_[xx.ravel(), yy.ravel()])[:,1]
       Z = Z.reshape(xx.shape)
       plt.pcolormesh(xx, yy, Z, cmap=plt.cm.autumn)

       ax = plt.axes()
       ax.arrow(0, 0, clf.coef_[0][0], clf.coef_[0][1], head_width=0.5,
           head_length=0.5, fc='k', ec='k')
       plt.scatter(0, 0, marker='o', c='k')

       plt.xlim(xx.min(), xx.max())
       plt.ylim(yy.min(), yy.max())

       plt.show()
```

Out:

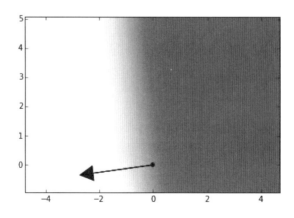

스크린샷에서 순수한 노란색과 순수한 빨간색은 예측 확률이 각각 1과 0에 매우 가까운 경우다. 검정색 점은 직교 2차원 공간의 원점 (0. 0)이며, 화살표는 클래시파이어의 가중치 벡터의 표현이다. 결정 경계와 직각을 이루며, 클래스 "1"을 가리킨다. 가중치 벡터는 실제로 모델 그 자체다. 파일에 저장해야 한다면 단지 몇 개의 부동 소수점 수만을 고려하면 된다.

마지막으로, 속도에 중점을 둔다. 이제 클래시파이어가 라벨을 훈련하고 예측하는 데 걸리는 시간을 살펴보자.

```
In:     %timeit clf.fit(X, y)
Out:    1000 loops, best of 3: 291 µs per loop

In:     %timeit clf.predict(X)
Out:    10000 loops, best of 3: 45.5 µs per loop

In:     %timeit clf.predict_proba(X)
Out:    10000 loops, best of 3: 74.4 µs per loop
```

타이밍은 컴퓨터에 따라 다르지만(여기서는 전체 100포인트 데이터셋을 사용해 훈련하고 예측한다), 로지스틱회귀는 훈련시키고 모든 클래스의 클래스 및 확률을 예측하는 데 매우 빠른 기술임을 알 수 있다.

로지스틱회귀의 장점과 단점

로지스틱회귀는 다음과 같은 이유로 매우 인기 있는 일반적인 알고리즘이다.

- 선형적이다. 분류를 위한 선형회귀와 동등하다.
- 이해하기 쉽고, 아웃풋은 가장 가능성이 높은 클래스 또는 멤버십 확률이 될 수 있다.

- 훈련시키기 간단하다. 매우 적은 계수(각 특성에 대해 하나의 계수와 한 개의 편향)를 갖는다. 이는 모델을 매우 작게 저장할 수 있다(단지 가중치 벡터만 저장하면 된다).
- 계산상 효율적이다. 4장 후반부에서 살펴보겠지만 몇 가지 특별한 기술을 사용하면 매우 빠르게 훈련할 수 있다.
- 다중 클래스 분류를 위한 확장 기능을 가진다.

안타깝게도 로지스틱회귀는 완벽한 클래시파이어가 아니며, 몇 가지 단점을 가지고 있다.

- 대부분의 고급 알고리즘에 비해 성능이 좋지 않은 경우가 많다(유연성이 없기 때문에 경계는 선 또는 초평면hyperplane이 돼야 한다).
- 선형적이다. 문제가 비선형인 경우 클래시파이어를 데이터셋에 적절하게 적합시킬 수 있는 방법이 없다.

▌ 기울기 하강 재방문

3장에서 처리 속도를 높이기 위해 기울기 하강 기술을 도입했다. 선형회귀에서 봤듯이, 모델의 적합은 폐쇄형closed form 또는 반복형iterative form이다(두 가지 방법으로 수행할 수 있다. 폐쇄형은 한 단계에서 가능한 최상의 솔루션을 제공한다. 그러나 그것은 매우 복잡하고 시간이 많이 걸리는 단계다). 반면 반복 알고리즘은 각 업데이트에 대해 계산이 거의 필요 없이 단계별로 최소에 도달하며, 언제든지 중단할 수 있다.

기울기 하강은 로지스틱회귀모델을 적합시키기 위해 선택하는 일반적인 방법이다. 그러나 그것은 뉴튼Newton의 방법과 인기를 공유한다. 로지스틱회귀는 반복 최적화의 기본이며, 이미 도입한 것이므로 이 절에서 중점적으로 다룰 것이다. 영원한 승자도 최고의 알고리즘도 존재하지 않는다. 모든 알고리즘은 결국 계수 공간에서 다른 경로를 따라 모두 동일한 모델에 도달할 수 있다.

먼저 손실 함수 loss function의 미분을 계산하면서, 로지스틱 함수를 도출해보자.

$$\sigma(t) = \frac{1}{1+e^{-t}}$$

1차 미분은 다음과 같다.

$$\sigma'(t) = \frac{\vartheta}{\vartheta z}\frac{1}{1+e^{-t}} = \frac{e^{-t}}{\left(1+e^{-t}\right)^2} = \left(\frac{1}{1+e^{-t}}\right)\cdot\left(1-\frac{1}{1+e^{-t}}\right) = \sigma(t)\cdot\left(1-\sigma(t)\right)$$

이는 로지스틱회귀가 로지스틱 함수를 사용하는 또 다른 이유다. 미분은 계산적으로 어렵지 않다. 여기에서 훈련 관찰이 독립적이라고 가정하자. 가중치 집합에 대한 우도 likelihood 계산은 다음과 같다.

$$\begin{aligned} L(W) &= P(Y \mid X;W) \\ &= \prod_i P(y_i \mid x_i;W) \\ &= \prod_i \left(\sigma\left(W^T \cdot x_i\right)\right)^{y_i} \cdot \left(1-\sigma\left(W^T \cdot x_i\right)\right)^{1-y_i} \end{aligned}$$

마지막 행에서 y_i가 0 또는 1일 수 있다는 사실을 기반으로 트릭을 사용했다. $y_i=1$인 경우 곱셈의 첫 번째 요소만 계산되고 그렇지 않으면 두 번째 요소만 계산된다.

다음은 로그 우도 log-likelihood를 계산해보자. 일을 더 쉽게 만들 것이다.

$$\begin{aligned} \hat{L}(W) &= \log\left(L(W)\right) \\ &= \sum_i y_i \log\left(\sigma\left(W^T \cdot x_i\right)\right) + \left(1-y_i\right)\log\left(1-\sigma\left(W^T \cdot x_i\right)\right) \end{aligned}$$

이제 두 가지를 고려할 것이다. 첫째, SGD는 한 번에 한 점씩만 작동한다. 따라서 로그 우도는 단계별로 한 점의 함수일 뿐이다. 그러므로 모든 점에 대한 합계를 제거하고 관찰 대상 점의 이름을 (x, y)로 지정할 수 있다. 둘째, 우도를 최대화해야 한다. 그렇게 하기 위해서는 일반적인 W의 k번째 계수와 관련해 편도함수$^{partial\ derivative}$를 추출해야 한다.

여기서 수학이 약간 복잡해진다. 그러므로 모델에서 사용할 마지막 결과만 표기할 것이다. 방정식을 유도하고 이해하는 중간 과정은 독자에게 남긴다.

$$\frac{\vartheta}{\vartheta w_k}\hat{L}(W) = \cdots = \left(y - \sigma\left(W^T \cdot x\right)\right) \cdot x_k$$

우도(및 로그 버전)를 극대화하려고 시도하기 때문에 가중치를 업데이트하기 위한 올바른 공식은 확률적 기울기 상승$^{Stochastic\ Gradient\ Ascent}$이다.

$$W \leftarrow W + \alpha \nabla \hat{L}(W)$$

이것이 일반적인 공식이다. W를 구성하는 각각의 계수에 대한 업데이트 단계는 다음과 같다.

$$w_k \leftarrow w_k + \alpha \cdot \left(y - \frac{1}{1 + e^{-W^T \cdot x}}\right) \cdot x_k$$

(x, y)는 업데이트 단계 및 학습 단계를 위해 선택된 (확률적) 무작위 관찰값이다.

SGD가 무엇을 생성하는지 실제 사례를 보려면 4장 마지막 절을 확인하자.

▌ 다중 클래스 로지스틱회귀

두 개 이상의 클래스를 분류하기 위한 로지스틱회귀의 확장은 다중 클래스 로지스틱회귀이다. 그것은 실제로 일반적인 접근법을 기반으로 하고 있다. 단지 로지스틱 리그레서를 위해서만 작동하는 것이 아니라 다른 이진 클래시파이어와도 작동한다. 기본 알고리즘은 One-vs-rest 또는 One-vs-all로 명명되며, 쉽게 이해하고 적용할 수 있다.

예를 들어 설명해보자. 세 가지 종류의 꽃을 분류해야 하고, 주어진 몇 가지 특성을 고려해볼 때 가능한 아웃풋은 세 개의 클래스 f1, f2, f3이다. 이것은 지금까지 본 것과 다르며, 사실 이것은 이진 분류 문제가 아니다. 대신 이 문제를 간단히 세 가지 문제로 구분하기는 매우 쉬워 보인다.

- **문제 #1**: 긍정적인 예제(즉, 라벨 "1"을 얻는 예제)는 f1이며, 부정적인 예제는 다른 모든 것이다.
- **문제 #2**: 긍정적인 예제는 f2이며, 부정적인 예제는 f1과 f3이다.
- **문제 #3**: 긍정적인 예제는 f3이며, 부정적인 예제는 f1과 f2이다.

세 가지 문제 모두에 대해, 로지스틱 리그레서로 이진 클래시파이어를 사용할 수 있다. 당연히 첫 번째 클래시파이어는 P(y = f1 | x)를 출력한다. 두 번째와 세 번째는 각각 P(y = f2 | x)와 P(y = f3 | x)를 출력한다.

최종 예측을 하기 위해 가장 높은 확률을 발생시킨 클래시파이어를 선택하기만 하면 된다. 세 개의 클래시파이어를 훈련시키면, 특성 공간은 두 개의 서브 평면으로 분할되지 않고 세 개의 클래시파이어 결정 경계에 따라 나눠진다.

사실 One-vs-all 접근법은 매우 편리하다.

- 적합시키기 위한 클래시파이어의 수는 정확하게 클래스의 수와 같다. 따라서 모델은 N개의 가중치 벡터로 구성된다(N은 클래스의 수).
- 더욱이 이 작업은 병렬이며 다중 스레드(최대 N개의 스레드까지)를 사용해 N개 클래시파이어의 훈련을 동시에 수행할 수 있다.

- 클래스가 균형적인 경우 각각 클래시파이어에 대해 훈련 시간은 비슷하며 예측 시간은 동일하다(불균형 클래스인 경우에도 마찬가지다).

이해를 돕기 위해, 다중 클래스 분류 예제를 만들어보자. 3개의 더미 클래스 데이터셋을 만들고 그것을 훈련 집합과 테스트 집합으로 분할해 다중 클래스 회귀 리그레서를 훈련 시킨 후 그것을 훈련 집합에 적용해 마지막으로 경계를 시각화한다.

In: %reset -f

In: %matplotlib inline

```
import matplotlib.pyplot as plt
from sklearn.datasets import make_classification

X, y = make_classification(n_samples=200, n_features=2,
                           n_classes=3, n_informative=2,
                           n_redundant=0, n_clusters_per_class=1,
                           class_sep = 2.0, random_state=101)

plt.scatter(X[:, 0], X[:, 1], marker='o', c=y, linewidth=0,
    edgecolor=None)
plt.show()
```

Out:

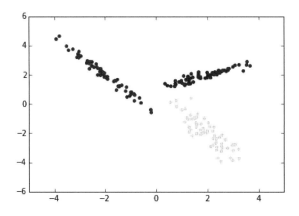

```
In:   from sklearn.cross_validation import train_test_split
      X_train, X_test, y_train, y_test = train_test_split(X,
            y.astype(float),test_size=0.33, random_state=101)

In:
      from sklearn.linear_model import LogisticRegression

      clf = LogisticRegression()
      clf.fit(X_train, y_train.astype(int))
      y_clf = clf.predict(X_test)

In:   from sklearn.metrics import classification_report
      print(classification_report(y_test, y_clf))
```

Out:

	precision	recall	f1-score	support
0.0	1.00	1.00	1.00	24
1.0	1.00	1.00	1.00	22
2.0	1.00	1.00	1.00	20
avg / total	1.00	1.00	1.00	66

```
In:   import numpy as np

      h = .02 # 메시의 스탭 크기

      x_min, x_max = X[:, 0].min() - .5, X[:, 0].max() + .5
      y_min, y_max = X[:, 1].min() - .5, X[:, 1].max() + .5
      xx, yy = np.meshgrid(np.arange(x_min, x_max, h), np.arange(y_min,
            y_max, h))
      Z = clf.predict(np.c_[xx.ravel(), yy.ravel()])

      # 결과를 색상으로 플롯한다.
      Z = Z.reshape(xx.shape)
```

```
plt.pcolormesh(xx, yy, Z, cmap=plt.cm.autumn)

# 훈련 포인트도 플롯한다.
plt.scatter(X[:, 0], X[:, 1], c=y, edgecolors='k',
            cmap=plt.cm.Paired)
plt.xlim(xx.min(), xx.max())
plt.ylim(yy.min(), yy.max())
plt.xticks(())
plt.yticks(())

plt.show()
```

Out:

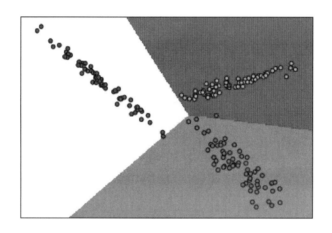

이 더미 데이터셋에서, 클래시파이어는 완벽한 분류(정밀도, 재현율, f1-점수 모두 1.0)를 달성했다. 그림에서 결정 경계가 세 개의 영역을 정의하고 비선형 분할을 생성하고 있음을 볼 수 있다.

마지막으로 첫 번째 특성 벡터, 원래 라벨과 그것의 예측된 라벨(모두 클래스 "0"으로 보고)을 살펴보자.

```
In:    print(X_test[0])
       print(y_test[0])
       print(y_clf[0])

Out:   [ 0.73255032 1.19639333]
       0.0
       0
```

세 개의 클래스 각각에 속할 확률을 얻으려면, 정확하게 이진 경우와 동일하게 predict_
proba 메소드를 적용하기만 하면 되며, 클래시파이어는 세 개의 확률을 출력할 것이다.
물론 그들의 합은 1.0이고, 가장 높은 값은 당연히 클래스 "0"에 대한 값이다.

```
In:    clf.predict_proba(X_test[0])

Out:   array([[ 0.72797056, 0.06275109, 0.20927835]])
```

▌ 예제

4장에서 지금까지 봤던 것을 포함하는 실제적인 예제를 살펴보자.

데이터셋은 10,000개의 관측치와 10개의 특성으로 구성해 인위적으로 생성한 것이다.
특성은 모두 유용한 것이며 중복되는 것은 하나도 없다. 라벨은 "0"과 "1"인 이진 분류다.
일반적으로 특성 선택 또는 특성 감소 작업에서 관련 없는 특성을 선택하기 때문에, 모든
유용한 특성을 갖는 것은 머신 러닝에서 비현실적인 가설이 아니다.

```
In:    X, y = make_classification(n_samples=10000, n_features=10,
                                  n_informative=10, n_redundant=0,
                                  random_state=101)
```

이제 로지스틱회귀를 사용해 분류 작업을 수행하기 위해 다른 라이브러리와 다른 모듈을 사용하는 방법을 보여줄 것이다. 여기서는 성능을 측정하는 방법에 초점을 두지 않고 계수가 모델을 구성하는 방법(3장에서 설명한 내용)에 초점을 맞출 것이다.

첫 번째 단계로, Statsmodel을 사용한다. 올바른 모듈을 로드한 후, 편향 가중치 W[0]를 갖기 위해 입력 집합에 특성을 추가해야 한다. 그 뒤 모델을 훈련시키는 것은 매우 간단하다. logit 객체를 인스턴스화하고 fit 메소드를 사용하면 된다. Statsmodel은 모델을 훈련시킬 것이며, 모델을 훈련시킬 수 있었는지(최적화를 성공적으로 종료했는지) 또는 실패했는지 여부를 보여줄 것이다.

```
In:     import statsmodels.api as sm
        import statsmodels.formula.api as smf
```

```
In:     Xc = sm.add_constant(X)
        logistic_regression = sm.Logit(y,Xc)
        fitted_model = logistic_regression.fit()
```

```
Out:    Optimization terminated successfully.
                Current function value: 0.438685
                Iterations 7
```

모델에 대해 상세한 정보를 얻으려면 summary 메소드를 사용한다.

```
In:     fitted_model.summary()
```

```
Out:
```

Logit Regression Results

Dep. Variable:	y	No. Observations:	10000
Model:	Logit	Df Residuals:	9989
Method:	MLE	Df Model:	10
Date:	Fri, 01 Jan 2016	Pseudo R-squ.:	0.3671
Time:	11:48:59	Log-Likelihood:	-4386.8
converged:	True	LL-Null:	-6931.5
		LLR p-value:	0.000

	coef	std err	z	P>|z|	[95.0% Conf. Int.]
const	0.4299	0.039	11.023	0.000	0.353 0.506
x1	0.0671	0.015	4.410	0.000	0.037 0.097
x2	-0.7828	0.019	-41.947	0.000	-0.819 -0.746
x3	0.1221	0.016	7.815	0.000	0.091 0.153
x4	0.2841	0.016	18.150	0.000	0.253 0.315
x5	0.1469	0.014	10.283	0.000	0.119 0.175
x6	-0.3414	0.019	-17.636	0.000	-0.379 -0.303
x7	0.0503	0.014	3.481	0.000	0.022 0.079
x8	-0.1393	0.014	-9.642	0.000	-0.168 -0.111
x9	0.1127	0.014	7.931	0.000	0.085 0.141
x10	-0.4792	0.018	-27.340	0.000	-0.514 -0.445

두 개의 표가 반환된다. 첫 번째 표는 데이터셋과 모델 성능에 대한 것이고, 두 번째 표는 모델의 가중치에 관한 것이다. Statsmodel은 모델에 대해 많은 정보를 제공한다. 그중 일부는 훈련된 리그레서에 대해 2장, '단순선형회귀분석 접근'에서 다뤘다. 반면 여기서는 클래시파이어에 대해 나타난 정보를 간략하게 설명한다.

- Converged: 훈련받는 동안 분류 모델이 수렴 단계에 도달했는지 여부를 알려 준다. 결과가 참인 경우에만 모델을 사용한다.
- Log-Likelihood: 로그 우도로, 이전에 정의한 것이다.
- LL-Null: 절편만 예측변수로 사용하는 경우의 로그 우도다.

- LLR p-value: 통계적으로 로그 우도 비율이 LLR보다 클 카이 제곱 확률chi-squared probability이다. 기본적으로 이것은 모델이 상수 값으로 추정하는 것보다 얼마나 더 좋은지를 보여준다. LLR은 로그 우도 비율 즉, null 모델(절편만) 로그 우도를 대체 모델(전체 모델)의 우도로 나눈 값이다.

- Pseudo R-squared: 모델에서 설명되지 않은 전체 변동의 비율로 볼 수 있다. 그 것은 1-Log-likelihood/LL-Null로 계산된다.

계수 표의 경우에는 각 계수에 대해 하나의 행이 존재한다. const는 절편과 관련된 가중치 즉, 편향 가중치다. x1, x2, … x10은 모델을 구성하는 10개의 특성과 관련된 가중치다. 각각에 대해 다음과 같은 몇 가지 값이 존재한다.

- Coef: 해당 특성과 관련된 모델의 가중치다.
- Std err: 계수의 표준오차다. 표준편차를 표본 크기의 제곱근으로 나눈 값이다.
- Z: 표준오차와 계수 사이의 비율이다(stat t-value).
- P>|z|: 동일한 모집단에서 표본 추출하는 동안 z보다 큰 t 값을 얻을 확률이다.
- [95.0% Conf. Int.]: 신뢰도 95%로 계수의 실제 값이 있는 구간이다. coef +/- 1.96 * std err로 계산된다.

동일한 결과를 얻기 위한 또 다른 방법(적은 수의 특성을 갖는 모델일 때 주로 사용)은 회귀에 포함된 공식을 기록하는 것이다. 이것은 R에서 사용하는 것과 유사하게 적합 작업을 할 수 있게 하는 Statsmodel formula API 덕분에 가능하다. 먼저 특성의 이름을 지정하고 그 뒤 (지정한 이름을 사용해) 공식을 적는다. 마지막으로 모델을 적합시킨다. 이 방법을 사용하면 자동적으로 절편 항목이 모델에 추가된다. 아웃풋은 이전 아웃풋과 같다.

```
In:    import pandas as pd

       Xd = pd.DataFrame(X)
       Xd.columns = ['VAR'+str(i+1) for i in range(10)]
       Xd['response'] = y
```

```
logistic_regression = smf.logit(formula =
    'response ~ VAR1+ VAR2 + VAR3 + VAR4 + \
    VAR5 + VAR6 + VAR7 + VAR8 + VAR9 + VAR10', data=Xd)

fitted_model = logistic_regression.fit()
fitted_model.summary()
```

Out:　　[위와 동일한 아웃풋]

먼저 접근 방법을 변경해 확률 기울기 하강 공식을 완전하게 구현해보자. 공식의 각 부분은 함수이며, main 함수는 최적화이다. 여기서 선형회귀와 관련해서 가장 큰 차이점은 로지스틱(즉, 시그모이드) 손실 함수이다.

In:　　
```
from sklearn.preprocessing import StandardScaler
import numpy as np
observations = len(X)
variables = ['VAR'+str(i+1) for i in range(10)]
```

In:　　
```
import random

def random_w( p ):
    return np.array([np.random.normal() for j in range(p)])

def sigmoid(X,w):
    return 1./(1.+np.exp(-np.dot(X,w)))

def hypothesis(X,w):
    return np.dot(X,w)

def loss(X,w,y):
    return hypothesis(X,w) - y

def logit_loss(X,w,y):
    return sigmoid(X,w) - y
```

```
def squared_loss(X,w,y):
    return loss(X,w,y)**2


def gradient(X,w,y,loss_type=squared_loss):
    gradients = list()
    n = float(len( y ))
    for j in range(len(w)):
        gradients.append(np.sum(loss_type(X,w,y) * X[:,j]) / n)
    return gradients


def update(X,w,y, alpha=0.01, loss_type=squared_loss):
    return [t - alpha*g for t, g in zip(w, gradient(X,w,y,loss_type))]


def optimize(X,y, alpha=0.01, eta = 10**-12, loss_type=squared_
              loss,iterations = 1000):
    standardization = StandardScaler()
    Xst = standardization.fit_transform(X)
    original_means, originanal_stds = standardization.mean_,
              standardization.std_
    Xst = np.column_stack((Xst,np.ones(observations)))
    w = random_w(Xst.shape[1])
    path = list()
    for k in range(iterations):
        SSL = np.sum(squared_loss(Xst,w,y))
        new_w = update(Xst,w,y, alpha=alpha, loss_type=logit_loss)
        new_SSL = np.sum(squared_loss(Xst,new_w,y))
        w = new_w
        if k>=5 and (new_SSL - SSL <= eta and new_SSL - SSL >= -eta):
            path.append(new_SSL)
            break
        if k % (iterations / 20) == 0:
            path.append(new_SSL)
    unstandardized_betas = w[:-1] / originanal_stds
    unstandardized_bias = w[-1]-np.sum((original_means /
                    originanal_stds) * w[:-1])
    return np.insert(unstandardized_betas, 0,
```

```
                unstandardized_bias), path,k

    alpha = 0.5
    w, path, iterations = optimize(X, y, alpha, eta = 10**-5, loss_
        type=logit_loss, iterations = 100000)
    print ("These are our final standardized coefficients: %s" % w)
    print ("Reached after %i iterations" % (iterations+1))
```

Out:

These are our final standardized coefficients: [0.42991407 0.0670771
-0.78279578 0.12208733 0.28410285 0.14689341
-0.34143436 0.05031078 -0.1393206 0.11267402 -0.47916908]
Reached after 868 iterations

확률 기울기 하강 접근법으로 생성된 계수는 이전에 유도된 Statsmodel과 동일한 계수다. 이전에 봤듯이 코드 구현이 최상의 최적화는 아니다. 솔루션을 산출하는 데 상당히 효과적이긴 하지만, SGD가 로지스틱회귀 작업에서 어떻게 작동하는지 이해하는 데 도움이 되는 방법일 뿐이다. 반복 횟수, 알파, 베타 그리고 최종 결과 사이의 관계를 확인하면서 진행해보자. 파라미터가 어떻게 연결돼 있는지, 최적의 설정을 어떻게 선택하는지 이해할 수 있을 것이다.

다음으로 Scikit-learn 라이브러리와 로지스틱회귀 구현으로 전환해보자. Scikit-learn은 두 가지 구현을 제공한다. 하나는 로지스틱회귀 최적화의 고전적 솔루션을 기반으로 하고, 다른 하나는 빠른 SGD 구현을 기반으로 한다. 두 가지 모두를 탐구할 것이다.

먼저 고전적인 로지스틱회귀 구현부터 시작한다. 훈련은 매우 간단하며, 몇 개의 파라미터만 필요로 한다. 파라미터를 극단으로 설정하면 솔루션이 정규화되지 않고(C는 매우 높음), 허용 오차tolerance에 대한 중지 기준은 매우 낮아질 것이다. 다음 예제에서는 모델에서 동일한 가중치를 얻기 위해 파라미터를 극단으로 설정한다. 실제 실험에서 이러한 파라미터는 하이퍼파라미터hyperparameter 최적화를 유도할 것이다. 정규화에 대한 자세한 내용은 6장, '일반화 달성'을 참조하자.

```
In:     from sklearn.linear_model import LogisticRegression

        clf = LogisticRegression(C=1E4, tol=1E-25, random_state=101)
        clf.fit(X,y)

Out:    LogisticRegression(C=10000.0, class_weight=None, dual=False,
                fit_intercept=True, intercept_scaling=1, max_iter=100,
                multi_class='ovr', penalty='l2', random_state=101,
                solver='liblinear', tol=1e-25, verbose=0)

In:     coeffs = [clf.intercept_[0]]
        coeffs.extend(clf.coef_[0])
        coeffs

Out:
        [0.42991394845314063,
         0.067077096874709585,
         -0.7827957661488677,
         0.12208730826867409,
         0.28410283693190336,
         0.14689340914475549,
         -0.34143434245188609,
         0.050310756492560317,
         -0.1393205915231476,
         0.11267402173781312,
         -0.47916904027905627]
```

마지막 모델로 SGD의 Scikit-learn 구현을 시도한다. 모델이 실제로 복잡하기 때문에 같은 가중치를 얻는 것은 매우 까다로운 일이고, 파라미터는 폐쇄형 접근 방식과 동일한 결과를 얻기 위해서가 아니라 성능을 위해 최적화돼야 한다. 모델의 계수를 이해하기 위해 이 예제를 사용하지만, 실제 모델을 훈련시키기 위해서는 사용하지 않는다.

```
In:     from sklearn.linear_model import SGDClassifier
        clf = SGDClassifier(loss='log', alpha=1E-4, n_iter=1E2,
            random_state=101)
```

```
clf.fit(X,y)
```

Out:
```
SGDClassifier(alpha=0.0001, average=False, class_weight=None,
        epsilon=0.1, eta0=0.0, fit_intercept=True, l1_ratio=0.15,
        learning_rate='optimal', loss='log', n_iter=100.0,
        n_jobs=1, penalty='l2', power_t=0.5, random_state=101,
        shuffle=True, verbose=0, warm_start=False)
```

In:
```
coeffs = [clf.intercept_[0]]
coeffs.extend(clf.coef_[0])
coeffs
```

Out:
```
[0.42571117875899561,
 0.092754663986175351,
 -0.78381378869544127,
 0.093708745822509473,
 0.1675646650527122,
 0.10596527209458738,
 -0.41091578158018643,
 0.062219832489940362,
 -0.19435965629236054,
 0.2353120824478212,
 -0.48793778455042086]
```

▌ 요약

4장에서 선형회귀와 로지스틱 함수를 기반으로 한 이진 클래시파이어를 구축하는 방법에 대해 살펴봤다. 빠르고 작고 매우 효율적이며 SGD를 기반으로 증분 기술을 사용해 훈련시킬 수 있다. 게다가 매우 적은 노력으로(One-vs-Rest 접근법) 이진 로지스틱 리그레서는 다중 클래스가 될 수 있다.

5장에서는 데이터를 준비하는 방법에 초점을 맞출 것이다. 지도 알고리즘으로부터 최댓값을 얻으려면 입력 데이터 집합을 신중하게 정리하고 표준화해야 한다. 실세계의 데이터 집합은 누락 데이터^{missing data}, 오류 및 이상치를 가질 수 있고, 변수는 범주형이며 다양한 값의 범위를 가질 수 있다. 다행히도 널리 사용되는 일부 알고리즘은 이러한 문제를 처리하여 머신 러닝 알고리즘에서 가능한 최선의 방법으로 데이터셋을 변형시킨다.

05

데이터 준비

회귀와 분류에 대한 두 가지 기본 선형모델을 이해하기 위한 견고한 토대를 제공했으므로, 5장에서는 모델에 공급하는 데이터에 대해 논의할 것이다. 데이터를 최선의 방법으로 준비하기 위해 일상적으로 수행할 수 있는 작업과 누락 데이터나 이상치가 존재하는 경우와 같이 어려운 상황에 대처하는 방법을 설명한다.

실제 실험에서는 합성 데이터 또는 시뮬레이션 데이터와는 달리 매우 다양한 실제 데이터가 생성된다. 또한 실제 데이터는 매우 복잡하며 종종 명백하거나 아주 미묘한 방법으로 잘못 입증되기도 한다. 데이터 실무자는 즉시 분석될 수 있도록 적절한 형태로 목적에 맞게 준비돼 있는 데이터를 거의 발견하지 못할 것이다.

잘못된 데이터와 해결책에 대한 내용을 적는 것은 이 책의 범위를 벗어나지만, 여기서는 일반적인 데이터 문제의 대부분을 관리하고 알고리즘을 올바르게 전달할 수 있도록 기본 정보를 제공하고자 한다. 결국 일반적으로 알려진 약어인 GIGO^{garbage in garbage out}는 우리가 직면하고 받아들여야 하는 진리이다.

따라서 5장에서는 다음과 같은 것을 할 수 있는 다양한 주제, 파이썬 클래스 및 함수에 대해 다룰 것이다.

- 숫자 특성을 적절하게 조정하고 계수를 비교 및 해석할 뿐만 아니라 비정상적이거나 누락된 값 또는 희소 행렬 처리를 더 쉽게 할 수 있다(텍스트 데이터 처리에서 매우 일반적임).
- 회귀모델에 의해 허용되고 정확하게 예측될 수 있게 하기 위해 정성적 특성을 숫자값으로 변환한다.
- 데이터의 비선형 관계를 선형 관계로 변환할 수 있는 가장 현명한 방법으로 숫자 특성을 변환한다.
- 중요한 데이터가 누락될 경우 대체 데이터를 예측하거나 회귀를 통해 자체적으로 최상의 솔루션을 관리하게 하기 위해 수행할 작업을 결정한다.
- 데이터의 비정상적이거나 이상한 값을 복구하고 회귀모델을 항상 정상적으로 작동하게 만든다.

▌ 숫자 특성 조정

3장, '다중회귀분석 실행'의 특성 조정 절에서 원래의 변수를 유사한 스케일로 변경하면 결과 회귀계수를 해석하는 데 어떻게 도움이 되는지 논의했다. 기울기 하강을 기반으로 한 알고리즘을 사용할 경우 솔루션에 더 빠르게 수렴할 수 있기 때문에 조정은 필수적이다. 이제 기울기 하강을 위해 조정된 특성만을 사용해 작업할 수 있는 다른 기술을 소개할 것이다. 그러나 특정 알고리즘의 기술적 요구 사항과는 별도로, 지금은 때때로 누락되거나 결함이 있는 데이터로 작업할 때 특성 조정이 어떻게 도움이 되는지에만 관심을 기울일 것이다.

누락되거나 잘못된 데이터는 훈련 도중뿐만 아니라 생산 단계에서도 발생할 수 있다. 누락값이 있는 경우 다음과 같은 두 가지 설계 옵션을 사용해 주어진 문제에 대처할 수 있는 매우 강력한 모델을 만들 수 있다.

- 누락된 값을 적극적으로 처리한다(5장에 이를 주제로 한 단락이 있다).
- 누락된 값에 대해 소극적으로 대처한다.
  - 시스템이 오류를 발생시키고 모든 작업이 중단된다. 문제가 해결될 때까지 중단된 상태를 유지한다.
  - 시스템이 누락된 데이터를 무시하고 누락되지 않은 값을 계산한다.

예측 시스템이 타격을 입어 중단될 수 있다는 점은 분명 우려되는 일이지만, 이를 무시하고 현재 값으로 작업하면 매우 편향된 결과를 초래할 수도 있다. 회귀방정식이 모든 변수와 함께 작동하도록 설계된 경우, 일부 데이터가 누락되면 제대로 작동하지 않을 것이다. 어쨌든 선형회귀 공식을 다시 생각해보자.

$$y = \beta_0 + \beta X$$

짐작할 수 있듯이 편향 계수bias coefficient는 실제로 존재한다. 예측변수의 상황이 어떻든 항상 나타난다. 결과적으로, 모든 X가 누락된 것과 같은 극단의 경우에도 변수를 표준화하면 평균은 0이다.

실제로 이것을 살펴보고 기울기 하강, 정규화, 확률적 학습과 같은 고도화된 최적화 기술을 사용해 누락된 값을 고정하기 위해 예측변수를 적절하게 조정하는 방법(후자의 두 개에 대해서는 이후에 다룸)과 외부 값 및 변칙적인 값을 쉽게 감지할 수 있는 방법을 알아본다.

먼저 분석을 위해 기본 패키지와 함수를 업로드하자.

```
In:    import numpy as np
       import pandas as pd
```

```
import matplotlib.pyplot as plt
from sklearn.datasets import load_boston
from sklearn import linear_model
%matplotlib inline
"""부동 소수점 출력을 5자리 숫자로 설정하고, 아주 작은 부동 소수점 값을 출력하기 위해 과학적 표
기법을 사용한다."""
np.set_printoptions(precision=5, suppress=True)
```

보스턴 데이터 세트도 다시 로드한다. y를 목표변수로, X를 예측변수의 배열로 한다.

```
In:    boston = load_boston()
       dataset = pd.DataFrame(boston.data, \
               columns=boston.feature_names)
       dataset['target'] = boston.target
       observations = len(dataset)
       variables = dataset.columns[:-1]
       X = dataset.ix[:,:-1]
       y = dataset['target'].values
```

로지스틱회귀에 대해서도 테스트를 하고자 하기 때문에, 수준 "1"에서 점수 25 이상의 모
든 값에 대해 목표변수를 이진 응답으로 변환한다.

```
In:    yq = np.array(y>25, dtype=int)
```

이 연산이 끝난 후, 정성적인 응답변수의 이름을 yq라 한다.

평균 중심화

모든 재조정 작업에 대해 Scikit-learn 패키지의 preprocessing 모듈에 있는 함수를 제
안한다. 특히, StandardScalar와 MinMaxScalar를 사용할 것이다. Scikit-learn의 모든

클래스와 마찬가지로, 두 클래스 모두 올바른 조정을 허용하는 파라미터를 기록하고 저장하는 fit 메소드를 갖는다. 또한 검증, 테스트, 심지어는 나중에 생산을 위해 사용할 샘플 데이터를 위해 동일한 데이터(fit_transform 메소드 또한 수행 가능) 또는 다른 데이터에 즉시 적용할 수 있는 transform 메소드를 갖는다.

StandardScalar 클래스는 평균을 제거해 변수를 재조정하며, 이러한 작업을 중심화 centering라 한다. 사실 훈련 집합에서 재조정된 변수는 모두 평균 0을 가지며 특성은 단위 분산으로 강제 설정될 것이다. 적합시킨 후에는 클래스에 mean_ 및 std_ 벡터가 포함돼 조정을 가능하게 한 평균과 표준편차에 대한 액세스 권한을 부여한다. 그러므로 생산의 테스트 목적 또는 예측을 위해 다음 집합에서 정확하게 동일한 변환을 적용해 알고리즘이 정확하게 작동하는 데 필요한 데이터 일관성을 유지할 수 있다.

MinMaxScalar 클래스는 사용자가 지정하는 범위에서 새로운 최솟값과 최댓값을 설정해 변수를 재조정한다. 적합시킨 후, min_과 scale_은 각각 최솟값(원래 변수로부터 뺀 값)과 변수가 원하는 최댓값을 가지도록 하기 위해 사용된 스케일을 나타낸다.

 훈련을 받은 후 다른 새로운 데이터에 두 클래스 중 하나를 재사용하는 경우 새로운 변수의 최솟값과 최댓값이 다를 수 있으므로 변환된 결과 변수가 최댓값보다 크거나 최솟값보다 적은 범위를 벗어난 비정상적인 값일 수 있다. 이러한 현상이 발생하면 새로운 데이터에 비정상 적인 값이 있는지 확인하고, 변환 및 계수를 결정할 때 훈련 단계에서 올바른 데이터를 사용했는지 여부를 확인하는 것이 중요하다.

이제 두 가지 조정 클래스를 모두 업로드하고, 보스턴 데이터셋에 선형회귀를 적합시켜 계수와 절편을 구한다.

```
In:    from sklearn.preprocessing import StandardScaler
       from sklearn.preprocessing import MinMaxScaler
       linear_regression = linear_model.LinearRegression(normalize=False,\
           fit_intercept=True)
```

```
linear_regression.fit(X,y)
print ("coefficients: %s\nintercept: %0.3f" % \
    (linear_regression.coef_,linear_regression.intercept_))
```

Out:

```
coefficients: [ -0.10717    0.0464     0.02086    2.68856 -17.79576    3.80475    0.00075
  -1.47576    0.30566   -0.01233   -0.95346    0.00939   -0.52547]
intercept: 36.491
```

 Jupiter 노트북에서 과학적 표기법으로 결과를 얻으려면, 먼저 import numpy as np를 사용한 후에 np.set_printoptions(prediction=5, suppress=True)를 사용하면 도움이 된다.

특히 절편을 주목해보자. 선형회귀 공식을 감안하면 모든 예측변수가 0일 때 회귀 출력이 될 것으로 기대할 수 있다. 또한 음수, 0 또는 양수인지 확인할 수 있는 최솟값도 살펴보자.

In: dataset.min()

Out:

```
          CRIM       0.00632
          ZN         0.00000
          INDUS      0.46000
          CHAS       0.00000
          NOX        0.38500
          RM         3.56100
          AGE        2.90000
          DIS        1.12960
          RAD        1.00000
          TAX      187.00000
          PTRATIO   12.60000
          B          0.32000
          LSTAT      1.73000
          target     5.00000
          dtype: float64
```

변수의 범위를 고려해볼 때, 모든 예측변수가 0이 되는 상황은 절대 발생하지 않을 것이며, 이는 모델의 적절한 작동을 위해 기능적이고 필수적임에도 불구하고 절편이 실제 기대값을 나타내지는 않는다는 것을 의미한다.

이제 첫 번째 조정 작업에서 변수를 중심에 놓고 진행해보자. 즉, 평균을 제거하고 이 작업이 선형회귀에서 어떤 변화가 있는지 확인해보자.

```
In:    centering = StandardScaler(with_mean=True, with_std=False)
       linear_regression.fit(centering.fit_transform(X),y)
       print ("coefficients: %s\nintercept: %s" % \
              (linear_regression.coef_,linear_regression.intercept_))
```

```
Out:
coefficients: [ -0.10717   0.0464    0.02086   2.68856 -17.79576   3.80475   0.00075
  -1.47576   0.30566  -0.01233  -0.95346   0.00939  -0.52547]
intercept: 22.533
```

비록 계수는 동일하게 유지됐지만, 절편은 보스턴 주택 가격 문제에서 특별한 의미를 갖는 값인 22.533이 됐다.

```
In:    print ('mean: %0.3f' % np.mean(y))
```

```
Out:    mean: 22.533
```

절편이 평균 목표값으로 평가된다는 것은 하나 혹은 그 이상의 값이 누락된 경우 변수를 중앙에 놓으면 자동으로 0의 값을 얻고 회귀는 자연스럽게 목표변수의 평균값을 출력하는 경향이 있음을 의미한다.

표준화

이 시점에서 단위 분산에 맞게 모든 것을 조정하고 결과를 확인할 것이다.

```
In:    standardization = StandardScaler(with_mean=True, with_std=True)
       linear_regression.fit(standardization.fit_transform(X),y)
       print ("coefficients: %s\nintercept: %0.3f" % \
            (linear_regression.coef_,linear_regression.intercept_))
```

Out:

```
coefficients: [-0.92041  1.08098  0.14297  0.6822  -2.06009  2.67064  0.02112 -3.10445
  2.65879 -2.0759  -2.06216  0.85664 -3.74868]
intercept: 22.533
```

예상대로 계수는 다르며, 각각의 계수는 예측변수의 표준편차에 해당하는 만큼의 수정 후 목표의 단위 변화를 의미한다. 예측변수의 분포가 정규분포가 아닌 경우(표준화는 정상적인 종 모양의 분포를 의미함)에는 스케일을 완전히 비교할 수 없지만, 그래도 각 예측변수의 영향력을 비교하고 누락된 값의 자동 처리와 고급 알고리즘의 올바른 기능을 모두 처리할 수 있다.

정규화

정규화는 예측변수의 범위에 따라 작동해 표준화로 재조정되지만, 다른 성질을 갖는다. 사실 정규화를 사용할 때 0의 값은 각 예측변수의 범위에서 최솟값이다. 그것은 0이 더 이상 평균을 나타내지 않는다는 것을 의미한다. 게다가 최솟값과 최댓값 사이의 재조정은 양 끝 둘 중 하나에(값의 대부분이 [0,1]의 특정 지역, 일반적으로 범위의 중심에 압착된다.) 변칙적인 값이 있는 경우 잘못된 값이 될 수 있다.

```
In:    scaling = MinMaxScaler(feature_range=(0, 1))
       linear_regression.fit(scaling.fit_transform(X),y)
```

```
print ("coefficients: %s\nintercept: %0.3f" % \
       (linear_regression.coef_,linear_regression.intercept_))
```

Out:

```
coefficients: [ -9.53495    4.63952    0.56907    2.68856  -8.64874  19.857      0.07293
  -16.22877    7.03007   -6.46058   -8.96256    3.72488 -19.04291]
intercept: 26.613
```

MinMaxScaler를 0과 1의 범위에 적용하면 계수와 절편이 모두 크게 달라지지만, 이는 특정한 상황하에서는 허용될 수 있다. 사실 텍스트 데이터나 로그에서 파생된 빅데이터로 작업하는 경우 때때로 작업 중인 행렬이 값으로 채워져 있지 않고, 0이 많이 나타나는 것을 볼 수 있다. 계산 속도를 높이고 거대한 행렬을 메모리에 저장하기 위해, 행렬은 희소 형식으로 저장된다.

희소 행렬은 크기에 필요한 메모리를 모두 차지하지 않으며, 좌표와 0이 아닌 값만을 저장한다. 그러한 상황에서, 변수를 표준화하면 평균이 0으로 변하고, 이전에 있던 대다수의 0의 셀이 정의돼 행렬이 훨씬 더 많은 메모리를 차지하게 될 것이다. 0과 1 사이의 조정을 사용하면 비교 가능한 순서로 값을 취하고 이전의 모든 0 엔트리를 유지하므로 메모리의 행렬 차원을 수정하지 않는다.

로지스틱회귀 사례

로지스틱회귀에 대해서는 특별한 논의가 필요하다. 4장에서 설명한 것처럼 로지스틱회귀에서 응답 확률의 오즈비$^{odds\ ratio}$를 모델링한다. 선형회귀에서와 같이 표준화된 계수를 누락된 데이터를 처리하는 트릭으로 사용할 수 있지만 선형회귀분석에서 목표 수치값을 추정하려고 할 때와는 약간 다르다.

이 문제를 명확히 보여줄 수 있는 예제를 살펴보자. 로지스틱회귀 사례를 설명하기 위해 보스턴 데이터셋을 사용할 것이고, 이전에 정의한 yq 벡터를 응답변수로 사용할 것이다.

이번에는 로지스틱회귀를 위해 Scikit-learn 구현을 사용하지 않고 Statsmodels 패키지를 사용해 모델의 계수에 대한 몇 가지 통찰력을 쉽게 보여줄 것이다.

```
In:    import statsmodels.api as sm
       Xq = sm.add_constant(standardization.fit_transform(X))
       logit = sm.Logit(yq, Xq)
       result = logit.fit()
       print (result.summary())
```

Out:

```
Optimization terminated successfully.
         Current function value: 0.206632
         Iterations 9
                      Logit Regression Results
==============================================================================
Dep. Variable:                    y    No. Observations:              506
Model:                        Logit    Df Residuals:                  492
Method:                         MLE    Df Model:                       13
Date:              Tue, 20 Oct 2015    Pseudo R-squ.:              0.6289
Time:                      16:33:29    Log-Likelihood:            -104.56
converged:                     True    LL-Null:                   -281.76
                                       LLR p-value:             9.147e-68
==============================================================================
                 coef    std err          z      P>|z|      [95.0% Conf. Int.]
------------------------------------------------------------------------------
const         -3.0541      0.356     -8.572      0.000      -3.752     -2.356
x1            -0.0949      0.389     -0.244      0.807      -0.857      0.667
x2             0.2543      0.252      1.008      0.314      -0.240      0.749
x3            -0.7570      0.403     -1.880      0.060      -1.546      0.032
x4             0.2452      0.205      1.195      0.232      -0.157      0.648
x5            -0.7924      0.519     -1.527      0.127      -1.810      0.225
x6             1.3244      0.318      4.168      0.000       0.702      1.947
x7             0.0982      0.313      0.314      0.754      -0.515      0.712
x8            -1.2390      0.345     -3.591      0.000      -1.915     -0.563
x9             2.7664      0.719      3.849      0.000       1.358      4.175
x10           -1.8228      0.680     -2.682      0.007      -3.155     -0.491
x11           -0.7635      0.264     -2.888      0.004      -1.282     -0.245
x12           -0.2062      0.349     -0.591      0.554      -0.890      0.477
x13           -2.6208      0.521     -5.031      0.000      -3.642     -1.600
==============================================================================
```

선형회귀에서와 같이 표준화된 예측변수를 사용하면 동일한 스케일로 계수를 해석할 수 있고 모든 예측변수가 평균값을 가질 때 절편을 응답으로 간주할 수 있다. 선형회귀와는

194

달리 로지스틱회귀에서 예측변수의 단위 변화는 계수 자체의 지수에 해당하는 양의 응답 오즈비를 변경한다.

```
In:    print ('odd ratios of coefficients: %s' % np.exp(result.params))

Out:   odd ratios of coefficients: [ 0.04717 0.90948 1.2896 0.46908
          1.2779 0.45277 3.75996 1.10314 0.28966 15.9012 0.16158
          0.46602 0.81363 0.07275]
```

오즈비가 계산되는 방법을 기억하자. 이벤트의 특정 확률 p가 주어지면, 오즈비 = p / (1−p)이다. 오즈비가 1일 때, 확률은 정확히 0.5다. 확률이 0.5보다 크면 오즈비는 1보다 크고, 반대로 확률이 0.5보다 작으면 오즈비는 1보다 작다. 로지스틱회귀에서처럼 자연로그를 적용하면 값은 0의 값 주위에 분포한다(50% 확률). 따라서 확률을 사용해 명확하게 작업하는 것이 더 직관적이며 간단한 변환인 시그모이드 변환은 계수를 좀 더 이해하기 쉬운 확률로 변환할 것이다.

```
In:    def sigmoid(p):
           return 1 / (1 + np.exp(-p))

       print ('intercept: %0.3f' % result.params[0])
       print ('probability of value above 25 when all predictors are \
           average: %0.3f' % sigmoid(result.params[0]))

Out:   intercept: -3.054
       probability of value above 25 when all predictors
       are average: 0.045
```

시그모이드 함수를 사용해 절편을 확률로 변환하면 값 0.045를 얻을 수 있다. 이 값은 모든 예측변수가 평균값을 가질 때 주택 가격이 25보다 클 확률이다. 이러한 확률은 샘플의 평균 확률과 다르다는 점을 유의하자.

```
In:    print ('average likelihood of positive response: %0.3f' %
           (sum(yq) /float(len(yq))))
```

```
Out:   average likelihood of positive response: 0.245
```

실제로 이 값은 예측변수의 모든 가능한 값을 고려해 25보다 큰 주택 가격을 갖는 기준 확률이다. 로지스틱회귀에서 추출한 것은 사실 일반적인 것이 아니라 특정 확률이다. 실제로 절편(소위 널 모델이라 칭함)만 사용해 로지스틱회귀를 모델링할 경우 유사한 우도를 얻을 수 있으므로 예측변수를 자유롭게 변경할 수 있다.

```
In:    C = np.ones(len(X))
       logit = sm.Logit(yq, C)
       result = logit.fit()
       print (result.summary())
       print ('\nprobability of value above 25 using just a \
           constant: %0.3f' %sigmoid(result.params[0]))
```

```
Out:

Optimization terminated successfully.
        Current function value: 0.556842
        Iterations 5
                        Logit Regression Results
==============================================================================
Dep. Variable:                      y   No. Observations:                506
Model:                          Logit   Df Residuals:                    505
Method:                           MLE   Df Model:                          0
Date:                Tue, 20 Oct 2015   Pseudo R-squ.:                 0.000
Time:                        16:33:29   Log-Likelihood:               -281.76
converged:                       True   LL-Null:                      -281.76
                                        LLR p-value:                     nan
==============================================================================
                 coef    std err          z      P>|z|      [95.0% Conf. Int.]
------------------------------------------------------------------------------
const         -1.1251      0.103    -10.886      0.000      -1.328     -0.923
==============================================================================

probability of value above 25 using just a constant: 0.245
```

▌ 정성적 특성 인코딩

지금까지 이 절의 주요 주제였던 숫자 특성 이외에도 데이터의 상당 부분이 정성적 변수로 구성될 수 있다. 데이터베이스는 사람이 읽을 수 있고 이해할 수 있는 데이터를 기록하는 경향이 있다. 결과적으로 정성적 데이터는 텍스트 형태로 데이터 필드에 표시되거나 관찰 클래스 또는 특성의 일부를 알려주는 정보를 설명하는 단일 라벨로 표시될 수 있다.

정성적인 변수를 더 잘 이해하기 위한 작업 예제로 날씨 데이터셋이 있다. 이러한 데이터셋은 수치 측정으로 표시할 수 있는 모든 종류의 정보인 전망, 온도, 습도, 바람과 같은 기상 정보로 테니스를 칠 수 있는 조건을 설명할 수 있다. 그러나 이러한 데이터는 위성이나 기상 관측소 측정이 아닌 맑음 또는 흐림과 같은 정성적인 변환을 사용해 온라인에서 쉽게 찾고 데이터셋에 기록할 수 있다. 선형모델에 효과적으로 포함될 수 있는 방법으로 어떻게 변환할 수 있는지 보여주기 위해 이러한 종류의 데이터를 연구할 것이다.

```
In:    outlook = ['sunny', 'overcast', 'rainy']
       temperature = ['hot', 'mild', 'cool']
       humidity = ['high', 'normal']
       windy = ['TRUE', 'FALSE']

       weather_dataset = list()

       for o in outlook:
         for t in temperature:
           for h in humidity:
             for w in windy:
               weather_dataset.append([o,t,h,w])

       play = [0, 0, 1, 1, 1, 0, 1, 1, 0, 0, 0, 1, 1, 1, 1, 1, 1, 1, 1, 1,
           0, 0, 1, 1, 0, 0, 0, 1, 0, 1, 0, 1, 0, 0, 0, 1]
```

선형 리그레서는 적절하게 숫자값으로 변환한 후에만 정성적 데이터를 분석할 수 있다. 정성적 데이터의 일반적인 유형은 제한된 텍스트 라벨 집합으로 표현되는 명목변수 norminal variable로 구성된다. 예를 들어 명목변수는 제품의 색상이나 날씨의 전망(날씨 예제 에서처럼)일 수 있다. 변수가 추정할 수 있는 텍스트 값을 수준이라고 한다. 예제에서 전망 에는 세 가지 수준이 있다. 맑음, 흐림 그리고 비이며 그것들 모두 문자로 표현된다.

이들 중 어느 것이든 존재할 수 있다고 생각한다면(각 라벨은 다른 것을 배제함) n개의 수준 을 가진 각각의 명목변수를 n개의 다른 변수로 쉽게 변환할 수 있다. 각 변수는 특정한 특성이 있는지 없는지를 나타낸다. 수준의 존재를 나타내기 위해 1의 값을 사용하고, 존 재하지 않음을 나타내기 위해 0의 값을 사용하면(컴퓨터의 이진 코딩같이), 정성적인 정보 를 숫자 정보로 변환해 작업이 가능할 것이다(기술적으로는 부울Boolean이지만, 실용적인 목적 을 위해 0과 1의 정수로 모델링한다). 이렇게 변환된 변수를 머신 러닝 용어로 지시변수indicator variable 또는 이진변수라고 하는 반면, 통계에서는 이분변수dichotomy variable 또는 더미변수 로 지칭한다. 그들은 회귀 공식에서 수준이 존재할 때 절편의 수정자 역할을 한다.

변수의 수준을 정렬하면 또 다른 변환이 가능하다. 예를 들어 우수, 평균, 허용 및 불량과 같은 정성적 라벨이 될 수 있다. 이러한 경우, 라벨은 라벨 의미의 순서에 따라 증가하거 나 감소하는 숫자로 변환될 수 있다. 따라서 예제에서 우수는 3, 평균은 2, 가능은 1, 불 량은 0이 될 수 있다. 이러한 인코딩은 정성적인 변수를 숫자로 직접 변환하지만, 이는 관계보다 크다 혹은 관계보다 작다 등으로 순서화될 수 있는 라벨에서만 작업할 수 있다. 회귀모델에서 모든 수준에 대해 단일 계수가 계산되므로, 변환은 우수에서 평균으로 넘 어가는 결과의 차이가 허용에서 불량으로 넘어가는 것과 동일하다는 것을 의미한다. 그 러나 실제로 이것은 비선형성 때문에 사실이 아닌 경우가 많다. 이러한 경우 이진 인코딩 은 여전히 가장 좋은 솔루션 된다.

Pandas를 이용한 더미 코딩

일련의 정성적 변수를 이진변수로 변환하는 가장 빠른 방법은 Pandas 함수 get_dummies 를 사용하는 것이다.

```
In:    import pandas as pd
       df = pd.DataFrame(weather_dataset, columns=['outlook', \
            'temperature', 'humidity', 'windy'])
```

모든 데이터를 Pandas DataFrame으로 변환한 후에 단일변수 및 단일 사례를 호출해 이 진변수로 변환하는 것은 매우 쉽다.

```
In:    print (pd.get_dummies(df.humidity).ix[:5,:])
```

```
Out:        high    normal
       0    1       0
       1    1       0
       2    0       1
       3    0       1
       4    1       0
       5    1       0
```

Pandas는 아주 쉽게 모든 변수를 변환할 수 있다. 완전히 변환할 DataFrame을 가리키 거나 변환할 변수만을 지정하면 된다.

```
In:    dummy_encoding = pd.get_dummies(df)
```

변환 후 회귀모델은 새로운 DataFrame을 즉시 분석할 수 있다.

```
In:    import statsmodels.api as sm
       X = sm.add_constant(dummy_encoding)
```

```
logit = sm.Logit(play, X)
result = logit.fit()
print (result.summary())
```

Out:

```
Optimization terminated successfully.
        Current function value: 0.292346
        Iterations 32
                        Logit Regression Results
==============================================================================
Dep. Variable:                      y   No. Observations:                   36
Model:                          Logit   Df Residuals:                       29
Method:                           MLE   Df Model:                            6
Date:                Tue, 20 Oct 2015   Pseudo R-squ.:                  0.5744
Time:                        16:33:30   Log-Likelihood:                -10.524
converged:                       True   LL-Null:                       -24.731
                                        LLR p-value:                 7.856e-05
==============================================================================
                    coef    std err          z      P>|z|      [95.0% Conf. Int.]
------------------------------------------------------------------------------
const             0.2393   1.76e+07   1.36e-08      1.000     -3.44e+07   3.44e+07
outlook_overcast  2.9833   6.69e+07   4.46e-08      1.000     -1.31e+08   1.31e+08
outlook_rainy    -2.1746   6.69e+07  -3.25e-08      1.000     -1.31e+08   1.31e+08
outlook_sunny    -0.5695   6.69e+07  -8.51e-09      1.000     -1.31e+08   1.31e+08
temperature_cool -2.1996         6e+07  -3.66e-08    1.000     -1.18e+08   1.18e+08
temperature_hot   0.3045         6e+07   5.07e-09    1.000     -1.18e+08   1.18e+08
temperature_mild  2.1344         6e+07   3.55e-08    1.000     -1.18e+08   1.18e+08
humidity_high    -2.0459   2.24e+07  -9.15e-08      1.000     -4.38e+07   4.38e+07
humidity_normal   2.2851   2.24e+07   1.02e-07      1.000     -4.38e+07   4.38e+07
windy_FALSE       1.3162   4.47e+07   2.94e-08      1.000     -8.77e+07   8.77e+07
windy_TRUE       -1.0770   4.47e+07  -2.41e-08      1.000     -8.77e+07   8.77e+07
==============================================================================
```

일부 회귀 방법에서는 정성적 변수를 모두 이진변수로 표현하는 것을 좋아하지 않는다. 그러나 이 경우는 그렇지 않다. 어떤 최적화 방법은 완전한 이진화 경우처럼 완벽한 공선성을 좋아하지 않는다(사실, 다른 모든 이분법을 알고 있다면, 남은 것은 다른 것의 합계로 완벽하게 추정할 수 있다. 다른 것의 합계가 0일 때 1의 값을 갖는다). 이 경우 각 이진변수 집합에서 선택한 수준을 삭제하기만 하면 된다. 그렇게 함으로 제거된 계수는 절편으로 통합되고 회귀모델은 다른 변수와 계수를 사용해 이전처럼 작동할 것이다.

```
In:   X.drop(['outlook_sunny', 'temperature_mild', 'humidity_normal',
              'windy_FALSE'], inplace=True, axis=1)
```

```
logit = sm.Logit(play, X)
result = logit.fit()
print (result.summary())
```

Out:

```
Optimization terminated successfully.
        Current function value: 0.292346
        Iterations 8
                        Logit Regression Results
==============================================================================
Dep. Variable:                      y   No. Observations:                  36
Model:                          Logit   Df Residuals:                      29
Method:                           MLE   Df Model:                           6
Date:                Tue, 20 Oct 2015   Pseudo R-squ.:                 0.5744
Time:                        16:33:30   Log-Likelihood:               -10.524
converged:                       True   LL-Null:                      -24.731
                                        LLR p-value:                7.856e-05
==============================================================================
                     coef    std err          z      P>|z|      [95.0% Conf. Int.]
------------------------------------------------------------------------------
const              5.4055      2.196      2.462      0.014       1.102       9.709
outlook_overcast   3.5528      1.721      2.064      0.039       0.179       6.927
outlook_rainy     -1.6051      1.357     -1.183      0.237      -4.265       1.055
temperature_cool  -4.3340      1.867     -2.322      0.020      -7.993      -0.675
temperature_hot   -1.8299      1.478     -1.238      0.216      -4.727       1.067
humidity_high     -4.3310      1.645     -2.633      0.008      -7.555      -1.107
windy_TRUE        -2.3932      1.325     -1.807      0.071      -4.989       0.203
==============================================================================
```

get_dummies는 단 하나의 단점을 제시한다. 그것은 변환 중인 데이터셋에서 수준을 읽어 들여 이진변수를 직접 생성하는 것이다. 결과적으로 샘플에서 이진변수 집합을 먼저 만들고 동일한 데이터의 다른 샘플에서 다른 변수 집합을 만들면 샘플 중 하나에 나타나지 않는 희귀한 수준 때문에 변형된 다른 데이터셋을 생성할 수 있다.

DictVectorizer와 one-hot encoding

Scikit-learn 패키지는 조금 덜 직접적이기는 하지만 정성적 변수를 숫자 변수로 일관되게 변환할 수 있는 방법을 제공한다.

DictVectorizer 클래스는 사전 목록으로 구성된 데이터셋을 읽어 문자열 라벨 데이터는 이진 집합으로 적절하게 변환하고, 숫자 데이터는 변경하지 않은 채로 유지한다. 대신 데이터셋에 정성적 변수가 이미 숫자 형식으로 코딩돼 있다면 DictVectorizer를 처리하기 이전에 그들을 모두 문자열 값으로 변환해야 한다.

다음 예제에서처럼 데이터셋의 사전 표현을 생성하는 것이 우선적으로 해야 할 일이다.

```
In:    from sklearn.feature_extraction import DictVectorizer
       vectorizer = DictVectorizer(sparse = False)
       dict_representation = [{varname:var for var, varname in \
           zip(row,['outlook', 'temperature', 'humidity', 'windy'])}
           for row in weather_dataset]
       print (dict_representation[0])
       print (vectorizer.fit_transform(dict_representation))
```

```
Out:
       {'windy': 'TRUE', 'humidity': 'high', 'temperature': 'hot',
       'outlook': 'sunny'}
         [[ 1.  0.  0.  0.  1.  0.  1.  0.  0.  1.]
          [ 1.  0.  0.  0.  1.  0.  1.  0.  1.  0.]
          [ 0.  1.  0.  0.  1.  0.  1.  0.  0.  1.]
       ...
```

사전 표현은 키가 변수 이름이고 값이 숫자 또는 라벨값인 사전의 리스트 형식으로 돼 있다. 이런 표현을 얻으려면 데이터셋을 복제해야 하며 사용 가능한 메모리가 부족한 상태에서 작업하는 경우 큰 제한이 될 수 있다.

반면 이 클래스는 변환에 대한 메모리를 유지하기 때문에 transform 메소드를 사용해 다른 데이터 샘플에서 모든 것을 정확하게 복제할 수 있으며 Pandas의 get_dummies 메소드에서 나타나는 한계를 극복할 수 있다.

또한 feature_names_ 메소드를 호출해 변환을 쉽게 시각화할 수 있다.

```
In:    print (vectorizer.feature_names_)
```

```
Out:   ['humidity=high', 'humidity=normal', 'outlook=overcast', \
       'outlook=rainy', 'outlook=sunny', 'temperature=cool', \
       'temperature=hot', 'temperature=mild', 'windy=FALSE', \
       'windy=TRUE']
```

제한된 수의 이진화가 사전 표현으로 데이터셋의 전체 변환을 정당화하지 못하는 경우, Scikit_learn의 preprocessing 패키지에서 제공하는 LabelEncoder 및 LabelBinarizer 클래스를 사용해 한 번에 하나의 변수를 인코딩하고 변환할 수 있다.

LabelEncoder는 라벨을 숫자로 바꾸고, LabelBinarizer는 숫자를 이분법으로 변환한다. 다양한 샘플에 대한 이러한 모든 작업의 일관성은 Scikit-learn에 있는 모든 클래스의 특성인 fit 및 transforms 메소드에 의해 보장된다. fit은 데이터로부터 파라미터를 선택하고 기록하며, transform 메소드는 이후에 그것을 새로운 데이터에 적용한다.

outlook 변수에 대한 변환을 테스트해보자. 먼저 텍스트 라벨을 숫자로 변환한다.

```
In:    from sklearn.preprocessing import LabelEncoder, LabelBinarizer
       label_encoder = LabelEncoder()
       print (label_encoder.fit_transform(df.outlook))
```

```
Out:   [2 2 2 2 2 2 2 2 2 2 2 0 0 0 0 0 0 0 0 0 0 1 1 1 1 1 1 1 1
        1 1 1]
```

할당된 숫자는 inverse_transform 메소드를 사용해 얻은 리스트의 라벨 위치에 의해 제공된다.

```
In:    label_encoder.inverse_transform([0,1,2])
```

```
Out:    array(['overcast', 'rainy', 'sunny'], dtype=object)
```

또는 classes_를 사용해서 기록된 클래스만 요구해 내부 변수를 볼 수 있다.

```
In:    print (label_encoder.classes_)

Out:   ['overcast' 'rainy' 'sunny']
```

일단 숫자로 인코딩하면 LabelBinarizer는 모든 것을 지시변수로 변환할 수 있으므로 이분법으로 배치할 값이 어떤 것인지 결정할 수 있다.

실제로 누락값을 걱정하는 경우 누락된 사례를 0으로 남겨두고 음수값을 −1로 인코딩할 수 있다(이 경우 누락된 값은 이전에 설명한 것처럼 절편에 의해 수동적으로 채워진다).

```
In:    label_binarizer = LabelBinarizer(neg_label=0, pos_label=1, \
            sparse_output=False)
       print (label_binarizer.fit_transform( \
           label_encoder.fit_transform(df.outlook)))

Out:   [[0 0 1]
       [0 0 1]
       [0 0 1]
...
```

이 방법의 또 다른 큰 장점은 희소 표현을 허용한다는 것이다. 따라서 대규모 데이터셋으로 작업할 때 메모리를 절약할 수 있다.

특성 해셔(hasher)

One-hot 인코딩은 어떤 종류의 데이터도 이진변수만을 사용해 표현할 수 있도록 하는 강력한 변환이다. 동일한 접근 방식을 사용해 텍스트를 선형회귀모델로 분석할 수 있는 변수로 변환할 수도 있다.

이 개념은 텍스트에 있는 특정 단어의 발생에 대해 특정 이진변수로 변환해 모델이 텍스트에 있는 단어의 존재에 연결된 이진값을 할당하는 것이다. 예를 들어 "이름이 사물을 따른다^{Nomina sunt consequentia rerum}"라는 의미의 라틴어 좌우명을 분석하려는 경우, 모든 텍스트를 소문자로 만들고 토큰화해 텍스트에 있는 모든 고유 단어를 열거한다. 이렇게 함으로 종종 BoW^{Bag of words} 기법으로 부르는 방식으로 토큰을 분리하게 된다(이 경우 토큰화는 매우 간단하며, 공백으로 분할하기만 하면 된다).

```
In:   your_text = 'Nomina sunt consequentia rerum'
      mapping_words_in_text = {word:position for position, word in
            enumerate(set(your_text.lower().split(' ')))}
      print (mapping_words_in_text)

Out:  {'rerum': 0, 'sunt': 1, 'consequentia': 2, 'nomina': 3}
```

앞의 코드는 모든 텍스트 데이터를 이진변수 벡터에 있는 소문자 단어와 위치 인덱스를 포함하는 사전으로 변환해준다.

벡터의 길이는 사전의 길이이며, 해당 단어가 분석된 텍스트에 존재할 때 각 이진 플래그는 단위값을 갖는다. 따라서 주어진 모든 구문에 대한 벡터는 [1, 1, 1, 1]이며, 단어 'rerum'만을 포함하는 구문의 벡터는 'rerum' 단어의 위치 인덱스가 0이기 때문에 [1, 0, 0, 0]이어야 한다.

비유적으로 위의 벡터를 램프의 선으로 상상할 수 있다. 매번 분석하고 있는 텍스트에 해당 단어가 존재할 때만 불을 켠다.

단어를 지표로 변환하는 것은 시작점에 불과하다. 또한 한 단어가 텍스트에 얼마나 많이 나타나는지 횟수를 셀 수 있고 변환 중인 텍스트의 길이를 고려해 이 숫자를 정규화할 수도 있다. 사실 짧은 텍스트보다 긴 텍스트에서 특정 단어가 여러 번 나타날 확률이 더 높다. 예를 들어 단어 수의 합이 특정 숫자를 초과하지 않도록 단어 수를 정규화하면 모든 텍스트를 같은 길이로 줄이는 것처럼 보인다. 이는 자연어 처리(NLP, Natural Language Processing)의 일부인 가능한 변환의 부분일 뿐이며, 선형회귀모델에 대해 실행 가능하다.

Scikit-learn 패키지는 텍스트를 이진변수의 벡터로 자동적으로 변환시키기 위한 CountVectorizer 특수 클래스를 제공한다. 이를 통해 리스트나 텍스트 데이터 배열을 희소 행렬로 변환할 수 있다. 이진 인코딩을 사용해 데이터를 변환할 때 binary 파라미터를 True로 설정하면, 단어가 존재하는 텍스트와 일치하는 단위값 집합으로 희소 행렬을 나타낸다. 간단한 예제로 다음과 같은 일련의 텍스트를 인코딩할 수 있다.

```
In:    corpus = ['The quick fox jumped over the lazy dog', 'I sought a \
               dog wondering around with a bird', 'My dog is named \
               Fido']
```

코퍼스에서 유일한 공통 단어는 (언어 분석의 대상이 되는 문서 모음에 대한 용어이기 때문에, 2개 국어로 된 코퍼스 또는 심지어 더 이질적인 코퍼스를 갖는 것이 일반적이다) 'dog'이다 이것은 행렬에 반영돼야 한다. 사실 단 하나의 열에는 항상 단위값을 가지고 있다.

```
In:    from sklearn.feature_extraction.text import CountVectorizer
       textual_one_hot_encoder = CountVectorizer(binary=True)
       textual_one_hot_encoder.fit(corpus)
       vectorized_text = textual_one_hot_encoder.transform(corpus)
       print(vectorized_text.todense())

Out:   [[0 0 1 0 1 0 1 1 0 0 1 1 0 1 0 0]
        [1 1 1 0 0 0 0 0 0 0 0 1 0 1 1]
        [0 0 1 1 0 1 0 0 1 1 0 0 0 0 0]]
```

결과 행렬을 아웃풋으로 시각화하려면 .todense() 메소드를 사용해 결과 희소 행렬을 밀도 있게 만들어야 한다. 그렇지 않으면 단위값이 행렬에 있는 좌표로 구성된다.

 장난감 데이터셋이기 때문에 이러한 변환은 이 책의 주어진 사례에 크게 나타나지 않을 것이다. 코퍼스가 크면 시스템에 메모리 부족 오류가 발생할 수 있으므로 동일한 작업 수행을 주의해야 한다.

세 번째 열에 세 개의 단위값이 있음을 알 수 있다. 따라서 그 열이 단어 'dog'를 나타낼 수 있다고 상상할 수 있다. .get_feature_names( ) 메소드를 사용해 사전을 나타내는 목록과 단어의 위치 정렬을 요구해 확인할 수 있다.

```
In:    print (textual_one_hot_encoder.get_feature_names())

Out:   ['around', 'bird', 'dog', 'fido', 'fox', 'is', 'jumped', 'lazy',
       'my', 'named', 'over', 'quick', 'sought', 'the', 'with', 'wondering']
```

단어 사전을 신속하게 구축할 수 있으므로 텍스트를 예측하는 경우에도 변환하고 사용할 수 있다.

이러한 표현을 사용해 발생할 수 있는 유일한 문제는 이전에는 결코 보지 못했던 단어를 만날 때다. 무슨 일이 일어나는지 살펴보자.

```
In:    print (textual_one_hot_encoder.transform(['John went home today']).
           todense())

Out:   [[0 0 0 0 0 0 0 0 0 0 0 0 0 0 0 0]]
```

이러한 행동은 실제로 예상됐어야 했다. 이전에 그런 문구의 단어가 없었기 때문에 벡터화된 텍스트에 맞는 어떤 공간도 존재하지 않는다.

신속하고 효과적인 솔루션은 매우 큰 희소 벡터(데이터로 채워질 때까지 차원에 관계없이 많은 공간을 차지하지 않음)를 정의하고, 해시 함수의 특정 특성을 사용해 결정적으로 벡터 안에 있는 각 단어에 위치를 지정하는 것이다. 이것을 지정하기 전에 단어 자체를 관찰할 필요는 없다. 이것을 해싱 트릭hashing trick이라 하며, Scikit-learn HashingVectorizers를 사용해 적용할 수 있다.

```
In:   from sklearn.feature_extraction.text import HashingVectorizer
      hashing_trick = HashingVectorizer(n_features=11, binary=True, \
          norm=None, non_negative=True)
      M = hashing_trick.transform(corpus)
      print (M.todense())

Out:  [[ 1. 0. 0. 1. 1. 0. 0. 1. 0. 0. 0.]
      [ 0. 0. 0. 1. 0. 1. 0. 1. 1. 0. 0.]
      [ 0. 0. 0. 1. 0. 0. 0. 1. 1. 0. 0.]]
```

HashingVectorizer 클래스는 특히 더 정교한 토큰화 요구, 일반적인 단어 제거, 액센트 제거 및 다른 인코딩의 구문 분석과 같은 텍스트 처리를 위한 몇 가지 옵션이 있다.

CountVectorizer를 사용해 이전에 수행한 작업의 복제본에서 11개 원소의 아웃풋 벡터를 고정했다. 그렇게 함으로써 이전 아웃풋의 두 가지 관련 특성을 인식하고 논의할 수 있다.

첫째, 단어의 위치가 (해싱 함수에 따라) 분명하게 다르며, 어떤 단어가 어떤 위치에 있었는지 사전을 되돌릴 수 없다(그러나 해싱 함수가 제대로 작동했음을 확인할 수 있다). 이제 이전에 보지 못했던 어떤 새로운 텍스트도 벡터화하는 것에 대해 두려워할 필요가 없다.

```
In:   print (hashing_trick.transform(['John is the owner of that dog']).
          todense())

Out:  [[1. 1. 1. 0. 0. 0. 0. 0. 0. 0. 0.]]
```

두 번째, 행렬의 단위값 분포를 잘 관찰하면 집중하는 값을 특정 위치에 갖는 반면 다른 위치는 공백으로 비어 있다는 것을 알 수 있다. 이것은 제한된 수의 위치로 경계가 제한될 때 해시 함수의 충돌 문제로 인해 발생한다(실제 분석에서는 더 높은 수치로 설정하는 것이 좋지만, 실제로 이해하기 쉽도록 여기서는 n_features 파라미터를 11로 설정함).

원하지 않는 충돌을 피하기 위해, n_features 값은 예상되는 텍스트의 다양성에 따라 2**21~2*24 사이가 좋다(다양성이 클수록 벡터가 더 커야 함).

▌ 수치 특성 변환

수치 특성은 목표변수와 관계없이 변환할 수 있다. 이것은 특정 클래시파이어의 성능 향상, 특히 거리 기반의 성능 향상을 위한 전제 조건인 경우가 많다. 목표와 다른 특성 사이의 미리 존재하는 선형 관계를 비선형으로 만들기 때문에 대개는 목표를 변환하지 않는다(대용량 대기열이 있는 비율 또는 분포를 모델링할 때와 같은 특정 경우를 제외하고).

보스턴 주택 데이터셋을 계속 사용할 것이다.

```
In:    import numpy as np
       boston = load_boston()
       labels = boston.feature_names
       X = boston.data
       y = boston.target
       print (boston.feature_names)
```

```
Out:   ['CRIM' 'ZN' 'INDUS' 'CHAS' 'NOX' 'RM' 'AGE' 'DIS' \
       'RAD' 'TAX' 'PTRATIO' 'B' 'LSTAT']
```

이전과 마찬가지로, Scikit-learn의 LinearRegression을 사용해 모델을 적합시킨다. 이번에는 metrics 모듈의 r2_score 함수를 사용해 R^2값을 측정한다.

```
In:   linear_regression = \
             linear_model.LinearRegression(fit_intercept=True)
      linear_regression.fit(X, y)
```

```
from sklearn.metrics import r2_score
print ("R-squared: %0.3f" % r2_score(y, \
        linear_regression.predict(X)))
```

Out: R-squared: 0.741

잔차 측정

잔차는 예측값이 제거될 때 원래 응답에서 남겨진 것이다. 선형모델이 계수 및 절편의 집합으로 파악하고 예측할 수 없었던 것을 나타내는 수치 정보다.

Scikit-learn에서, 잔차를 얻는 것은 하나의 작업으로 가능하다.

```
In:   residuals = y - linear_regression.predict(X)
      print ("Head of residual %s" % residuals[:5])
      print ("Mean of residuals: %0.3f" % np.mean(residuals))
      print ("Standard deviation of residuals: %0.3f" \
          % np.std(residuals))
```

Out: Head of residual [-6.00821 -3.42986 4.12977 4.79186 8.25712]
       Mean of residuals: 0.000
       Standard deviation of residuals: 4.680

선형회귀의 잔차는 항상 평균 0을 가지며, 표준편차는 생성된 오차의 크기에 따라 달라진다. 잔차는 남겨진 것에 대해 알려주고 특정하게 문제가 되는 데이터 지점이나 헛갈리는 데이터 패턴을 이해할 수 있게 하기 때문에 비정상적인 관찰과 비선형성에 대한 통찰력을 제공할 수 있다.

비선형성을 감지하는 특정 문제에 대해 부분 잔차 플롯이라고 하는 잔차를 기반으로 한 플롯을 사용하고자 한다. 이 플롯에서 변수의 모델링된 계수로부터 파생된 값과 합산한 회귀 잔차와 변수 자체의 원래 값을 비교한다.

```
In:    var = 7 # the variable in position 7 is DIS
       partial_residual = residuals + X[:,var] * \
               linear_regression.coef_[var]
       plt.plot(X[:,var], partial_residual, 'wo')
       plt.xlabel(boston.feature_names[var])
       plt.ylabel('partial residuals')
       plt.show( )
```

Out:

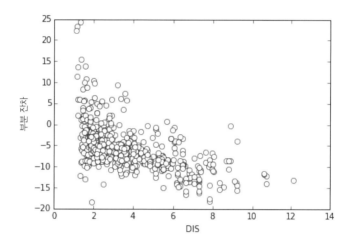

회귀 잔차를 계산한 후, 한 번에 하나의 변수를 검사하기로 결정한다. 선택한 변수를 택해서, 변숫값에 계수를 곱하고 회귀 잔차를 더해 부분 잔차를 생성한다. 이러한 방식으로 회귀선으로부터 변수를 추출하고 이를 잔차에 넣는다. 그러면 부분 잔차로 오차와 계수 가중치 변수를 갖는다. 변수 자체에 대해 플롯하면 비선형 패턴이 있는지 확인할 수 있다. 만약 있다면 약간의 수정을 시도해야 한다.

위의 경우 점들이 변수의 값 2 이후에 구부러지는 몇 가지 징후가 있는데, 이것은 직선 형태의 점 구름 과는 다른 임의의 구부림 또는 패턴이 길게 늘어지는 것과 같은 명백한 비선형적 표시다. 제곱 변환, 역변환 그리고 로그 변환은 종종 다항식 확장을 사용할 때 처럼 새로운 단계를 추가하지 않고도 이러한 문제를 해결할 수 있다.

```
In:    X_t = X.copy()
       X_t[:,var] = 1./np.sqrt(X_t[:,var])
       linear_regression.fit(X_t, y)
       partial_residual = residuals + X_t[:,var] * \
           linear_regression.coef_[var]
       plt.plot(X_t[:,var], partial_residual, 'wo')
       plt.xlabel(boston.feature_names[var])
       plt.ylabel('partial residuals')
       plt.show()
       print ("R-squared: %0.3f" % r2_score(y, \
           linear_regression.predict(X_t)))
```

Out: R-squared: 0.769

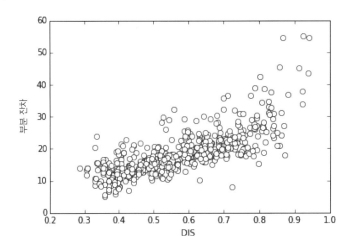

역제곱 변환이 어떻게 부분 잔차 플롯을 좀 더 직선으로 만들었는지 주목해보자. 이는 더 높은 R²값에 반영돼 데이터 분포를 포착하기 위한 모델의 용량이 증가했음을 나타낸다.

원칙적으로 다음과 같은 변환이 단일 또는 조합으로 비선형성에 대한 솔루션을 찾기 위해 시도된다.

Function names	Functions
Logarithmic	np.log(x)
Exponential	np.exp(x)
Squared	x**2
Cubed	x**3
Square root	np.sqrt(x)
Cube root	x**(1./3.)
Inverse	1. / x

위의 표에서 제안된 변환 중 일부는 정규화 이후 또는 0과 음수값이 존재하는 경우에는 제대로 작동하지 않는다. 로그 변환은 0보다 큰 양수값이 필요하고, 제곱근은 음수값에서는 작동하지 않는다. 역변환 또한 0의 값에서는 작동하지 않는다. 때때로 상수를 추가하는 것이 도움이 될 수 있다(np.log(x+1)의 경우처럼). 따라서 데이터 값에 따라 가능한 변환을 시도한다.

비닝 방법

정확한 변환을 쉽게 파악하지 못할 경우, 빠른 솔루션은 연속적인 숫자 변수를 일련의 이진변수로 변환해 변수의 숫자 범위의 각 부분에 대해 계수를 추정하는 것이다.

이 솔루션은 빠르고 편리하지만, 데이터셋의 크기를 늘리고(행렬의 희소 표현을 사용하지 않는 한), 데이터에 지나치게 과잉 적합할 위험이 있다.

먼저 값을 동일한 간격의 빈bin으로 나누고 NumPy의 histogram 함수를 사용해 빈의 경계를 확인한다. 그 다음 digitize 함수를 사용해 이전에 제공한 빈의 경계를 기반으로 값을 빈 번호로 변환한다. 마지막으로 이전에 제시한 Scikit-learn의 LabelBinarizer를 사용해 모든 빈 번호를 이진변수로 변환한다.

이 시점에서 이전의 모든 변수를 새로운 이진 지시 집합으로 교체하고 모델을 다시 적합시켜 성능 향상을 확인한다.

```
In:    import numpy as np
       from sklearn.preprocessing import LabelBinarizer
       LB = LabelBinarizer()
       X_t = X.copy()
       edges = np.histogram(X_t[:,var], bins=20)[1]
       binning = np.digitize(X_t[:,var], edges)
       X_t = np.column_stack((np.delete(X_t, var, \
           axis=1),LB.fit_transform(binning)))
       linear_regression.fit(X_t, y)
       print ("R-squared: %0.3f" % r2_score(y, \
           linear_regression.predict(X_t)))

Out:   R-squared: 0.768
```

▌ 누락 데이터

누락 데이터는 실제 데이터에서 자주 나타나기도 하고 때로는 무작위로 임의로 발생하는 경우도 있다. 기록과 처리 과정의 편향 때문에 때로는 더 자주 나타날 수도 있다. 모든 선형모델은 완전하게 수치 행렬로 작동하므로 이런 문제를 직접 처리할 수 없다. 따라서 처리할 알고리즘에 적합한 데이터를 제공하는 것은 사용자에게 달렸다.

초기 데이터셋에 누락 데이터가 없더라도 생산 단계에서 누락된 값이 발생할 수 있다. 그러한 경우 5장을 시작할 때 설명한 대로 모든 숫자 변수를 표준화해 수동적으로 처리하는 것이 최선의 전략이 될 수 있다.

지시변수의 경우, 누락된 값을 수동적으로 처리하기 위해 가능한 전략은 라벨의 존재를 "1"로, 라벨의 부재를 "-1"로 인코딩하여 누락된 값을 0의 값으로 남겨두는 것이다.

프로젝트 시작부터 누락된 값이 존재하는 경우, 누락된 값 뒤에 어떤 체계적인 패턴이 있는지 파악하기 위해 해당 값을 명시적으로 처리하는 것이 좋다. Pandas와 Scikit-learn 패키지 모두, 파이썬 배열에서 NumPy 상수 nan으로 누락된 값을 표시한다.

누락된 값을 가진 배열을 만드는 것은 쉽다.

```
In:    import Numpy as np
       example = np.array([1,2,np.nan,4,5])
       print (example)

Out:   [ 1. 2. nan 4. 5.]
```

또한 벡터 내에서 누락된 값이 있는 위치를 탐색한다(결과는 부울 벡터다.)

```
In:    print (np.isnan(example))

Out:   [False False True False False]
```

슬라이싱하거나 모든 nan을 0으로 바꾸는 nan_to_num 함수를 이용해 누락된 요소를 모두 쉽게 교체할 수 있다.

```
In:    print (np.nan_to_num(example))

Out:   [ 1. 2. 0. 4. 5.]
```

슬라이싱을 사용하면 벡터 안에 있는 유효한 요소의 평균과 같이 상수보다 더 정교한 것을 사용할 수 있다.

```
In:    missing = np.isnan(example)
       replacing_value = np.mean(example[~missing])
       example[missing] = replacing_value
       print (example)

Out:   [ 1. 2. 3. 4. 5.]
```

누락 데이터 대체

예측 모델을 사용해 작업할 때 데이터 샘플 간의 처리 일관성은 필수적이다. 누락된 값을 특정 상수 또는 특정 평균으로 대체할 경우 훈련 또는 생산 단계 모두에서 일정해야 한다. Scikit-learn 패키지는 preprocessing 모듈에서 Imputer 클래스를 제공하며, fit 메소드로 솔루션을 학습한 다음 transform 메소드를 사용해 지속적으로 적용한다.

보스턴 데이터셋에 누락된 값을 넣은 뒤 그것을 입증해보자.

```
In:    from random import sample, seed
       import numpy as np
       seed(19)
       Xm = X.copy()
       missing = sample(range(len(y)), len(y)//4)
       Xm[missing,5] = np.nan
       print ("Header of Xm[:,5] : %s" % Xm[:10,5])

Out:   Header of Xm[:,5] : [ 6.575 nan 7.185 nan 7.147 6.43
       6.012 6.172 nan 6.004]
```

샘플링 과정의 무작위 특성으로 인해 동일한 결과를 얻을 가능성은 거의 없다. 연습 문제에서는 시드(seed)를 설정하므로 PC에서 동일한 결과를 기대할 수 있다.

이제 변수에서 약 4분의 1 정도의 관찰이 누락됐다고 가정하고, 평균으로 누락된 값을 대체하기 위해 Imputer를 사용해보자.

```
In:    from sklearn.preprocessing import Imputer
       impute = Imputer(missing_values = 'NaN', strategy='mean', axis=1)
       print ("Header of imputed Xm[:,5] : %s" % \
             impute.fit_transform(Xm[:,5])[0][:10])

Out:   Header of imputed Xm[:,5] : [ 6.575 6.25446 7.185 6.25446
       7.147 6.43 6.012 6.172 6.25446 6.004 ]
```

Imputer를 사용해 누락된 값(때로는 재구성되는 데이터셋에서 누락된 값을 음수값 또는 기타 극단의 값으로 인코딩할 수 있음)을 특정 값으로 정의할 수 있고, 평균이 아닌 대체 전략을 선택할 수 있다. 다른 대안으로 중앙값과 최빈값이 있다. 중앙값은 외부 값이 평균에 영향을 미치거나 편향돼 있는 경우 유용하다(주택 가격에서, 일부 매우 비싸고 독점적인 주택 또는 지역이 원인일 수 있음). 가장 자주 사용되는 값인 최빈값은 이산값(예를 들어 제한된 범위의 정수 값 시퀀스)을 사용해 작업하는 경우 최적의 선택이다.

누락된 값 추적

누락된 값 패턴에 약간의 편향이 있다고 의심되는 경우, 이를 전가하면 해당 패턴의 흔적을 잃게 된다. 전가하기 전에, 모든 누락된 값이 있는 곳에 이진변수 기록을 작성하고 그것을 데이터셋에 특성으로 추가하는 것이 좋다. 앞에서 봤듯이, NumPy를 사용함으로 isnan에 의해 만들어진 부울 벡터를 정수 벡터로 변환해 새로운 특성을 만드는 것은 매우 쉽다.

```
In:    missing_indicator = np.isnan(Xm[:,5]).astype(int)
       print ("Header of missing indicator : %s" \
             % missing_indicator[:10])

Out:   Header of missing indicator : [0 1 1 0 0 0 0 0 1 1]
```

선형회귀모델은 누락된 값의 지표에 대해 계수를 생성하고, 어떤 패턴이 존재하는 경우 계수에 의해 해당 정보 값이 포착될 것이다.

▌ 이상치

모든 정량적 변수와 정성적 변수를 적절하게 변환하고 누락된 데이터를 수정한 후에는 가능한 모든 이상치[outliers]를 감지해 그것을 데이터에서 제거하거나 누락된 사례인 것처럼 그것을 전가해 처리하는 것이다.

때때로 변칙으로 부르기도 하는 이상치는 지금까지 관찰했던 것과는 매우 다른 관찰이다. 이는 예외적인 사례로 볼 수 있으며, 실수(스케일이 완전히 틀린 잘못된 값) 또는 (거의 발생되지 않지만) 단순히 발생한 값에 의해 나타날 수 있다. 이상치의 발생 원인을 이해하는 것이 가장 적절한 방법(오류는 합법적으로 제거될 수 있다. 드문 경우는 유지되거나 덮이거나 심지어 누락 사례로 귀착될 수 있다)으로 문제를 해결하는 데 도움이 될 수 있지만, 가장 중요한 관심사는 하나 혹은 그 이상의 이상치가 회귀분석 결과에 미치는 영향이다. 회귀분석에서 비정상적인 데이터는 회귀계수의 왜곡과 정상적인 사례를 정확하게 예측하는 모델의 능력에 대한 한계를 초래한다.

이상치 제어의 중요성에도 안타깝게도 실무자들은 5장을 통해 설명하는 다른 준비와는 달리 이상치 감지를 생략하면 현재 분석하고 있는 작업을 멈추지 않고 회귀계수와 결과(아마도 둘 다 매우 부정확하게)를 얻을 수 있기 때문에 종종 이러한 활동을 간과한다. 그러나 분석을 마지막까지 원활하게 진행한다고 해서 분석 자체가 문제가 없는 것은 아니다. 이상치는 비정상적인 값이 목표변수 또는 예측변수에 있는지에 따라 두 가지 방식으로 분석을 왜곡할 수 있다.

이상치를 감지하기 위한 몇 가지 접근법이 있다. 일부는 특이하게(단일변수 또는 일변량 접근법) 취해지는 변수의 관찰을 기반으로 하고 일부는 모든 변수를 합성 측정해 재작업하는 것(다변량 접근법)을 기반으로 한다.

최상의 단일변수 접근법은 표준화된 변수의 관찰과 박스 플롯^{box plot}을 기반으로 한다.

- 표준화된 변수를 사용해 평균으로부터 표준편차 3의 절댓값보다 더 큰 점수를 얻는 모든 것은 전부 의심스럽지만, 정규분포가 아닌 경우 그러한 규칙은 일반화되지 않는다.

- 박스 플롯을 사용해 75 백분위 수와 25 백분위 수를 벗어나는 이상치를 감지하기 위해 사분범위(단축해서 IQR로 표시, 75 백분위 수와 25 백분위 수 값 사이의 차이)를 사용한다. 값이 IQR 밖에 있는 사례인 경우, 특히 그 값이 IQR 경계값의 1.5배를 초과하는 경우, 의심스러운 것으로 간주될 수 있다. IQR 한계의 3배가 넘으면 거의 확실하게 이상치다.

Scikit_learn 패키지는 정교한 접근법을 사용해 이상치를 자동으로 감지하기 위한 두 개의 클래스 EllipticEnvelope와 OneClassSVM을 제공한다. 복잡한 알고리즘에 대한 논문은 여기에서 다루지 않지만, 이상치 또는 비정상적인 데이터가 데이터의 주된 문제인 경우 스크립트에 채택할 수 있는 몇 가지 빠른 방법을 위해 웹사이트 http://scikit-learn.org/stable/modules/outlier_detection.html에서 찾아볼 것을 제안한다. 그렇지 않으면 『파이썬으로 배우는 데이터 과학 2/e』(에이콘, 2017)을 참고해도 좋다.

응답에서의 이상치

이상치를 찾는 첫 번째 단계는 응답변수를 확인하는 것이다. 변수 분포와 회귀 잔차의 플롯을 관찰할 때, 너무 높거나 너무 낮은 값으로 인해 주요 분포에서 벗어난 값이 있는지 확인하는 것이 중요하다.

일반적으로 외부 예측변수를 포함하지 않는 한 응답에서 이상치는 추정계수에 거의 영향을 미치지 않는다. 그러나 통계적 관점에서 볼 때, 그것은 제곱근 오차$^{root\text{-}squared\ error}$의 양에 영향을 미치기 때문에 설명된 분산(r 제곱)을 감소하고 추정치의 표준오차를 증가시킨다. 이러한 두 가지 효과 모두 통계적 접근에서의 문제점을 나타낸다. 데이터 과학에서는 거의 관심이 없다.

이상치가 있는 응답을 파악하기 위해 먼저 목표변수 분포를 모니터링해야 한다. 보스턴 데이터셋을 다시 불러오자.

```
In:    boston = load_boston()
       dataset = pd.DataFrame(boston.data, columns=boston.feature_names)
       labels = boston.feature_names
       X = dataset
       y = boston.target
```

boxplot 함수로 목표변수에서 외부 값을 찾을 수 있다.

```
In:    plt.boxplot(y,labels=('y'))
       plt.show()
```

Out:

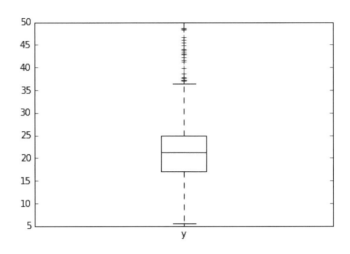

박스 플롯에는 IQR 밖에 꽤 많은 값들이 있기 때문에 의심스러운 것이 있음을 나타낸다. 또한 값 50에 어느 정도 집중돼 있는 것을 볼 수 있다. 실제로 값이 50으로 제한돼 있다.

이 시점에서, 회귀모델을 구축해 결과로 나온 잔차를 검사하자. 평균 제곱근 오차^{Root Mean Squared Error}를 사용해 표준화할 것이다. 가장 정확한 것은 아니지만 쉽게 구현할 수 있는 접근법이며, 중요한 문제를 밝히는 데는 충분하다.

```
In:    scatter = plt.plot(linear_regression.predict(X), \
           standardized_residuals, 'wo')
    plt.plot([-10,50],[0,0], "r-")
    plt.plot([-10,50],[3,3], "r--")
    plt.plot([-10,50],[-3,-3], "r--")
    plt.xlabel('fitted values')
    plt.ylabel('standardized residuals')
    plt.show()
```

Out:

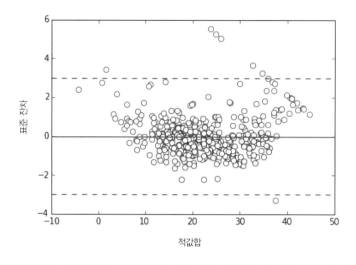

표준화된 잔차에 대해 회귀에 의해 적합시킨 값의 산포도를 만들면 평균 0으로부터 표준
편차 3을 초과한 몇 가지 외부 값 사례를 확인할 수 있다. 특히, 그래프에 명확하게 점들
의 선으로 보이는 몇 개의 값은 문제가 있는 것처럼 보인다.

예측변수의 이상치

목표변수를 조사하면서 이제 예측변수도 살펴볼 때가 됐다. 비정상적인 관찰치가 목표변
수의 이상치인 경우, 예측변수에서의 유사한 사례는 영향력 있는 관찰치 또는 높은 레버
리지 관찰치로 명명된다. 그 이유는 실제로 제곱오차의 합계SSE, Sum of Squared Error 보다 큰
영향을 미칠 수 있기 때문이며, 실제로 계수와 절편에까지 영향을 미치기 때문이다. 한마
디로 전체 회귀 솔루션이 된다.

표준화한 후에, 박스 플롯을 사용해 분포를 살펴보자.

In:
```
standardization = StandardScaler(with_mean=True, with_std=True)
Xs = standardization.fit_transform(X)
```

```
boxplot = plt.boxplot(Xs[:,0:7],labels=labels[0:7])
```

Out:

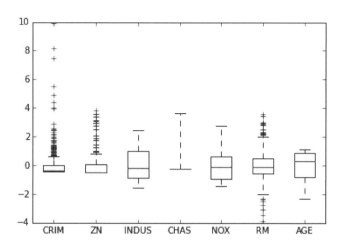

In: `boxplot = plt.boxplot(Xs[:,7:13],labels=labels[7:13])`

Out:

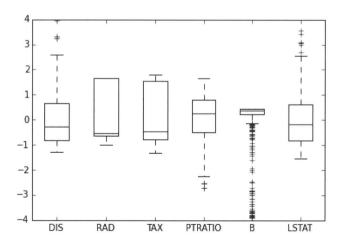

박스 플롯을 관찰한 후, 긴 꼬리 모양의 값을 특징으로 하는 B, ZN, CRIM과 같은 제한된 분산을 갖는 변수가 있음을 확인할 수 있다. 또한 DIS와 LSAT와 같은 일부 의심 사례도 있다. 표시된 임계값보다 높은 값을 찾아 이러한 모든 사례를 구분할 수 있지만 한 번에 모든 것을 파악하는 것이 도움이 된다.

주성분 분석^{PCA, Principal Component Analysis}은 복잡한 데이터셋을 더 적은 차원으로 축소할 수 있는 기술로 데이터셋의 원래 변수의 요약이다. 알고리즘의 기술적인 특성에 대해 깊이 파고들지 않으면 알고리즘에 의해 생성된 새로운 차원이 설명력을 감소시킬 수 있다는 것을 알아야 한다. 따라서 각각 다른 것에 대해 상위 차원을 플롯하는 것은 모든 데이터 셋의 정보를 플롯하는 것과 같다. 이러한 합성 표현을 통해 그래프의 중심으로부터 아주 멀리 떨어져 있는 선형회귀에 상당히 영향을 미치는 그룹과 고립된 점을 발견할 수 있다.

```
In:    from sklearn.decomposition import PCA
       pca = PCA()
       pca.fit(Xs)
       C = pca.transform(Xs)
       print (pca.explained_variance_ratio_)
```

```
Out:   [ 0.47097 0.11016 0.09547 0.06598 0.0642 0.05074 \
         0.04146 0.0305 0.02134 0.01694 0.01432 0.01301 0.00489]
```

```
In:    import numpy as np
       import matplotlib.pyplot as plt
       explained_variance = pca.explained_variance_ratio_
       plt.title('Portion of explained variance by component')
       range_ = [r+1 for r in range(len(explained_variance))]
       plt.bar(range_,explained_variance, color="b", alpha=0.4, \
               align="center")
       plt.plot(range_,explained_variance,'ro-')
        for pos, pct in enumerate(explained_variance):
           plt.annotate(str(round(pct,2)), (pos+1,pct+0.007))
```

```
plt.xticks(range_)
plt.show()
```

Out:

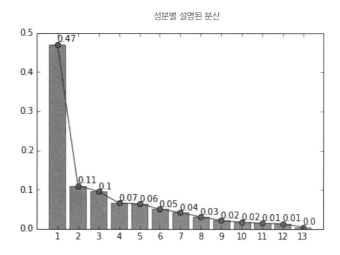

PCA에 의해 생성된 첫 번째 차원은 데이터셋 정보의 47%, 두 번째는 11%, 세 번째는 9.5%를 각각 설명할 수 있다(explained_variance_ratio_ 메소드는 이러한 정보를 제공할 수 있음). 이제 해야 할 일은 두 번째와 세 번째에 대해 첫 번째 차원을 플롯하고, 중심으로부터 떨어져 있는 고립된 점을 찾는 것이다. 그것이 연구해야 할 높은 레버리지 사례이기 때문이다.

```
In:    scatter = plt.scatter(C[:,0],C[:,1], facecolors='none', \
               edgecolors='black')
       plt.xlabel('Dimension 1')
       plt.ylabel('Dimension 2')
```

Out:

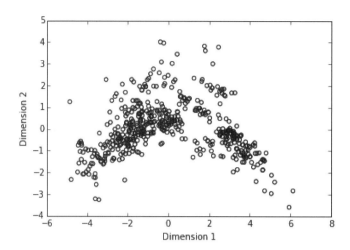

In: scatter = plt.scatter(C[:,0],C[:,2], facecolors='none', \
          edgecolors='black')
    plt.xlabel('Dimension 1')
    plt.ylabel('Dimension 3')

Out:

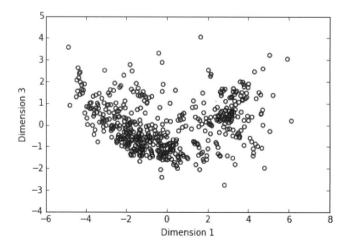

이상치 제거 또는 교체

이상치와 영향력 있는 관찰치를 감지할 수 있게 됐으므로, 그것들과 함께 무엇을 할 수 있는지 논의할 필요가 있다. 삭제하는 것이 좋다고 생각할 수도 있지만, 이상치를 제거하거나 교체하는 것은 신중히 고려해야 할 사항이다.

사실 외부 값 관찰치는 세 가지 이유에 의해 정당화될 수 있다(해결책은 그에 따라 변한다).

- 드물게 나타나는 이상치의 경우다. 따라서 그들은 다른 관찰과 비교할 때 비정상적으로 보인다. 이 경우 데이터 점을 제거하는 것이 올바른 해결책이 될 수는 없다. 왜냐하면 그 점은 모델링하려는 분포의 일부이며 단지 우연히 눈에 띤 것이기 때문이다. 가장 좋은 해결책은 샘플 크기를 늘리는 것이다. 샘플 크기를 확대하는 것이 가능하지 않다면 샘플을 제거하거나 다시 샘플링을 시도하자.
- 데이터 처리 과정에서 일부 오류가 발생했으며 외부 값 관찰치가 다른 분포(일부 데이터가 다른 시간 또는 다른 지리적 상황에 따라 혼합됐을 수도 있음)에서 발생한 경우다. 이 경우 신속한 제거가 필요하다.
- 잘못된 입력 또는 처리로 인한 실수인 경우다. 이러한 경우, 이 값은 누락된 것으로 간주돼야 하며 타당한 값을 얻기 위해 누락된 값의 대체를 수행해야 한다.

 일반적으로 '점이 예측에 사용하려는 데이터와 다를 때'나 '점을 제거함으로써 회귀모델의 계수(또는 절편)에 많은 영향을 미쳤다'는 직접적인 확신을 얻을 수 있을 때만 데이터 점의 제거가 필요하다는 것을 명심하자. 다른 모든 경우에는 그것이 데이터 스누핑(snooping)의 한 형태가 되므로, 모델을 향상시키기 위해 하는 어떤 종류의 선택도 피해야 한다(데이터 스누핑이 모델에 얼마나 부정적인 영향을 미치는지는 6장에서 설명한다).

▌ 요약

5장에서는 선형모델에 의해 분석될 데이터를 준비할 때 발생할 수 있는 여러 문제를 다뤘다.

변수의 스케일을 재조정하고 새로운 변수의 스케일이 데이터에 어떻게 더 나은 통찰력을 제공하는지와 예기치 않게 누락된 데이터를 처리하는 데 어떻게 도움이 되는지 알아봤다.

그리고 나서, 해싱 트릭을 사용해 정성적 변수를 인코딩하고 예측 불가능한 변수와 텍스트 정보를 가진 극단적인 다양한 수준을 처리하는 방법을 배웠다. 그런 다음 정량적 변수로 돌아가 선형 형태로 변환하고 좀 더 나은 회귀모델을 얻는 방법을 배웠다.

끝으로 몇 가지 데이터 병리, 누락, 이상치에 대해 다뤘다. 단순하지만 매우 효과적이고 성능이 뛰어난 몇 가지 신속한 해결책을 보여줬다.

이제 좀 더 정교한 선형모델로 진행하기 전에 단순한 수학적 곡선 연습이 아니라 실제로 좋은 작동 예측 엔진을 얻는 데 도움이 되는 데이터 과학 원리를 설명하는 것이 필요하다. 그것이 바로 6장의 주제다.

06

일반화 달성

지금까지 선형모델을 테스트에 적용하고 목표를 효과적으로 예측하는 것으로, 검증해야 하는 결정적인 진실의 순간을 미뤄 왔음을 고백해야 한다. 지금까지는 일련의 적합성 측정을 단순하게 검토함으로 좋은 모델링 작업을 했는지 여부를 고려했을 뿐이며, 그 선형모델이 훈련 데이터의 정보만을 바탕으로 예측하기에 적합한지 알려줬다.

'자력으로 살아남느냐 아니면 완전히 망하느냐'의 상황을 좋아하지 않는다면 생산에 들어가기 전에 새로운 소프트웨어를 사용할 때와 동일한 절차로 모델에 올바른 테스트를 적용하고 실제 성능을 예측할 수 있어야 한다.

또한 그러한 유형의 모델에 대한 기술과 경험의 수준에 상관없이, 모델을 정의하기 위해 사용했던 것과 동일한 데이터를 기반으로 좋은 모델을 구축하고 있다고 쉽게 오해할 수 있다. 그러므로 샘플 내 통계와 샘플 외 통계의 기본적인 차이점을 소개하고 너무 많거나 너무 적은 예측변수를 사용하는 경우 또는 잘못된 예측변수를 사용하는 경우 어떻게 되는지 보여줄 것이다.

그런 다음에야 우리가 작업을 잘했는지 아니면 처음부터 모든 것을 다시 생각해야 하는지 점검할 준비가 됐다고 할 수 있다. 이 책의 중심이 되는 6장에서는 복잡한 기술을 진행하기에 앞서 모델을 철저하게 테스트하고 최적의 상태로 조정해 경제성을 높이고 어떤 걱정도 없이 실제 데이터에 대비하는 데이터 과학의 핵심을 소개할 것이다.

6장에서는 다음과 같은 방법을 익히게 될 것이다.

- 검증/테스트 집합에 가장 적절한 비용 측정 또는 교차 검증을 사용해 모델을 테스트하는 방법
- 통계적 테스트 및 실험을 기반으로 최적의 특성을 선택하는 방법
- 비용 함수를 조정해 모델을 좀 더 경제적으로 만드는 방법
- 안정적인 선택 즉, 거의 자동화된 변수 선택 방법

▌ 샘플 외 데이터 검사

이 책에서 이 시점까지는 데이터 자체를 수정해(누락된 데이터 입력, 이상치 제거, 비선형성 변환 또는 새로운 특성 생성) 회귀모델을 데이터에 적합시키려고 노력했다. R^2과 같은 측정값을 계속 지켜보며 예측 오차를 감소시키기 위해 최선을 다했지만 이것이 어느 정도 성공했는지는 알 수 없다.

지금 직면한 문제는 생산 과정에서 어떤 새로운 데이터에 대해서도 모델이 자동적으로 잘 수행될 것이라고 기대해서는 안 된다는 것이다.

문제를 정의하고 설명하면서 과소 적합에 관해 언급했던 것을 상기하자. 선형모델로 작업하고 있기 때문에 실제로 응답변수와 선형 관계에 있는 데이터에 작업을 적용할 것이다. 선형 관계를 갖는다는 것은 응답변수의 수준과 관련해 예측이 항상 같은 비율로 지

속적으로 증가 또는 감소하는 경향이 있음을 의미한다. 그래픽적으로 산포도에서 예측 오차가 거의 없는 또는 최소화된 직선 회귀선에 의해 교차될 수 있는 직선적이고 매우 긴 점 구름에 의해 재구성된다.

반면에 관계가 비선형일 때 방향(증가 또는 감소)과 변화의 속도는 유동적이다. 이런 상황에서 선형모델을 더 잘 작동시키기 위해서는 적절한 변환을 통해 관계를 직선으로 만들려고 노력해야만 한다. 그렇지 않으면 비선형 형태를 선형 형태로 항상 성공적이지는 않는 방식의 근사치로 응답을 추정해야 한다.

예를 들어 관계가 2차(함수 모양이 포물선)인 경우 직선을 사용하면 예측변수의 특정 범위에서 예측값을 체계적으로 과소평가하거나 과대평가하는 문제가 발생한다. 이러한 체계적인 오류를 편향이라고 하며, 선형회귀와 같은 단순 모델에서 전형적인 것이다. 높은 편향을 갖는 예측 모델은 특정 상황에서 체계적으로 잘못된 예측을 생성하는 경향이 있다. 예측의 부정확성은 효과적인 예측을 제공해야 하는 도구에 있어서 바람직하지 않은 특성이므로, 새로운 변수를 추가하고 다항식 확장 또는 다른 변환을 통해 현재 변수를 변형함으로써 응답에 대해 좀 더 적합하도록 노력해야 한다. 이런 노력은 특성 생성 단계를 구성한다.

모델을 점점 더 복잡하게 만들면 예측변수와 연관된 알 수 없는 기능의 더 많은 부분을 포착해 응답에 대해 더 좋게 적합시킬 수 있다. 그러나 점점 더 많은 용어를 추가해 모델이 독점적으로 특정 데이터에만 해당되는 정보의 일부(이것을 노이즈라 함)를 받을 수 있게 해 다른 데이터에 대해 적절하게 작업할 수 없게 한다.

학습 알고리즘이 복잡하면 할수록 학습을 위해 사용하는 데이터로부터 그리 유용하지 않은 정보를 적합시키기 위한 공간이 더 넓어지므로 이를 암기의 힘으로 생각할 수 있다. 이러한 암기는 매우 불편한 결과를 가져온다. 이 모델은 데이터에 잘 적합한 것처럼 보이지만, 다른 집합에 적용하자마자 정확하게 예측할 수 없다는 것을 보여준다. 오류가 체계적이었던 (체계적인 과소평가 또는 과대평가) 이전과 달리, 이러한 상황에서의 오류는 데이터 셋에 따라 불규칙하게 나타날 것이다. 이것을 추정치의 분산이라 하며, 실제 데이터에 대해 테스트할 때까지 그 존재를 인식하지 못할 수 있기 때문에 더 많은 문제가 발생할 수 있다. 그것은 복잡한 알고리즘에서 더 발생하는 경향이 있으며, 가장 간단한 형태로 선형 회귀는 분산보다는 추정치에 더 높은 편향을 나타내는 경향이 있다. 어쨌든, 너무 많은 용어와 상호 작용을 추가하거나 다항식 확장을 사용하면 선형모델이 과잉 적합에 노출될 수 있다.

샘플 분할 테스트

여기서는 모델을 새로운 데이터로 일반화할 수 있는 능력을 기대하고 있고, 현재 데이터를 간단하게 적합시키거나 단순히 암기하는 것에는 거의 관심이 없으므로 모델을 구축할 때 몇 가지 주의 깊은 단계를 거쳐야 한다. 이 문제를 해결하기 위해, 데이터를 통한 학습은 수년에 걸쳐 과학적 검증 및 테스트 방법을 기반으로 일련의 절차를 정의하고 있으며, 여기서는 이를 통해 설명하고 실습할 것이다.

첫째, 모델이 새로운 데이터로 잘 일반화되기를 원한다면 그러한 상황에서 테스트해야 한다. 이것은 새로운 데이터를 얻는 것이 쉽지 않거나 실행 가능하지 않다면 처음부터 테스트를 위해 일부 데이터를 예약해야 한다는 것을 의미한다. 데이터를 무작위로 훈련 집합과 테스트 집합의 두 부분으로 나눠서, 훈련 부분을 위해 데이터의 70~80%를 사용하고 테스트 목적으로 나머지 20~30%를 사용해 달성할 수 있다.

Scikit-learn의 `cross_validation` 모듈은 이러한 모든 작업을 처리하는 데 도움이 되는 일련의 메소드를 제공한다. 보스턴 주택 데이터셋에서 작업해보자.

```
In:    import pandas as pd
       from sklearn.datasets import load_boston
       boston = load_boston()
       dataset = pd.DataFrame(boston.data,
       columns=boston.feature_names)
       dataset['target'] = boston.target
```

```
observations = len(dataset)
variables = dataset.columns[:-1]
X = dataset.ix[:,:-1]
y = dataset['target'].values
```

데이터셋을 로드한 다음, 먼저 훈련 부분과 테스트 부분으로 분할하자.

```
In:    from sklearn.cross_validation import train_test_split
       X_train, X_test, y_train, y_test = train_test_split(X, y,
           test_size=0.30, random_state=101)
       print ("Train dataset sample size: %i" % len(X_train))
       print ("Test dataset sample size: %i" % len(X_test))

Out:   Train dataset sample size: 354
       Test dataset sample size: 152
```

train_test_split은 test_size 파라미터에 표시된 테스트를 위해 지정된 할당량에 따라 데이터를 분리한다. 분할은 임의로 수행되며, random_state 파라미터에 있는 특정 숫자 시드에 의해 결정적으로 결과(복제 목적)를 제어할 수 있다(여기서는 시드를 101로 선택한다).

경우에 따라 일부 파라미터를 조정하거나 특정한 선택을 해야 하거나 테스트 데이터를 사용하지 않고 대안으로 시험해보기를 원할 수도 있기 때문에, 샘플 외 데이터를 보존하는 것만으로는 충분하지 않다. 솔루션은 검증을 위해 데이터의 다른 부분을 예약하는 것인데, 이는 모델에 어떤 파라미터가 최적일 수 있는지를 확인하는 것을 의미한다. train_test_split을 두 단계로 사용해 이를 달성할 수 있다.

```
In:    X_train, X_out_sample, y_train, y_out_sample = \
               train_test_split(X, y, test_size=0.40, random_state=101)
       X_validation, X_test, y_validation, y_test = \
               train_test_split(X_out_sample, y_out_sample, test_size=0.50,
```

```
                random_state=101)
       print ("Train dataset sample size: %i" % len(X_train))
       print ("Validation dataset sample size: %i" % len(X_validation))
       print ("Test dataset sample size: %i" % len(X_test))

Out:   Train dataset sample size: 303
       Validation dataset sample size: 101
       Test dataset sample size: 102
```

교차 검증

가설의 실제 오류를 측정하는 데 도움이 되지만 데이터를 훈련 집합과 테스트 집합으로
나누면 (때로는 검증에서도) 고려해야 할 몇 가지 위험 요소가 있다.

- 서브 샘플링(초기 샘플의 일부를 자연스럽게 추출함)이 포함돼 있으므로 훈련 및 테스
  트에 있어 지나치게 유리하거나 불리한 집합을 만들 위험이 발생할 수도 있다.
- 샘플의 일부를 남겨두면 학습할 수 있는 사례의 수가 감소되는 반면, 선형모델
  은 추정치의 분산을 줄이고 동일선상의 변수를 명확하게 하며 비선형성을 적절
  하게 모델링하기 위해 가능한 많은 사례를 필요로 한다.

작은 테스트 샘플(데이터의 10%)을 사용해 최종적으로 작업을 검증하는 것이 좋지만, 앞
에서 언급한 문제를 피하고 모델과 파라미터의 비교를 쉽게 관리할 수 있는 가장 좋은 방
법은 교차 검증을 적용하는 것이다. 교차 검증은 훈련과 테스트를 위해 데이터를 분리하
고 모든 관찰이 훈련과 테스트의 역할을 수행할 때까지 반복적으로 진행하는 것을 요구
한다.

즉, 데이터를 분할할 상호 배타적인 부분의 수를 결정한 다음, 모든 폴드를 사용하지만
매번 다른 폴드를 사용해 모델을 반복적으로 훈련시킨다. 이것이 테스트셋의 역할을 수
행한다.

데이터를 분할하는 부분의 수는 일반적으로 3, 5, 10 또는 20으로 설정되며, 훈련 데이터가 거의 없을 때는 분할의 수(각각을 폴드라고 함)를 많게 결정한다.

테스트셋으로 사용할 수 있는 모든 단일 분할을 사용해 검증을 완료하면 먼저 결과의 평균을 취한다. 이 결과는 새로운 데이터(새롭지만 가지고 있는 것과 너무 다르지 않은)에 직면했을 때 모델의 전반적인 성능을 정확하게 말해준다. 그런 다음 교차 검증된 성능의 표준편차를 확인한다. 이 값은 편차가 높은 (평균 성능 값의 절반 이상) 경우 모델에 추정치의 분산이 높고 제대로 작동하려면 더 많은 데이터가 필요하다는 것을 나타낼 수 있기 때문에 중요하다.

다음 예제에서 KFold 및 StratifiedKFold (Scikit-learn의 cross_validation 모듈에서)가 어떻게 작동하는지 볼 수 있다.

두 개 모두 반복자다. 교차 검증의 각 라운드에 대해 훈련 및 테스트를 위한 인덱스를 설정한다. KFold는 무작위 추출을 적용한다는 유일한 차이점을 갖는다. 반면 StratifiedKFold는 훈련과 테스트 샘플에서 분포하기를 원하는 목표변수의 분포를 원래 집합에 있는 것처럼 고려한다.

두 클래스의 파라미터로 다음을 제공한다.

- KFold에 대한 관찰치의 개수 및 StratifiedKFold에 대한 목표 벡터
- 폴드의 개수(일반적으로 10개가 표준 선택이지만, 관찰치가 많은 경우 폴드 수를 줄일 수 있고, 데이터셋이 작은 경우 폴드 수를 늘릴 수 있다).

또한 다음 사항도 결정해야 한다.

- 데이터를 임의로 섞을 것인지 아니면 그대로 가져올 것인지의 여부(항상 임의로 섞는 것을 권장함)
- 무작위로 시드를 적용할 것인지 혹은 결과를 복제할 것인지의 여부

```
In:    from sklearn.cross_validation import cross_val_score, \
                KFold, StratifiedKFold
       from sklearn.metrics import make_scorer
       from sklearn.preprocessing import PolynomialFeatures
       from sklearn.linear_model import LinearRegression
       import numpy as np

       def RMSE(y_true, y_pred):
           return np.sum((y_true -y_pred)**2)
       lm = LinearRegression()
       cv_iterator = KFold(n=len(X), n_folds=10, shuffle=True,\
                random_state=101)
       edges = np.histogram(y, bins=5)[1]
       binning = np.digitize(y, edges)
       stratified_cv_iterator = StratifiedKFold(binning, n_folds=10,\
                shuffle=True, random_state=101)

       second_order=PolynomialFeatures(degree=2, interaction_only=False)
       third_order=PolynomialFeatures(degree=3, interaction_only=True)

       over_param_X = second_order.fit_transform(X)
       extra_over_param_X = third_order.fit_transform(X)
       cv_score = cross_val_score(lm, over_param_X, y, cv=cv_iterator,\
       scoring='mean_squared_error', n_jobs=1)
```

 n_jobs 파라미터는 병렬 계산을 활용한 결과 계산에 포함되는 스레드의 수를 설정한다. −1
로 설정되면 사용 가능한 모든 스레드가 자동적으로 사용돼 컴퓨터의 계산 속도를 최대로 빠
르게 한다. 파라미터를 1이 아닌 다른 것으로 설정하면 작업 중인 시스템에 따라 때때로 문제
가 발생해 결과가 늦어질 수 있다. 이 책의 예제에서는 예방 조치로 항상 1로 설정하지만, 계
산 시간을 단축해야 하는 경우 값을 변경할 수 있다.

먼저 초과 파라미터화된 모델(보스턴 데이터셋의 원래 특성에 대한 2차 다항식 확장)의 교차 검
증 점수를 얻고자 한다. 모델의 교차 검증을 계산하기 위한 자동 함수 Scikit−learn의

236

cross_val_score 내부 때문에 (제곱오차임에도 불구하고) 결과는 음수다. 이 함수를 사용하려면 모델, 특성 및 목표변수가 입력돼야 한다. 또한 사용할 점수 함수의 이름을 나타내는 점수 표시 문자열인 파라미터 cv에 대해 선택한 교차 검증 반복자를 허용한다(이에 대한 자세한 내용은 http://scikit-learn.org/stable/modules/model_evaluation.html에서 확인할 수 있다). 마지막으로 n_jobs(1은 1개의 스레드만 작동함을 나타내며, −1은 시스템에 사용된 모든 가능한 스레드가 사용됨을 나타냄)를 지정해 PC에서 병렬로 작동하는 스레드의 수를 설정한다.

```
In:   print (cv_score)
```

```
Out:  [-10.79792467 -19.21944292 -8.39077691 -14.79808458
      -10.90565129 -7.08445784 -12.8788423 -16.80309722 -32.40034131
      -13.66625192]
```

 TIP 평균 제곱오차는 함수의 내부적인 이유 때문에 음수다. 이 함수는 최대화할 수 있지만, 비용 메트릭(cost metric)은 최소화해야 한다. 이것이 음수인 이유다.

부호를 제거한 후, 평균과 표준편차 모두를 취할 수 있다. 여기에서도 표준편차가 높다는 것을 알 수 있다. 그리고 부동산 사업에서 매우 부유한 거주 지역으로 인해 동떨어진 관찰치가 존재하므로 목표변수의 분포를 제어하기 위해 노력해야 한다.

```
In:   print ('Cv score: mean %0.3f std %0.3f' %
            (np.mean(np.abs(cv_score)), np.std(cv_score)))
```

```
Out:  Cv score: mean 14.694 std 6.855
```

이러한 제어를 적용하기 위해 목표변수를 계층화한다. 즉, 빈으로 분할하고 교차 검증 과정 동안 빈 분포가 유지되게 한다.

```
In:    cv_score = cross_val_score(lm, over_param_X, y,\
               cv=stratified_cv_iterator, scoring='mean_squared_error', \
               n_jobs=1)
       print ('Cv score: mean %0.3f std %0.3f' % \
           (np.mean(np.abs(cv_score)), np.std(cv_score)))

Out:  Cv score: mean 13.584 std 5.226
```

결과적으로 응답 분포를 제어하면 실제로 추정오차(및 예상 평균)의 표준편차가 낮아진다. 교차 검증에서 성공적인 계층화 시도는 올바르게 분포된 훈련 샘플을 훈련해야 한다는 것을 암시한다. 그렇지 않으면 잘못된 샘플링으로 인해 결과 모델이 항상 제대로 작동하지 않을 수 있다.

교차 검증은 주로 파라미터를 평가할 때 사용하는 것이 좋고, 성능 검증을 위해 작게 추출된 테스트셋을 기반으로 하는 것이 좋다. 다소 까다롭지만 최상의 성능을 찾기 위해 여러 번 (예를 들어 시드를 변화) 교차 검증을 하면 최상의 결과를 얻을 수 있다. 이는 스누핑(snooping)(테스트 집합에서 동일한 작업을 하는 경우에도 발생함)이라고 하는 또 다른 형태의 과잉 적합이다. 대신 교차 검증을 사용해 파라미터 중에서 하나를 선택할 때, 절대적인 교차 검증 값이 아닌 옵션 중에서 가장 좋은 값을 결정하면 된다.

부트스트래핑

때때로 훈련 데이터가 너무 작으면 폴드로 나누는 것도 모델의 훈련에 불이익을 줄 수 있다. 부트스트래핑^{Bootstrapping}의 통계적 기법은 데이터의 기본 분포를 여러 번 복제해 시도함으로 훈련 및 테스트 검증 시퀀스(예상 결과의 평균과 표준편차 모두 정확하게 추정할 수 있음)를 반복할 수 있다.

부트스트래핑은 반복을 사용한 샘플링을 기반으로 하며, 이것은 관찰치를 여러 번 추출할 수 있음을 의미한다. 일반적으로 부트스트랩은 데이터셋의 원래 크기와 동일한 수의 관찰치를 추출한다. 또한 검증을 하는 데 사용하기 위해, 사용 가능한 관찰치의 3분의 1에 해당하는 변경되지 않고 그대로 유지되는 관찰치가 항상 존재한다.

```
In:     import random
        def Bootstrap(n, n_iter=3, random_state=None):
            """
            Random sampling with replacement cross-validation generator.
            For each iter a sample bootstrap of the indexes [0, n) is
            generated and the function returns the obtained sample
            and a list of all the excluded indexes.
            """
            if random_state:
                random.seed(random_state)
            for j in range(n_iter):
                bs = [random.randint(0, n-1) for i in range(n)]
                out_bs = list({i for i in range(n)} - set(bs))
                yield bs, out_bs

        boot = Bootstrap(n=10, n_iter=5, random_state=101)
        for train_idx, validation_idx in boot:
            print (train_idx, validation_idx)
```

아웃풋은 다음과 같이 표시된다.

```
[9, 3, 8, 5, 7, 0, 8, 3, 9, 3] [1, 2, 4, 6]
[4, 7, 3, 5, 7, 1, 4, 3, 2, 1] [0, 8, 9, 6]
[7, 8, 5, 3, 7, 5, 3, 6, 6, 3] [0, 1, 2, 9, 4]
[1, 6, 7, 4, 3, 1, 9, 5, 4, 6] [0, 8, 2]
[6, 3, 6, 1, 6, 6, 0, 7, 3, 8] [9, 2, 4, 5]
```

이전 예제에서 설명했듯이(불행히도 이 방법은 Scikit-learn의 일부가 아니며, 최근에는 더 이상 사용되지 않음), 10개의 관찰 집합에서 평균 4개의 관찰값이 테스트 목적으로 제공된다. 그러나 부트스트래핑 과정으로 통찰력만 제공하는 것은 아니다. 모델은 실제로 훈련 데이터셋에 적합하며, 부트스트랩 복제에서 계수가 어떻게 결정되는지 검사할 수 있으므로 각각의 계수가 얼마나 안정적인지 파악할 수 있다.

```
In:    import numpy as np
       boot = Bootstrap(n=len(X), n_iter=10, random_state=101)
       lm = LinearRegression()
       bootstrapped_coef = np.zeros((10,13))
       for k, (train_idx, validation_idx) in enumerate(boot):
           lm.fit(X.ix[train_idx,:],y[train_idx])
           bootstrapped_coef[k,:] = lm.coef_
```

예를 들어 10번째 계수 인덱스(PTRATIO)는 부호와 값 모두 매우 안정적이다.

```
In:    print(bootstrapped_coef[:,10])

Out:   [-1.04150741 -0.93651754 -1.09205904 -1.10422447 -0.9982515
        -0.79789273 -0.89421685 -0.92320895 -1.0276369 -0.79189224]
```

반면 여섯 번째 계수(AGE)는 변동이 상당히 크며, 종종 부호를 변경하는 경우도 있다.

```
In:    print(bootstrapped_coef[:,6])

Out:   [-0.01930727 0.00053026 -0.00026774 0.00607945 0.02225979
        -0.00089469 0.01922754 0.02164681 0.01243348 -0.02693115]
```

결론적으로 부트스트랩은 사용자가 결정하는 횟수만큼 여러 번 실행할 수 있는 복제 형식이므로 이를 통해 여러 모델을 만들 수 있고 교차 검증 절차와 비슷한 방식으로 결과를 평가할 수 있다.

특성의 그리디 선택

이 책 전반에 걸쳐 실험한 내용을 살펴보면, 새로운 변수를 추가하는 것은 선형회귀모델에서 항상 큰 성공을 거둔다는 것을 알 수 있다. 훈련 오류에 있어서 특히 그렇다. 올바른 변수를 추가할 때뿐만 아니라 잘못된 변수를 추가할 때도 적용된다. 또한 중복된 변수 또는 유용하지 않은 변수를 추가할 때도 모델의 적합에 다소 긍정적인 영향이 있다.

그 이유는 쉽게 설명된다. 회귀모델은 높은 편향모델이므로 사용하는 계수의 수를 증가함으로써 복잡성을 증가시키는 것이 유익하다. 따라서 새로운 계수 중 일부는 데이터에 존재하는 노이즈 및 기타 세부 사항을 적합시키기 위해 사용될 수 있다. 그것은 정확하게 이전에 논의했던 암기/과잉 적합 효과다. 관찰치만큼 계수가 많으면 모델은 포화 상태(통계에서 사용하는 기술적 용어임)가 되고, 훈련 집합의 모든 응답을 학습할 수 있는 계수가 기본적으로 존재하기 때문에 완벽한 예측을 할 수 있다.

이 개념을 좀 더 구체적으로 하기 위해 한 개의 훈련 집합(샘플 내 관찰치)과 한 개의 테스트 집합(샘플 외 관찰치)을 사용한 간단한 예제를 살펴보자. 먼저 현재 보유하고 있는 사례와 특성을 찾고 기본 성능(샘플 내 및 샘플 외 모두에 대해)이 무엇인지 알아보자.

```
In:    from sklearn.metrics import mean_squared_error
       from sklearn.linear_model import LinearRegression
       from sklearn.cross_validation import train_test_split
       X_train, X_test, y_train, y_test = train_test_split(X, y,
           test_size=0.30, random_state=3)
       lm = LinearRegression()
       lm.fit(X_train,y_train)
       print ('Train (cases, features) = %s' % str(X_train.shape))
       print ('Test (cases, features) = %s' % str(X_test.shape))
       print ('In-sample mean squared error %0.3f' % mean_squared_error(
           y_train,lm.predict(X_train)))
       print ('Out-sample mean squared error %0.3f' % mean_squared_error(
           y_test,lm.predict(X_test)))
```

```
Out:    Train (cases, features) = (354, 13)
        Test (cases, features) = (152, 13)
        In-sample mean squared error 22.420
        Out-sample mean squared error 22.440
```

 가장 좋은 방법은 실험에 교차 검증 또는 부트스트랩을 사용하는 것이다. 이러한 솔루션을 선택한 이유는 단순히 훈련/테스트 분할뿐만 아니라 빠른 테스트를 원하기 때문이다. 좀 더 정교한 추정 기법을 사용한다고 해서 실험 결과가 변경되지는 않는다.

여기에서 샘플 내 오류와 샘플 외 오류는 유사하다. 이제 다항식 확장을 사용해 모델 개선 작업을 시작한다.

```
In:     from sklearn.preprocessing import PolynomialFeatures
        second_order=PolynomialFeatures(degree=2, interaction_only=False)
        third_order=PolynomialFeatures(degree=3, interaction_only=True)
```

먼저 2차 다항식 확장을 적용한다.

```
In:     lm.fit(second_order.fit_transform(X_train),y_train)
        print ('(cases, features) = %s' % str(second_order.fit_transform(
            X_train).shape))
        print ('In-sample mean squared error %0.3f' %
            mean_squared_error(y_train,lm.predict(second_order.fit_transform(
            X_train))))
        print ('Out-sample mean squared error %0.3f' %
            mean_squared_error(y_test,lm.predict(second_order.fit_transform(
            X_test))))

Out:    (cases, features) = (354, 105)
        In-sample mean squared error 5.522
        Out-sample mean squared error 12.034
```

좋은 샘플 내 결과는 샘플 외 테스트와 거의 일치하지 않는 것으로 보인다. 샘플 외 성능은 향상됐지만 결과에서 비교 가능성이 부족하다는 것은 과잉 적합의 명백한 증거다. 모델에는 더 유용한 계수가 일부 있지만 대부분의 경우 데이터의 노이즈를 잡기 위한 것이다.

이제 극단적으로 3차 다항식 확장을 테스트한다(단, 상호 작용만 사용함).

```
In:    lm.fit(third_order.fit_transform(X_train), y_train)
       print ('(cases, features) = %s' % str(third_order.fit_transform(
           X_train).shape))
       print ('In-sample mean squared error %0.3f' %
           mean_squared_error(y_train,lm.predict(third_order.fit_transform(
           X_train))))
       print ('Out-sample mean squared error %0.3f' %
           mean_squared_error(y_test,lm.predict(third_order.fit_transform(
           X_test))))

Out:   (cases, features) = (354, 378)
       In-sample mean squared error 0.438
       Out-sample mean squared error 85777.890
```

모델에 매우 안 좋은 일이 일어난 것으로 보인다. 관찰치보다 계수가 더 많으므로(p>n) 훈련 집합에 완벽한 적합성을 확보했다. 그러나 샘플 외 검증에서 모델은 난수 생성기와 동일한 성능을 달성한 것으로 보인다. 다음 몇 단락에서는 이전 코드 스니펫에서 보인 문제를 발생시키지 않으면서 증가된 많은 특성을 어떻게 활용할지를 보여줄 것이다.

마델론 데이터셋

노이즈가 많고 공선적인 변수 중에서 최상의 변수들을 선택하는 작업을 위해, 보스턴 주택 데이터셋과 마델론Madelon 데이터셋(https://archive.ics.uci.edu/ml/datasets/Madelon)을 같이 사용한다. 이것은 특성 선택에 대한 경연 대회 NIPS 2003(신경 정보 처리 시스템에 관한 제7차 연례 회의the seventh Annual Conference on Neural Information Processing Systems에서 발표된 인공 데이터셋(알고리즘을 사용해 생성됐음)이다.

데이터셋은 5차원 하이퍼큐브의 꼭짓점에 32개의 별개의 점 구름(양수 그룹에서 16개, 음수 그룹에서 16개)을 배치해 생성한 것이다. 결과적으로 500개의 특성과 2,000개의 사례가 다섯 개의 메트릭 차원의 다양한 변형에서 추출됐다. 문제를 더 어렵게 만들기 위해 일부 임의의 숫자가 특성에 추가돼 노이즈로 작동하고 몇 개의 응답이 뒤집혔다(뒤집힌 것은 1%에 해당됨). 이런 모든 복잡한 변형은 대부분의 특성과 응답의 관계가 뚜렷하게 비선형이기 때문에 모델링을 매우 어렵게 만든다. 이는 모든 특성을 직접 포함하는 것이 샘플 외예측의 정확성에 얼마나 해가 되는지 명확하게 보여주기 때문에 실제로 예시에 도움이된다.

컴퓨터에서 흥미롭고 도전적인 데이터셋을 다운로드하고 사용할 수 있도록 다음 지침을 수행하고, 저장돼 있는 외부 웹사이트로부터 컴퓨터가 데이터를 다운로드할 때까지 기다리자.

```
In:   try:
          import urllib.request as urllib2
      except:
          import urllib2
      import numpy as np
      train_data = 'https://archive.ics.uci.edu/ml/machine- \
              learningdatabases/madelon/MADELON/madelon_train.data'
      validation_data = 'https://archive.ics.uci.edu/ml/ \
              machine-learning-atabases/madelon/MADELON/madelon_valid.data'
      train_response = 'https://archive.ics.uci.edu/ml/ \
              machine-learning-databases/madelon/MADELON/madelon_train.labels'
      validation_response = 'https://archive.ics.uci.edu/ml/ \
              machine-learning-databases/madelon/madelon_valid.labels'
      try:
```

```
        Xt = np.loadtxt(urllib2.urlopen(train_data))
        yt = np.loadtxt(urllib2.urlopen(train_response))
        Xv = np.loadtxt(urllib2.urlopen(validation_data))
        yv = np.loadtxt(urllib2.urlopen(validation_response))
    except:
        # In case downloading the data doesn't works, <<교정: 주석 번역 필요?>>
        # just manually download the files into the working directory
        Xt = np.loadtxt('madelon_train.data')
        yt = np.loadtxt('madelon_train.labels')
        Xv = np.loadtxt('madelon_valid.data')
        yv = np.loadtxt('madelon_valid.labels')
```

훈련 집합과 검증 집합 모두 로드한 후에 사용 가능한 정보 중 일부를 탐색할 수 있다.

```
In:   print ('Training set: %i observations %i feature' %
           (Xt.shape))
      print ('Validation set: %i observations %i feature' %
           (Xv.shape))

Out:  Training set: 2000 observations 500 feature
      Validation set: 600 observations 500 feature
```

당연히 검증 집합은 다루지 않을 것이다(그것을 살펴보는 것조차 하지 않을 것이다. 살펴본다면
그것은 스누핑일 것이다). 그러나 훈련 집합으로 상황을 파악할 것이다.

```
In:   from scipy.stats import describe
      print (describe(Xt))
```

아웃풋은 매우 길고 행렬 형태로 주어지며(그러므로 여기에는 표시하지 않는다), 그것은 데이
터셋에 있는 각 특성에 대해 평균, 최소, 최대, 분산, 왜도, 첨도에 관한 모든 것을 보여
준다. 재빨리 훑어보면 별다른 특징은 발견되지 않지만, 모든 변수가 거의 정규분포를 갖

고 있으며 값의 범위가 제한돼 있음을 알 수 있다. 변수들 사이의 상관관계를 그래프로 표시해 탐색을 진행할 수 있다.

```
In:     import matplotlib.pyplot as plt
        import matplotlib as mpl
        %matplotlib inline

        def visualize_correlation_matrix(data, hurdle = 0.0):
            R = np.corrcoef(data, rowvar=0)
            R[np.where(np.abs(R)<hurdle)] = 0.0
            heatmap = plt.pcolor(R, cmap=mpl.cm.coolwarm, alpha=0.8)
            heatmap.axes.set_frame_on(False)
            plt.xticks(rotation=90)
            plt.tick_params(axis='both', which='both', bottom='off',\
                            top='off', left = 'off',right = 'off')
            plt.colorbar()
            plt.show()

        visualize_correlation_matrix(Xt[:,100:150], hurdle=0.0)
```

다음 스크린샷을 확인해보자.

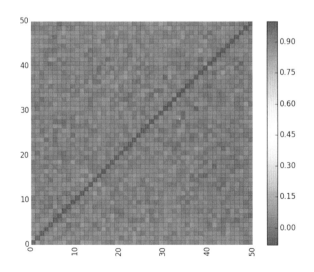

특성의 일부와 각각의 상관관계를 살펴보면, 그들 중 몇 개만 의미 있는 상관관계를 갖고 있는 반면 나머지는 경미한 관련이 있다는 것을 알 수 있다. 이것은 그들 사이에 노이즈 관계의 인상을 주며 효과적인 선택을 매우 복잡하게 만든다.

마지막 단계로, 곡선 메트릭 아래의 영역을 사용해 측정된 오류 관점에서 단순한 로지스틱회귀모델이 어떻게 점수를 매기는지 확인한다.

 곡선 아래 영역(AUC)은 다른 분류 임계값에서 허위 양성 결과의 비율과 참 양성 결과의 비율을 비교해 도출한 측정값이다. 계산하기가 약간 까다로우므로, sklearn.metrics 모듈의 roc_auc_score 함수를 사용하는 것이 좋다.

로지스틱회귀는 이런 분할이 항상 최적인 것으로 판명되므로 임계값이 0.5 이상인 경우 관찰치를 양의 값으로 분류하지만, 해당 임계값을 자유롭게 변경할 수 있다. 최상위 결과 선택으로 정밀도를 높이기 위해서는 임계값을 0.5에서 1.0으로 증가시킨다(임계값을 높이면 선택한 범위에서 정확도가 증가한다). 대신 추측한 양성 사례의 총 숫자를 늘리려면 0.5 보다 더 낮은 거의 0.0에 가까운 임계값을 선택한다(임계값을 낮추면 선택한 범위에서 양성 사례의 적용 범위가 증가한다).

AUC 오류 측정은 가치 측면에서의 효과적인 정밀도에 관계없이 예측이 적절하게 정렬됐는지 여부를 판단하는 데 도움이 된다. 따라서 AUC는 선택 알고리즘을 평가하기 위한 이상적인 오류 측정법이다. 확률에 따라 결과를 올바르게 정렬하면, 추측 확률이 정확하든 그렇지 않든 임계값 0.5를 변경해 프로젝트에서 사용할 정확한 선택을 간단하게 할 수 있다. 즉, 특정 수의 최고 결과를 취하는 것이다.

여기에서 기준 AUC 측정값은 0.602로, 무작위 선택 시 0.5 값을 얻을 수 있기 때문에 매우 실망스러운 값이다(1.0이 가능한 최댓값임).

```
In:    from sklearn.cross_validation import cross_val_score
       from sklearn.linear_model import LogisticRegression
```

```
logit = LogisticRegression()
logit.fit(Xt,yt)

from sklearn.metrics import roc_auc_score
print ('Training area under the curve: %0.3f' % \
        roc_auc_score(yt,logit.predict_proba(Xt)[:,1]))
print ('Validation area under the curve: %0.3f' % \
        roc_auc_score(yv,logit.predict_proba(Xv)[:,1]))
```

```
Out:    Training area under the curve: 0.824
        Validation area under the curve: 0.602
```

특성의 일변량 선택

이 까다로운 새로운 데이터셋을 고려할 때, 관련성이 없거나 중복되는 수많은 특성을 처리해야 한다. 이 모든 것을 제거한 후 모델의 성능이 향상되기를 바란다. 그것은 마지막 코드 스니펫에서 얻은 샘플 내 값과 샘플 외 값 사이의 AUC 점수의 큰 차이로 나타난다.

또한 모델을 해석하는 것이 가치 있는 추가 사항이라면, 유용하지 않은 변수를 제거하고, 성능 차이가 현저하지 않은 경우 복잡한 솔루션보다 단순한 솔루션을 선호하는 과학 분야의 일반적인 관행인 오컴의 면도날 이론에서처럼 가능한 한 가장 간단한 선형모델을 찾기 위해 노력해야 한다.

특성 선택은 모델에서 가장 예측 가능한 변수 집합만 유지함으로써 모델의 샘플 외 성능과 사람의 가독성을 향상시키는 데 모두 도움이 될 수 있다. 그것은 경우에 따라 최상의 변수 집합일 수도 있고 최적의 조화를 이루는 변수 집합일 수도 있다.

특성 선택 방법은 여러 가지가 있다. 가장 간단한 접근법은 응답에 대해 변수를 단독으로 취할 때 예측값을 추정함으로써 얼마나 좋은지를 평가하는 일변량[univariate] 방법이다.

이것은 일반적으로 통계 테스트를 사용하고, Scikit-learn은 세 가지 가능한 테스트를 제공한다.

- **f_regression 클래스**: F-test(다양한 회귀 솔루션을 비교하기 위한 통계 테스트) 및 p-value(우연히 차이를 관찰한 확률값으로 해석할 수 있는)를 사용해 회귀분석을 위한 최상의 특성을 나타낸다.

- **f_class**: 분류 문제에 유용한 또 다른 통계적 방법 및 관련 방법인 Anova F-test(클래스 간의 차이를 비교하기 위한 통계 테스트)이다.

- **Chi2 클래스**: 카이 제곱 테스트(카운트 데이터에 대한 통계 테스트)로, 문제가 분류이고 응답변수가 카운트 또는 이진(모든 경우에 있어서, 판매되는 단위와 벌어들인 돈과 같이 양의 수)일 때 적합하다.

이러한 모든 테스트는 p-값^p-value으로 표현된 점수와 통계 테스트를 아웃풋으로 산출한다. 작은 p-값(0.05 이하로, 운 좋게 점수가 획득될 확률이 낮음을 나타냄)으로 확인된 높은 점수는 특정 변수가 목표를 예측하는 데 유용하다는 확신을 제공한다.

예제에서는 **f-class**(지금은 분류 문제를 작업하기 때문에)를 사용하고, 특정 비율의 높은 점수를 갖는 특성을 선택하기 위해 SelectPercentile 함수를 사용할 것이다.

```
In:   from sklearn.feature_selection import SelectPercentile, f_classif
      selector = SelectPercentile(f_classif, percentile=50)
      selector.fit(Xt,yt)
      variable_filter = selector.get_support()
```

가장 부적절한 특성을 제거하고 중요한 것들을 유지하기 위해 위쪽 절반을 선택한 후 결과를 히스토그램으로 플롯해 점수 분포를 나타낸다.

```
In:   plt.hist(selector.scores_, bins=50, histtype='bar')
      plt.grid()
      plt.show()
```

다음 스크린샷을 살펴보자.

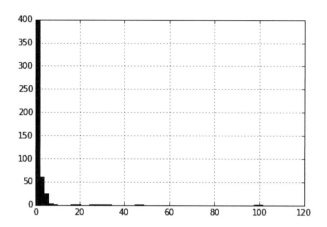

대부분의 점수는 0에 가깝고, 몇 개의 상위 점수가 존재한다. 편의를 위해, 경험적으로 선택한 임계값을 직접 선택해 중요한 것으로 추정되는 특성을 선택할 것이다.

```
In:     variable_filter = selector.scores_ > 10
        print ("Number of filtered variables: %i" % \
                np.sum(variable_filter))
        from sklearn.preprocessing import PolynomialFeatures
        interactions = PolynomialFeatures(degree=2,
                interaction_only=True)
        Xs = interactions.fit_transform(Xt[:,variable_filter])
        print ("Number of variables and interactions: %i" % Xs.shape[1])

Out:    Number of filtered variables: 13
        Number of variables and interactions: 92
```

이제, 데이터셋을 핵심 특성으로 축소했다. 이 시점에서 다항식 확장을 테스트하고 모델에 관련된 모든 비선형 관계를 자동으로 포착하는 것이 좋다.

```
In:     logit.fit(Xs,yt)
        Xvs = interactions.fit_transform(Xv[:,variable_filter])
        print ('Validation area Under the Curve ' + \
```

```
           'before recursive \ selection: %0.3f' % \
           roc_auc_score(yv,logit.predict_proba(Xvs)[:,1]))
```

Out: Validation area Under the Curve before
      recursive selection: 0.808

결과 검증 점수(샘플 외)는 약 0.81로, 훈련 집합에서 제공한 초기 과잉 적합 점수 0.82를 기준으로 할 때 매우 유망한 값이다. 물론 여기서 멈출 수도 있고 다항식 확장을 필터링할 수도 있다. 특성 선택은 실제로 끝이 없는 일이지만, 특정 시점 이후에는 추가 튜닝을 통해 약간의 점진적인 결과만 가능하다는 것을 알아야 한다.

재귀적 특성 선택

일변량 선택의 유일한 문제점은 각각의 특성을 다른 특성과 분리해 별도로 고려해 최상의 특성을 결정하고, 조화롭게 함께 작동하는 방법을 검증하지 않는다는 것이다. 따라서 중복 변수가 자주 선택된다(공선성 때문에).

재귀적 제거와 같은 다변량 접근법은 이러한 문제를 피할 수 있지만, 더 많은 계산 비용이 소요된다.

재귀적 제거는 전체 모델로 시작해 각 변수를 차례로 제거함으로써 교차 검증에 의한 제거 효과를 평가한다. 특정 변수가 모델의 성능에 무시할 수 있을 정도로 미미한 영향을 미친다면 제거 알고리즘이 이를 제거한다. 더 이상의 제거가 모델의 예측 능력을 손상시키는 것으로 입증되면 이 과정이 중지된다.

다음은 Scikit-learn의 RFECV가 재귀적 제거를 어떻게 구현하는지 설명한다. 이번에는 2차 다항식 확장으로 향상된 보스턴 데이터셋을 사용해 회귀 문제를 다룰 것이다.

In: from sklearn.feature_selection import RFECV
      from sklearn.cross_validation import KFold

```
from sklearn.cross_validation import train_test_split
X_train, X_test, y_train, y_test = \
    train_test_split(X, y, test_size=0.30, random_state=1)
lm = LinearRegression()
cv_iterator = KFold(
    n=len(X_train), n_folds=10, shuffle=True, random_state=101)
recursive_selector = RFECV(estimator=lm, step=1, cv=cv_iterator,
    scoring='mean_squared_error')
recursive_selector.fit(second_order.fit_transform(X_train),
    y_train)
print ('Initial number of features : %i' %
    second_order.fit_transform(X_train).shape[1])
print ('Optimal number of features : %i' %
    recursive_selector.n_features_)
```

```
Out:    Initial number of features : 105
        Optimal number of features : 52
```

에스티메이터estimator, 교차 검증 반복자 및 오류 측정을 감안해 RFECV는 잠시 후에 성능이 저하될 우려 없이 특성의 절반을 모델에서 삭제할 수 있음을 확인할 수 있다.

```
In:   essential_X_train = recursive_selector.transform(
          second_order.fit_transform(X_train))
      essential_X_test = recursive_selector.transform(
          second_order.fit_transform(X_test))
      lm.fit(essential_X_train, y_train)
      print ('cases = %i features = %i' % essential_X_test.shape)
      print ('In-sample mean squared error %0.3f' % \
          mean_squared_error(y_train,lm.predict(essential_X_train)))
      print ('Out-sample mean squared error %0.3f' % \
          mean_squared_error(y_test,lm.predict(essential_X_test)))
```

```
Out:  cases = 152 features = 52
      In-sample mean squared error 7.834
      Out-sample mean squared error 11.523
```

252

테스트 기반 검사를 통해 결과적으로 나타난 샘플 외 성능은 11.5이다. 추가 확인을 위해 교차 검증을 실행하고 유사한 결과를 얻는지 확인하자.

```
In:    edges = np.histogram(y, bins=5)[1]
       binning = np.digitize(y, edges)
       stratified_cv_iterator = StratifiedKFold(binning, n_folds=10,
           shuffle=True, random_state=101)
       essential_X = recursive_selector.transform(
           second_order.fit_transform(X))
       cv_score = cross_val_score(
           lm, essential_X, y, cv=stratified_cv_iterator,
           scoring='mean_squared_error', n_jobs=1)
       print ('Cv score: mean %0.3f std %0.3f' %
         (np.mean(np.abs(cv_score)), np.std(cv_score)))

Out:   Cv score: mean 11.400 std 3.779
```

▌ 그리드 검색에 의한 최적화된 정규화

정규화는 회귀모델에서 변수의 역할을 수정해 과잉 적합을 방지하고 좀 더 간단한 기능적 형태를 달성하기 위한 또 다른 방법이다. 이러한 대안적 접근 방법의 흥미로운 점은 원래의 데이터셋을 실제로 조작할 필요가 없다는 것이다. 따라서 사람의 개입 없이 다량의 특성과 관찰치를 통해 온라인으로 학습하고 예측하는 시스템에 적합하다. 정규화는 지나치게 복잡한 모델에 대해 패널티를 사용해 예측과 무관한 변수 또는 중복된 변수에 대한 계수를 줄임으로(또는 0으로 줄임) 학습 과정을 강화해 작업한다.

리지 (L2 정규화)

리지^{ridge} 회귀의 기본 개념은 간단하고 직관적이다. 문제는 계수로 인해 회귀모델에 영향을 미치는 변수가 많은 경우다. 이때 우리가 해야 할 일은 계수를 줄여 기여도를 최소화하고 결과에 큰 영향을 미치지 않도록 하는 것이다.

이러한 결과는 다른 비용 함수를 사용해 쉽게 달성할 수 있다. 응답에 대한 오류를 작업하면서, 계수의 크기에 따라 패널티 값을 부과해 비용 함수를 균형 있게 조정할 수 있다.

2장, '단순선형회귀분석 접근'의 기울기 하강 공식에 대해, 다음 공식에서 가중치는 람다(λ)로 표현된 요인에 의해 감소된 가중치의 제곱인 음수항에 의해 수정된다. 결과적으로 계수가 클수록 기울기 하강 최적화의 업데이트 단계에서 더 많이 감소할 것이다.

$$w_j = w_j - \frac{\alpha}{n} * \left(\sum (Xw - y) * x_j - \lambda * w_j{}^2 \right)$$

앞의 공식에서, 값이 w_j로 표시되는 각 단일 계수 j는 기울기 하강 학습률 α/n에 의해 업데이트된다. 여기서 n은 관찰치의 개수이다. 학습률은 예측의 합산된 편차(기울기)를 곱한다. 새로운 것은 제곱 계수에 λ 계수를 곱한 값으로 계산되는 패널티가 존재한다는 것이다.

이런 방식으로, 오류는 이익(예측에서 큰 편차)이 있는 경우에만 계수로 전파되며 그렇지 않은 경우 계수의 값이 줄어든다. 이익은 구축하는 특정 모델에 따라 경험적으로 발견되는 λ 값에 의해 조정된다.

새로운 접근법이 어떻게 작동하는지 한 가지 예를 들어 설명한다. 먼저 회귀 문제인 경우에는 Scikit-learn의 `Ridge` 클래스를 사용하거나 `LogisticRegression`에서 penalty 파라미터를 사용한다(`LogisticRegression(C=1.0, penalty='12', tol=0.01)`).

```
In:    from sklearn.linear_model import Ridge
```

```
ridge = Ridge(normalize=True)
ridge.fit(second_order.fit_transform(X), y)
lm.fit(second_order.fit_transform(X), y)
```

정규화가 모델에 미치는 영향은 Ridge의 alpha 파라미터와 LogisticRegression의 C 파라미터에 의해 제어된다.

alpha 값이 작을수록 계수값이 정규화에 의해 제어되는 양이 적어지며, 정규화가 증가해 값이 커질수록 계수는 더 많이 줄어든다. 이 기능은 값이 높을수록 모델의 복잡성이 줄어드는 축소 파라미터로 쉽게 기억될 수 있다. 그러나 LogisticRegression의 C 파라미터는 반대로 높은 정규화(alpja=1/2C)에 해당하는 값이 더 작다.

모델을 완전히 적합시킨 후에는 계수의 값이 어떻게 정의되는지 살펴볼 수 있다.

```
In:    print ('Average coefficient: Non regularized = %0.3f Ridge = \
           %0.3f' % (np.mean(lm.coef_), np.mean(ridge.coef_)))
       print ('Min coefficient: Non regularized = %0.3f Ridge = %0.3f' \
           % (np.min(lm.coef_), np.min(ridge.coef_)))
       print ('Max coefficient: Non regularized = %0.3f Ridge = %0.3f' \
           % (np.max(lm.coef_), np.max(ridge.coef_)))

Out:   Average coefficient: Non regularized = 1.376 Ridge = -0.027
       Min coefficient: Non regularized = -40.040 Ridge = -2.013
       Max coefficient: Non regularized = 142.329 Ridge = 1.181
```

이제 평균 계수값은 거의 0에 가까워지고 값은 이전보다 훨씬 작은 범위에 배치된다. 정규화된 형태에서는 어떤 단일 계수도 예측에 영향을 미치거나 방해할 가중치를 가지지 않는다.

최적의 파라미터를 위한 그리드 검색

지금까지는 로지스틱 또는 선형회귀에 상관없이 모델 자체에 대해 결정할 것이 별로 없었다. 중요한 것은 변수(이것 또한 쉬운 작업이 아니라는 것을 배움)를 적절하게 변형시키는 것이었다. 그러나 L2 파라미터의 도입은 모델의 성능을 최대화하기 위한 값을 경험적으로 설정해야 하기 때문에 훨씬 더 복잡하다.

이 문제에 대해 좋은 솔루션은 모델의 성능 평가를 실제적으로 보장하는 교차 검증 작업을 진행하면서 파라미터의 가능한 값의 범위에 대해 모델의 결과를 체계적으로 확인하는 것이다.

Scikit-learn 패키지의 **GridSearchCV** 클래스는 모델에서 변경해야 하는 파라미터(키)와 평가할 값의 범위(키와 관련된 값의 목록)를 설명하는 사전을 설정한 후, 선호하는 cv 반복자와 점수를 사용해 설정할 수 있다. 마지막으로 이를 클래스의 **param_grid** 파라미터에 할당한다.

```
In:    from sklearn.grid_search import GridSearchCV
       edges = np.histogram(y, bins=5)[1]
       binning = np.digitize(y, edges)
       stratified_cv_iterator = StratifiedKFold(
            binning, n_folds=10,shuffle=True, random_state=101)
       search = GridSearchCV(
            param_grid={'alpha':np.logspace(-4,2,7)},
            estimator=ridge, scoring ='mean_squared_error',
            n_jobs=1, refit=True, cv=stratified_cv_iterator)
       search.fit(second_order.fit_transform(X), y)
       print ('Best alpha: %0.5f' % search.best_params_['alpha'])
       print ('Best CV mean squared error: %0.3f' % np.abs(
            search.best_score_))

Out:   Best alpha: 0.00100
       Best CV mean squared error: 11.883
```

테스트해야 할 모델 변형이 많을 경우, 시간이 걸릴 수 있는 검색 결과는 grid_scores_ 속성을 사용해 탐색할 수 있다.

```
In:    search.grid_scores_

Out:   [mean: -12.45899, std: 5.32834, params: {'alpha': 0.0001},
        mean: -11.88307, std: 4.92960, params: {'alpha': 0.001},
        mean: -12.64747, std: 4.66278, params: {'alpha': 0.01},
        mean: -16.83243, std: 5.28501, params: {'alpha': 0.1},
        mean: -22.91860, std: 5.95064, params: {'alpha': 1.0},
        mean: -37.81253, std: 8.63064, params: {'alpha': 10.0},
        mean: -66.65745, std: 10.35740, params: {'alpha': 100.0}]
```

최대 점수값(실제로 RMSE를 사용하면 결과를 최소화해야 하므로 RMSE의 음수값으로 그리드 검색이 작동됨)은 알파가 0.001일 때 달성된다. 또한 교차 검증 점수의 표준편차는 가능한 솔루션과 관련해 최소이며, 현재 가능한 최상의 솔루션임을 확인할 수 있다.

> 결과를 더욱 최적화하려면 두 번째 그리드 검색을 사용해 성공한 솔루션 주변의 값 범위를 탐색한다. 즉, 0.0001부터 0.01까지의 특정 사례에서 예상되는 결과 또는 솔루션의 안정성(표준편차로 표현됨) 측면에서 약간 더 나은 값을 찾을 수 있다.

당연히 GridSearchCV는 최적화해야 할 파라미터가 더 많을 때 효과적으로 사용할 수 있다. 파라미터가 많을수록 더 많은 시도가 이뤄져야 하며, 그 결과 테스트할 수 있는 모든 가능한 값의 조합(즉, 곱셈)이 된다. 결과적으로 하이퍼미터 4개의 값과 다른 4개의 값을 테스트하는 경우, 결국에는 4×4 시도가 필요하며 교차 검증 폴드에 따라(여기서는 10으로 함) CPU를 $4 \times 4 \times 10 = 160$ 모델로 계산하게 된다. 좀 더 복잡한 검색은 수천 개의 모델을 테스트할 수도 있다. GridSearchCV에 의해 모든 계산을 병렬 처리할 수 있지만, 어떤 경우에는 여전히 문제가 될 수도 있다. 다음 단락에서 가능한 솔루션을 제시할 것이다.

조금 더 일반적인 GridSearchCV를 사용해 그리드 검색 방법을 설명했다. 어쨌든 Scikit-learn의 RidgeCV를 사용하면 교차 검증된 최적화된 리지 회귀를 자동적으로 상자 밖으로 생성할 수 있는 특별한 기능이 있다. 또한 다른 정규화 변형에 대한 자동화된 클래스 LassoCV 및 ElasticNetCV가 존재하며, 이에 대해 설명할 것이다. 실제로 이 클래스들은 앞에서 설명한 접근법보다 더 통합적일 뿐만 아니라 최적화 경로를 따르기 때문에 실제로 그리드를 따라 철저히 검색하지 않는 최상의 파라미터를 찾는 데 훨씬 더 빠르다.

무작위 그리드 검색

그리드에서 하이퍼 파라미터의 좋은 조합을 찾으려면 시간이 많이 소요된다. 특히 많은 파라미터가 있는 경우에는 더욱 그렇다. 조합의 수가 실제로 폭발적으로 증가하므로 CPU가 결과를 계산하는 데 시간이 오래 걸릴 수 있다.

게다가 모든 하이퍼 파라미터가 중요하지 않은 경우가 종종 있다. 이러한 경우, 그리드 검색을 수행할 때 중요한 파라미터에 대해 중요한 값을 확인하지 않고 서로 구분할 수 없는 수많은 솔루션을 확인하는 데 시간을 낭비하는 경우가 많다.

제시하는 솔루션은 무작위 그리드 검색으로, 그리드 검색보다 훨씬 빠를 뿐만 아니라 제임스 버그스트라James Bergstra와 요수아 벤지오Yoshua Bengio가 논문에서 지적한 것처럼 더 효율적이다(http://www.jmlr.org /papers/volume13/bergstra12a/bergstra12a.pdf).

무작위 검색은 사용자가 지적한 범위 또는 분포에서 가능한 파라미터를 샘플링해 작동한다(NumPy 패키지는 사용할 수 있는 분포가 상당히 많지만, 이 테스트에서는 logspace 함수가 체계적으로 L1/L2 범위를 탐색하는 데 이상적라는 것을 발견했다). 일정한 횟수의 시도를 하면 올바른 하이퍼 파라미터를 얻을 수 있는 가능성이 높다.

여기서는 100개의 가능한 값에서 샘플링된 10개의 값만 사용한다(그리드 검색과 관련해 실행 시간을 1/10로 단축한다).

```
In:     from sklearn.grid_search import RandomizedSearchCV
        from scipy.stats import expon
        np.random.seed(101)
        search_func=RandomizedSearchCV(
            estimator=ridge, n_jobs=1, iid=False, refit=True, n_iter=10,
            param_distributions={'alpha':np.logspace(-4,2,100)},
            scoring='mean_squared_error', cv=stratified_cv_iterator)

        search_func.fit(second_order.fit_transform(X), y)
        print ('Best alpha: %0.5f' % search_func.best_params_['alpha'])
        print ('Best CV mean squared error: %0.3f' % np.abs(
            search_func.best_score_))

Out:    Best alpha: 0.00046
        Best CV mean squared error: 11.790
```

경험적으로 무작위 검색의 시도 횟수는 그리드 검색에서 시도할 수 있는 가능한 조합의 수에
따라 달라진다. 통계적 확률 측면에서 가장 효율적인 무작위 시도의 횟수는 30에서 60 사이
여야 한다는 것이 경험적으로 관찰됐다. 60회 이상의 무작위 시도는 이전에 평가됐던 것보다
하이퍼 파라미터를 튜닝함으로 인해 더 많은 성능 향상을 가져오기 쉽지 않다.

■ 라쏘 (L1 정규화)

리지 회귀는 실제로 선택 방법이 아니다. 모델에 모든 계수를 유지함으로 불필요한 계수
를 패널티로 처리하는 것은 선형회귀분석에서 어떤 변수가 가장 잘 작동하는지에 대한
명확성이 제공되지 않으며 이해력을 향상시키지 못한다.

롭 티브시라니[Rob Tibshirani]가 최근에 추가한 라쏘[Lasso] 정규화는 정규화 패널티에서 2차값
대신 절댓값을 사용해 많은 계수값을 0으로 줄여 결과 계수의 벡터를 희소하게 만든다.

$$w_j = w_j - \frac{\alpha}{n} * \left(\sum (Xw - y) * x_j + \lambda * |w_j| \right)$$

다시 말해, L2 정규화에 대한 이전 공식과 비슷하지만 이제는 패널티 항이 λ에 계수의 절 댓값을 곱한 값으로 구성된다.

절차는 리지 회귀와 동일하지만, Lasso라고 하는 클래스를 사용하면 된다. 대신 분류 문 제인 경우에는, 로지스틱회귀에서 파라미터 penalty를 'l1'로 지정해야 한다.

```
In:    from sklearn.linear_model import Lasso
       lasso = Lasso(alpha=1.0, normalize=True, max_iter=10**5)
       #The following comment shows an example of L1 logistic regression
       #lr_l1 = LogisticRegression(C=1.0, penalty='l1', tol=0.01)
```

Lasso를 사용할 때 보스턴 데이터셋에서 이전에 봤던 선형회귀의 정규화가 어떻게 되는 지 확인해보자.

```
In:    from sklearn.grid_search import RandomizedSearchCV
       from scipy.stats import expon
       np.random.seed(101)
       search_func=RandomizedSearchCV(
             estimator=lasso, n_jobs=1, iid=False, refit=True, n_iter=15,
             param_distributions={'alpha':np.logspace(-5,2,100)},
             scoring='mean_squared_error', cv=stratified_cv_iterator)

       search_func.fit(second_order.fit_transform(X), y)
       print ('Best alpha: %0.5f' % search_func.best_params_['alpha'])
       print ('Best CV mean squared error: %0.3f' % np.abs(
             search_func.best_score_))
```

```
Out:   Best alpha: 0.00006
       Best CV mean squared error: 12.235
```

성능의 관점에서 볼 때, 약간 더 나쁘지만 비교 가능한 정도의 평균 제곱오차값을 얻었다.

 라쏘 정규화를 사용하면 리지 정규화를 적용하는 것보다 더 많은 시간(일반적으로 더 많은 반복이 있음)이 걸린다는 것을 알았을 것이다. 속도 향상을 위한 좋은 전략은 데이터의 일부(시간이 적게 걸리는)에만 라쏘를 적용해 최상의 알파를 찾은 다음, 그것을 전체 샘플에 직접 적용해 성능 결과가 일관성이 있는지 확인하는 것이다.

그러나 가장 흥미로운 점은 어떤 계수가 0으로 감소했는지 평가하는 것이다.

```
In:    print ('Zero value coefficients: %i out of %i' % \
            (np.sum(~(search_func.best_estimator_.coef_==0.0)),
        len(search_func.best_estimator_.coef_)))
```

```
Out:    Zero value coefficients: 85 out of 105
```

2차 다항식 확장은 데이터셋 구조의 변화 없이 마치 재귀적 선택에 의해 모델이 감소된 것처럼, 20개의 작업 변수로 줄어들었다. 이제 데이터를 모델에 적용하기만 하면 올바른 변수만이 예측을 위해 작업할 것이다.

 리지 또는 라쏘 중 어떤 종류의 정규화를 사용할지가 궁금한 경우, 먼저 정규화 없이 선형회귀를 실행하고 표준 계수의 분포를 확인하는 것이 좋다. 유사한 값이 많은 경우에는 리지가 최선의 선택이다. 대신 중요한 계수가 어느 정도 있고 덜 중요한 계수가 많이 있다면 라쏘를 사용해 중요하지 않은 계수를 제거하는 것이 좋다. 항상 관찰치보다 변수가 더 많으면 라쏘를 사용해야 한다.

엘라스틱넷

라쏘는 예측 모델에서 어려움 없이 작업 변수의 수를 빠르게 감소해, 예측 모델을 좀 더 간단하게 일반화할 수 있다. 그 전략은 간단하며, 솔루션에 기여하는 변수만 유지하는 것을 목표로 한다. 따라서 우연히 두 개의 변수가 강력하게 동일 직선상에 있는 경우, L1 정규화는 데이터 자체의 특성에 기초해 특성들 중에서 하나만 유지한다(다른 변수와의 노이즈 및 상관관계가 선택에 반영된다).

이러한 특성은 L1 솔루션의 불안정성으로 인해 바람직하지 않을 수 있다(상관관계의 노이즈 및 강도는 데이터에 따라 변경될 수 있다). 그 이유는 상관관계가 있는 모든 변수를 모델에 포함시키면 더욱 더 신뢰할 수 있는 모델을 보장할 수 있기 때문이다(특히 모델에 포함되지 않은 요소에 모두 의존하는 경우는 더 그렇다). 따라서 대안으로 L1 정규화와 L2 정규화의 효과를 결합한 엘라스틱넷elastic net 접근법이 고안됐다.

엘라스틱넷(Scikit-learn의 ElasticNet 클래스)에는 모델의 계수 결정에 대해 정규화의 영향을 조절하는 alpha 파라미터와 비용 함수의 정규화 부분의 L1 및 L2 사이의 결합에 대해 가중치를 부여하는 l1_ratio 파라미터가 존재한다. 파라미터가 0.0인 경우 L1에 대한 역할이 없으므로 리지와 같다. 파라미터가 1.0으로 설정되는 경우 라쏘 회귀를 실행한다. 중간 값은 두가지 형식의 정규화 효과를 혼합해 작동한다. 따라서 일부 변수는 여전히 0 값 계수로 감소하지만, 동일직선상의 변수는 동일한 계수로 감소돼 모든 변수가 여전히 모델 공식에 존재할 수 있다.

다음 예제에서 엘라스틱넷 정규화를 사용해 모델을 해결해보자.

```
In:   from sklearn.linear_model import ElasticNet
      elasticnet = ElasticNet(alpha=1.0, l1_ratio=0.15, normalize=True,
          max_iter=10**6, random_state=101)
      from sklearn.grid_search import RandomizedSearchCV
      from scipy.stats import expon
      np.random.seed(101)
      search_func=RandomizedSearchCV(estimator=elasticnet,
```

```
        param_distributions={'alpha':np.logspace(-5,2,100),
        'l1_ratio':np.arange(0.0, 1.01, 0.05)}, n_iter=30,
        scoring='mean_squared_error', n_jobs=1, iid=False,
        refit=True, cv=stratified_cv_iterator)
search_func.fit(second_order.fit_transform(X), y)
print ('Best alpha: %0.5f' %
        search_func.best_params_['alpha'])
print ('Best l1_ratio: %0.5f' % \
        search_func.best_params_['l1_ratio'])
print ('Best CV mean squared error: %0.3f' % \
        np.abs(search_func.best_score_))
```

Out: Best alpha: 0.00002
        Best l1_ratio: 0.60000
        Best CV mean squared error: 11.900

결과적으로 솔루션을 검토했을 때, 순수한 L1 솔루션보다 더 많은 수의 변수를 제외해 달성했다는 것을 알 수 있다. 그러나 결과 성능은 L2 솔루션과 유사하다.

```
In:    print ('Zero value coefficients: %i out of %i' %
        (np.sum(~(search_func.best_estimator_.coef_==0.0)),
        len(search_func.best_estimator_.coef_)))
```

Out: Zero value coefficients: 102 out of 105

▍ 안정성 선택

제시한 바와 같이 L1-패널티는 계수의 추정치를 희소하게 만드는 장점을 제공하며, 모델에 필수 변수만 남겨두기 때문에 변수 선택기 역할을 효과적으로 수행한다. 반면 데이터가 변경될 때 선택 자체가 불안정하기 쉬우며, 선택을 가장 효과적으로 하기 위해 C 파라미터를 올바르게 조정해야 한다. 엘라스틱넷을 논의하면서 봤듯이, 상관관계가 매우 높은 두 개의 변수가 있는 경우 라쏘는 데이터의 구조에 따라(다른 변수와의 노이즈 및 상관관계) L1 정규화에서 두 가지 중 하나만 선택하는 특성을 갖는다.

생물정보학(DNA. 분자 연구)과 관련된 연구 분야에서는 몇 가지 관찰을 기반으로 많은 수의 변수를 사용하는 것이 일반적이다. 일반적으로 이러한 문제는 p>>n(특성이 사례보다 훨씬 더 많음)으로 기술하며, 모델링에 사용할 특성을 선택할 필요성을 제시한다. 변수가 많고 또한 상호 관련성도 높기 때문에 그리디 또는 L1-패널티 여부에 관계없이 변수 선택을 사용하면 상당히 광범위한 범위의 솔루션에서 얻은 결과가 하나 이상 발생할 수 있다. 옥스포드대학의 니콜라이 마인스하우젠[Nicolai Meinshausen]과 ETH 취리히대학의 피터 불만[Peter Buhlmann] 두 학자는 이러한 불안정성에 대해 그것을 더 확실한 선택으로 바꾸려는 아이디어를 생각해냈다.

그들의 아이디어는 간단하다. L1-패널티는 다중 공선성의 경우 변수 중에서 특정 변수를 선택하는 데 있어서 데이터셋에 존재하는 사례와 변수에 의해 영향을 받기 때문에, 사례와 변수를 서브 샘플링해 L1-패널라이즈 모델에 반복적으로 포함시키고 적합시킨다. 그런 다음 각 실행에 대해 계수가 0인 특성과 그렇지 않은 특성을 기록한다. 여러 결과를 모아서 각 특성이 0이 아닌 값을 얻은 횟수에 대한 빈도 통계값을 계산한다. 이런 방식으로 하면 결과가 불안정하고 불확실하긴 하지만, 가장 유익한 특성은 덜 유익한 특성보다 0이 아닌 계수를 얻는 경우가 더 많을 것이다. 결국 임계값은 정확하게 중요한 변수를 유지하고 중요하지 않은 변수 및 동일선상에 있지만 관련이 없는 변수를 제거하는 데 도움을 준다.

 점수는 모델에서 각 변수의 역할에 대한 순위로 해석될 수도 있다.

Scikit-learn은 안정성 선택에 대해 두 가지 구현을 제공한다. 분류 작업을 위한 `Randomized LogisticRegression`과 `RandomizedLasso` 리그레서다. 두 가지 모두 `linear_model`

모듈에 있다.

두 가지 모두 동일한 주요 하이퍼 파라미터를 공유한다.

- C: 정규화 파라미터이며, 기본값은 1.0이다. 교차 검증을 통해 모든 데이터에서 양호한 C를 찾을 수 있으면 해당 수치를 파라미터에 입력한다. 그렇지 않으면 기본값을 사용해 자신 있게 시작한다. 그것도 좋은 방법이다.
- scaling: 모든 반복에서 유지해야 할 특성의 백분율이며, 기본값인 0.5는 양호한 수치다. 데이터에 중복 변수가 많은 경우 숫자를 줄인다.
- sample_fraction: 유지해야 할 관찰치의 백분율이며, 기본값은 0.75이다. 데이터에서 이상치가 의심되는 경우 기본값을 줄여야 한다.
- n_resampling: 반복 횟수를 나타낸다. 횟수가 많을수록 더 좋지만, 200~300회 반복하면 좋은 결과를 얻을 수 있다.

마델론 실험

이전의 실험에서 볼 때, 안정성 선택은 지시변수로 랜더링된 텍스트 데이터와 같은 희소 변수를 처리하는 경우에도 변수 선택에 내재된 문제를 신속하게 해결하는 데 도움이 된다.

효율성을 입증하기 위해, 안정성 선택 후 더 나은 AUC 점수를 얻으려고 마델론^{Madelon} 데이터셋에 적용할 것이다.

```
In:    from sklearn.cross_validation import cross_val_score
       from sklearn.linear_model import RandomizedLogisticRegression
       from sklearn.preprocessing import PolynomialFeatures
       from sklearn.pipeline import make_pipeline
       threshold = 0.03 # 경험적으로 발견된 값
       stability_selection =
             RandomizedLogisticRegression(n_resampling=300, n_jobs=1,
```

```
        random_state=101, scaling=0.15,
        sample_fraction=0.50, selection_threshold=threshold)
interactions = PolynomialFeatures(degree=4,
        interaction_only=True)
model = make_pipeline(stability_selection, interactions, logit)
model.fit(Xt,yt)
```

분류 문제이므로 RandomizedLogisticRegression 클래스를 사용해 300개의 리샘플링을 설정하고 변수의 15%와 관찰치의 50%를 서브 샘플링한다. 임계값으로 모델에 중요하게 나타나는 모든 특성을 적어도 3%로 유지할 것이다. 이러한 설정은 매우 엄격하지만, 데이터셋에 높은 중복성이 존재하고 L1 솔루션의 불안정성이 높기 때문에 이러한 설정이 필요하다.

make_pipeline 명령을 사용해 솔루션을 적용하면, 먼저 훈련 데이터에 사용해 적합시키고 일련의 동작을 생성한 다음 동일한 구성을 사용해 검증 데이터에 다시 적용한다. 이 아이디어는 우선 안정성 선택을 기반으로 중요하고 관련성이 높은 특성을 선택한 다음 다항식 확장을 사용해 상호작용(단지 곱셈항)을 만들어 새로운 파생된 특성으로 데이터의 비선형 구성 요소를 포착하기 위한 것이다. 사용해야 하는 변수를 먼저 선택하지 않고 다항식 확장을 생성할 경우 데이터셋은 변수의 수가 기하급수적으로 증가해 메모리에 저장하는 것조차 불가능할 수도 있다.

RandomizedLogisticRegression은 예측 모델보다는 사전 처리 필터로서 더 많이 작용한다. 적합 후 생성된 점수를 한눈에 볼 수는 있지만 생성된 모델의 호스트를 기반으로 어떠한 예측도 허용하지 않는다. 그러나 클래스를 인스턴스화할 때 처음 정의한 임계값을 초과하는 열만 유지하면서 열의 개수가 동일한 모든 데이터셋을 변환할 수 있다.

이 경우, 리샘플을 실행한 뒤 약간의 시간이 걸릴 수 있으므로 모델에 의해 얼마나 많은 변수가 유지됐는지 확인할 수 있다.

```
In:    print ('Number of features picked by stability selection: %i'
           % \ np.sum(model.steps[0][1].all_scores_ >= threshold))
```

```
Out:   Number of features picked by stability selection: 19
```

여기서 19개의 변수가 작은 집합을 구성하며, 변수1 × 변수2 × 변수3 × 변수4 유형의 4 방향 상호 작용으로 확장될 수 있으므로 마델론 데이터셋의 원점에서 알 수 없는 변환을 좀 더 효과적으로 매핑할 수 있다.

```
In:    from sklearn.metrics import roc_auc_score
       print ('Area Under the Curve: %0.3f' % roc_auc_score(
           yv,model.predict_proba(Xv)[:,1]))
```

```
Out:   Area Under the Curve: 0.885
```

획득된 확률 추정치에 대한 마지막 테스트는 초기 0.602 기준으로부터 상당히 향상돼 AUC 값이 0.885에 도달했음을 보여준다.

▌ 요약

6장에서는 선형회귀 또는 분류 모델을 모델링하는 작업에서 가장 실험적이고 과학적인 부분을 살펴보면서 상당히 많은 내용을 다뤘다.

일반화라는 주제로 시작해 모델에서 잘못될 수 있는 것이 무엇인지 그리고 훈련/테스트 분할과 부트스트랩 및 교차 검증을 통한 작업의 실제 성능을 점검하는 것이 왜 항상 중요한지에 대해 설명했다(비록 일반적인 평가 자체보다는 검증 작업에 후자를 더 많이 사용할 것을 추천하지만).

추정치의 분산 요인으로서의 모델 복잡성은 특성의 그리디 선택, 일변량 또는 다변량 선택을 한 다음 리지, 라쏘 그리고 엘라스틱넷과 같은 정규화 기술을 사용해 변수 선택의 기회를 제공해 해결한다.

마지막으로 안정성 선택이라고 하는 라쏘의 강력한 어플리케이션을 봤다. 경험에 비춰볼 때, 많은 특성 선택 문제를 시도해볼 것을 추천한다.

7장에서는 데이터셋이 점차 커지는 문제에 대해 다룰 것이다. 데이터셋이 너무 커서 작업 중인 컴퓨터 메모리에 적시에 적합할 수 없는 문제가 있더라도 잘 작동할 수 있게 솔루션을 제안할 것이다.

07

온라인과 일괄 학습

7장에서는 빅데이터에 대한 클래시파이어 훈련과 관련해 모범 사례를 소개한다. 다음 페이지에 소개되는 새로운 접근 방법은 확장성 및 일반성 모두를 제공하므로 관찰 횟수가 많은 데이터셋에 적합하다. 게다가 이 접근 방식을 사용하면 동시에 모두 사용 가능한 것은 아니지만 즉시 전송되는 관찰치가 있는 데이터셋인 스트리밍 데이터셋을 처리할 수 있다. 또한 이러한 접근 방식은 훈련 과정에서 더 많은 데이터가 입력되기 때문에 정밀도가 향상된다.

지금까지 이 책에서 봤던 고전적 접근 방법인 일괄 학습과 비교해 이러한 새로운 접근법을 온라인 학습이라고 한다. 온라인 학습의 핵심은 분할 및 정복의 원리로 미니 배치의 각 단계는 클래시파이어를 훈련시키고 향상시키기 위한 입력 역할을 한다.

먼저 배치 학습과 그 한계점에 초점을 맞춘 다음 온라인 학습을 소개할 것이다. 마지막으로 빅데이터의 예제를 제공함으로써 온라인 학습과 해싱 트릭을 결합해 얻을 수 있는 이점을 보여줄 것이다.

▌ 배치 학습

지도 작업의 시작 부분에서 데이터셋을 완전히 사용할 수 있고 컴퓨터의 RAM 용량을 초과하지 않으면 배치 학습을 사용해 클래시파이어 또는 회귀를 훈련할 수 있다. 6장에서 봤듯이, 학습자는 훈련 중에 전체 데이터셋을 스캔한다. 이것은 확률적 기울기 하강SGD, Stochastic Gradient Descent을 기반으로 한 방법이 사용되는 경우에도 발생한다(2장, '단순선형회귀분석 접근'과 3장, '다중회귀분석 실행' 참조). 이제 선형 리그레서를 훈련시키고 성능을 데이터셋의 관찰 횟수(즉, 특성 행렬 X의 행의 개수)와 특성의 수(즉, X의 열의 개수)에 연결하는 데 필요한 시간을 비교해보자. 첫 번째 실험에서는 Scikit-learn이 제공하는 단순한 클래스 LinearRegression( )과 SGDRegressor( )를 사용하고, 병렬 처리 없이 클래시파이어를 적합시키는 데 걸리는 시간을 저장할 것이다.

먼저 모조 데이터셋을 생성하는 함수를 만들어보자. 훈련 포인트의 수와 특성의 수(선택적으로 노이즈 분산 추가)를 파라미터로 사용하고, 정규화된 훈련 및 테스트 특성 행렬 그리고 라벨을 반환한다. X 행렬에 있는 모든 특성은 숫자다.

```
In:   import matplotlib.pyplot as plt
      import matplotlib.pylab as pylab
      %matplotlib inline
```

```
In:   from sklearn.preprocessing import StandardScaler
      from sklearn.datasets.samples_generator import make_regression
      import numpy as np

      def generate_dataset(n_train, n_test, n_features, noise=0.1):
```

```
        X, y = make_regression(n_samples=int(n_train + n_test),
                               n_features=int(n_features),
                               noise=noise,
                               random_state=101)

    X_train = X[:n_train]
    X_test = X[n_train:]

    y_train = y[:n_train]
    y_test = y[n_train:]

    X_scaler = StandardScaler()
    X_train = X_scaler.fit_transform(X_train)
    X_test = X_scaler.transform(X_test)

    y_scaler = StandardScaler()
    y_train = y_scaler.fit_transform(y_train)
    y_test = y_scaler.transform(y_test)

    return X_train, X_test, y_train, y_test
```

이제 다음 구성의 모든 조합으로 학습자를 훈련시키고 테스트하는 데 필요한 시간을 저장해보자.

- **두 개의 클래시파이어**: LinearRefression()과 SGDRegressor()
- **관찰 수**: 1,000, 10,000과 100,000
- **특성 수**: 10, 50, 100, 500과 1,000

각각의 훈련 작업은 5번 수행되고, 테스트 데이터셋은 항상 100개의 관찰치로 구성되며, 평균을 구해 결과로 사용한다.

```
In:  from sklearn.linear_model import LinearRegression, SGDRegressor
     import time
```

```
In:    n_test = 1000

       n_train_v = (1000, 10000, 100000)
       n_features_v = (10, 50, 100, 500, 1000)
       regr_v = {'LR': LinearRegression(), 'SGD':
                  SGDRegressor(random_state=101)}
       results = {}

       for regr_name, regr in regr_v.items():
           results[regr_name] = {}
           for n_train in n_train_v:
               for n_features in n_features_v:
                   results[regr_name][(n_train, n_features)] = \
                           {'train': [], 'pred': []}
                   for n_repetition in range(5):
                       X_train, X_test, y_train, y_test = \
                           generate_dataset(n_train, n_test, n_features)

                       tick = time.time()
                       regr.fit(X_train, y_train)
                       train_time = time.time() - tick

                       pred = regr.predict(X_test)
                       predict_time = time.time() - tick - train_time

                       results[regr_name][(n_train,
                               n_features)]['train'].append(train_time)
                       results[regr_name][(n_train,
                               n_features)]['pred'].append(predict_time)
```

최종적으로 결과를 플롯해보자. 다음 스크린샷에서 왼쪽 차트는 특성 수에 대한
LogisticRegressor 알고리즘의 훈련 시간을 보여주는 반면, 오른쪽 차트는 관찰 수에
대한 시간을 나타낸다.

```
In:    pylab.rcParams['figure.figsize'] = 12, 6
       plt.subplot(1, 2, 1)

       for n_train in n_train_v:
           X = n_features_v
           y = [np.mean(results['LR'][(n_train, n_features)]['train'])
               for n_features in n_features_v]
           plt.plot(X, y, label=str(n_train) + " train points")

       plt.title('Training time VS num. features')
       plt.xlabel('Num features')
       plt.ylabel('Training time [s]')
       plt.legend(loc=0)

       plt.subplot(1, 2, 2)

       for n_features in n_features_v:
           X = np.log10(n_train_v)
           y = [np.mean(results['LR'][(n_train, n_features)]['train'])
                   for n_train in n_train_v]
           plt.plot(X, y, label=str(n_features) + " features")

       plt.title('Training time VS num. training points')
       plt.xlabel('Num training points [log10]')
       plt.ylabel('Training time [s]')
       plt.legend(loc=0)
       plt.show()
```

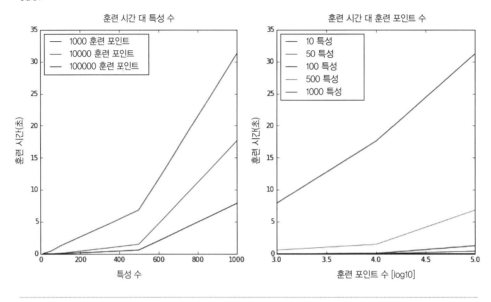

플롯에서 볼 수 있듯이, 작은 수의 특성과 관찰치를 가진 작은 데이터셋에서 클래시파이어는 상당히 우수하다는 것을 알 수 있다. 가장 큰 X 행렬, 1,000개의 특성 그리고 100,000개의 관찰치(1억 개의 요소를 포함)를 처리하는 동안 훈련 시간은 30초를 약간 넘는다. 그것은 리그레서가 더 이상 스케일이 커지지 않는 한계이기도 하다.

이제 테스트 시간에 어떤 일이 발생하는지 살펴보자.

```
In:    plt.subplot(1, 2, 1)

       for n_train in n_train_v:
           X = n_features_v
           y = [np.mean(results['LR'][(n_train, n_features)]['pred'])
                   for n_features in n_features_v]

           plt.plot(X, y, label=str(n_train) + " train points")
```

```
plt.title('Prediction time VS num. features')
plt.xlabel('Num features')
plt.ylabel('Prediction time [s]')
plt.legend(loc=0)

plt.subplot(1, 2, 2)

for n_features in n_features_v:
    X = np.log10(n_train_v)
    y = [np.mean(results['LR'][(n_train, n_features)]['pred'])
            for n_train in n_train_v]

    plt.plot(X, y, label=str(n_features) + " features")

plt.title('Prediction time VS num. training points')
plt.xlabel('Num training points [log10]')
plt.ylabel('Prediction time [s]')
plt.legend(loc=0)
plt.show()
```

Out:

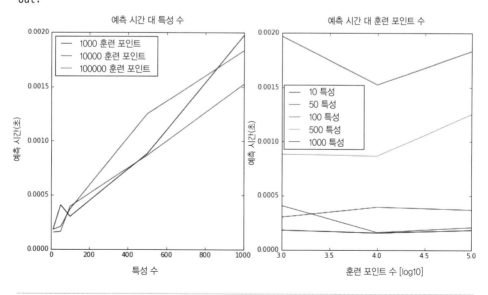

테스트 시간은 특성 수의 선형 함수로 조정된다. 다행히도 선형 접근 방식을 적용하는 것이 빅데이터에 큰 문제가 되지는 않는 것 같다.

다음은 선형회귀의 SGD 구현 시 어떤 일이 발생하는지 살펴보자.

In:
```
plt.subplot(1, 2, 1)

for n_train in n_train_v:
    X = n_features_v
    y = [np.mean(results['SGD'][(n_train, n_features)]['train'])
            for n_features in n_features_v]
    plt.plot(X, y, label=str(n_train) + " train points")

plt.title('Training time VS num. features')
plt.xlabel('Num features')
plt.ylabel('Training time [s]')
plt.legend(loc=0)

plt.subplot(1, 2, 2)

for n_features in n_features_v:
    X = np.log10(n_train_v)
    y = [np.mean(results['SGD'][(n_train, n_features)]['train'])
            for n_train in n_train_v]
    plt.plot(X, y, label=str(n_features) + " features")

plt.title('Training time VS num. training points')
plt.xlabel('Num training points [log10]')
plt.ylabel('Training time [s]')
plt.legend(loc=0)
plt.show()
```

Out:

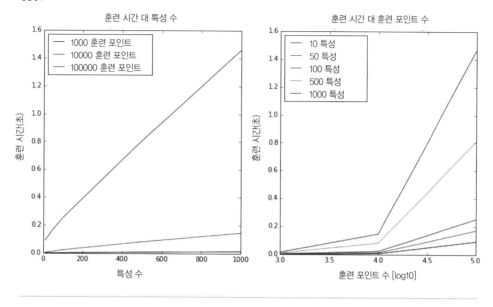

이전의 리그레서와 비교해 결과가 크게 변화됐다. 가장 큰 행렬에서 1.5초 정도 걸린다. 또한 SGD 리그레서를 훈련시키는 데 필요한 시간은 특성의 수와 훈련 포인트의 수에 대해 선형적인 것으로 보인다. 이제 테스트에서 어떻게 작동하는지 확인해보자.

```
In:    plt.subplot(1, 2, 1)

       for n_train in n_train_v:
           X = n_features_v
           y = [np.mean(results['SGD'][(n_train, n_features)]['pred'])
                   for n_features in n_features_v]

          plt.plot(X, y, label=str(n_train) + " train points")

       plt.title('Prediction time VS num. features')
       plt.xlabel('Num features')
       plt.ylabel('Prediction time [s]')
       plt.legend(loc=0)
```

```
plt.subplot(1, 2, 2)

for n_features in n_features_v:
    X = np.log10(n_train_v)
    y = [np.mean(results['SGD'][(n_train, n_features)]['pred'])
            for n_train in n_train_v]

    plt.plot(X, y, label=str(n_features) + " features")

plt.title('Prediction time VS num. training points')
plt.xlabel('Num training points [log10]')
plt.ylabel('Prediction time [s]')
plt.legend(loc=0)
plt.show()
```

Out:

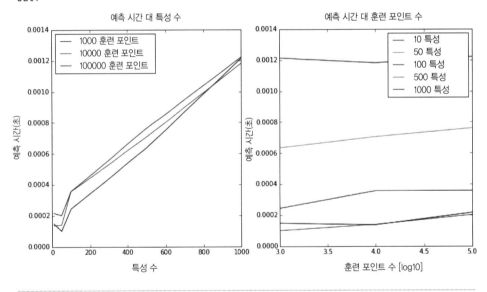

SGD 기반 학습자를 테스트 데이터셋에 적용하면 다른 구현과 거의 동일한 시간이 소요
된다. 여기서도 빅데이터셋에서 솔루션을 확장할 때 문제가 발생하지 않는다.

▌ 온라인 미니 배치 학습

이전 절에서 흥미로운 교훈을 얻었다. 빅데이터의 경우 SGD 기반 학습이 더 빠르고 확장성이 있기 때문에 항상 SGD 기반 학습자를 사용한다.

이 절에서 다음과 같은 회귀 데이터셋을 고려해보자.

- **대규모 관찰치**: 2M
- **다양한 특성 수**: 100
- **노이즈 데이터셋**

X_train 행렬은 2억 개의 요소로 구성되며, 메모리에 완전히 들어가지 않을 수 있다. (RAM이 4GB인 시스템의 경우) 테스트셋은 10,000개의 관찰치로 구성된다.

먼저 데이터셋을 생성하고 가장 큰 데이터셋의 메모리 사용량을 출력해보자.

```
In:   # Let's generate a 1M dataset
      X_train, X_test, y_train, y_test = generate_dataset(2000000,
          10000, 100, 10.0)
      print("Size of X_train is [GB]:", X_train.size * X_train[0,0].
          itemsize/1E9)

Out:  Size of X_train is [GB]: 1.6
```

X_train 행렬 자체는 1.6GB의 데이터이므로, 빅데이터로 간주할 수 있다. 이전 절에서 SGDRegressor( )으로 얻은 최상의 모델을 사용해 분류해보자. 성능을 측정하기 위해 MAE 즉, 평균 절대 오차^{Mean Absolute Error}를 사용한다(오차 평가의 경우 낮을수록 더 좋음).

```
In:   from sklearn.metrics import mean_absolute_error

      regr = SGDRegressor(random_state=101)
      tick = time.time()
```

```
regr.fit(X_train, y_train)
print("With SGD, after", time.time( ) - tick ,"seconds")
pred = regr.predict(X_test)
print("the MAE is [log10]:", np.log10(mean_absolute_error(y_test,
        pred)))
```

Out: With SGD, after 5.958770098299116 seconds
      the MAE is [log10]: -1.2422451189257

---

macOS와 4GB RAM 컴퓨터에서 이 작업은 약 6초 정도 걸리며, 최종 MAE는 $10^{-1.24}$ 이다.

더 잘할 수 있을까? 그렇다. 미니 배치$^{mini-batch}$ 학습과 온라인 학습$^{On-line learning}$으로 가능하다. 이 작업을 수행하기 전에 SGD가 미니 배치에서 어떻게 작동하는지 먼저 소개한다.

1. X_train 행렬을 N개의 관찰치 배치로 분할한다. SGD를 사용하고 있기 때문에 가능하면 관찰치를 섞는 것이 좋다. 입력 벡터의 순서에 따라 방법이 크게 좌우되기 때문이다. 이때 모든 미니 배치는 N개의 행과 M개의 열을 갖는다(여기서 M은 특성의 수임).

2. 미니 배치를 이용해 학습자를 훈련시킨다. SGD 계수는 앞에서 본 것과 같이 무작위로 초기화된다.

3. 다른 미니 배치를 사용해 학습자를 훈련시킨다. SGD 계수는 이전 단계의 아웃풋으로 초기화된다(partial_fit 메소드를 사용).

4. 미니 배치를 모두 사용할 때까지 단계 3을 반복한다. 각 단계에서, SGD 모델의 계수는 인풋에 따라 개선되고 수정된다.

이것은 현명한 접근법이며, 구현하는 데 오랜 시간이 걸리지 않는다. 각각의 새로운 배치마다 각 계수의 초깃값을 설정하고 미니 배치에서 학습자를 훈련시키기만 하면 된다.

성능면에서 온라인 학습을 통해 얻는 것을 살펴보자.

- 모델을 훈련시키는 점진적인 방법을 갖는다. 모든 단계에서 모델을 테스트할 수 있기 때문에 모델이 충분히 좋다고 생각하는 어떤 시점에서도 멈출 수 있다.
- X_train 행렬 전체를 메모리에 저장할 필요가 없다. 단지 RAM에 미니 배치를 유지하기만 하면 된다. 이는 사용되는 RAM이 일정하다는 것을 의미한다.
- 학습을 제어할 수 있는 방법을 가지고 있다. 작은 미니 배치 또는 큰 미니 배치를 가질 수 있다.

이제 배치 크기(즉, 각 관찰에 대한 관찰의 수)를 변경해 성능을 확인해보자.

```
In:    def get_minibatch(X, y, batch_size):
       # We will shuffle consistently the training observations
       from sklearn.utils import resample
       X, y = resample(X, y, replace=False, random_state=101)
       n_cols = y.shape[0]

       for i in range(int(n_cols/batch_size)):
           yield (X[i*batch_size:(i+1)*batch_size, :],
                     y[i*batch_size:(i+1)*batch_size])

       if n_cols % batch_size > 0:
           res_rows = n_cols % batch_size
           yield (X[-res_rows:, :], y[-res_rows:])

       plot_x = []
       plot_y = []
       plot_labels = []

       for batch_size in (1000, 10000, 100000):
           regr = SGDRegressor(random_state=101)

       training_time = 0.0
       X = []
       y = []
```

```
for dataset in get_minibatch(X_train, y_train, batch_size):
    tick = time.time()
    regr.partial_fit(dataset[0], dataset[1])
    training_time += (time.time() - tick)
    pred = regr.predict(X_test)
    X.append(training_time)
    y.append(np.log10(mean_absolute_error(y_test, pred)))

print("Report: Mini-batch size", batch_size)
print("First output after [s]:", X[0])
print("First model MAE [log10]:", y[0])
print("Total training time [s]:", X[-1])
print("Final MAE [log10]: ", y[-1])
print()

plot_x.append(X)
plot_y.append(y)
plot_labels.append("Batch size: "+str(batch_size))
```

Out:

```
Report: Mini-batch size 1000
First output after [s]: 0.0007998943328857422
First model MAE [log10]: -0.942320304943
Total training time [s]: 1.3718714714050293
Final MAE [log10]:  -1.24036819201

Report: Mini-batch size 10000
First output after [s]: 0.007853984832763672
First model MAE [log10]: -1.23171862851
Total training time [s]: 1.308701992034912
Final MAE [log10]:  -1.24038903474

Report: Mini-batch size 100000
First output after [s]: 0.05989503860473633
First model MAE [log10]: -1.24053929732
Total training time [s]: 1.1995868682861328
Final MAE [log10]:  -1.24053790326
```

결국 최종 MAE는 항상 동일하다. 즉, 배치 학습과 온라인 학습 모두 전체 훈련 집합에서 학습된 경우 궁극적으로는 동일한 결과를 제공한다.

또한 작은 미니 배치(1,000개의 관찰치)를 사용해 불과 1ms만에 작업 모델을 얻을 수 있다. 물론 MAE가 $10^{-0.94}$에 불과하기 때문에 완벽한 솔루션은 아니지만, 여전히 합리적인 작업 모델이라 할 수 있다.

시간을 비교하면서 모델을 완전하게 훈련시켜보자. 미니 배치를 사용하면 총 시간은 약 1.2초다. 배치를 사용할 때는 5초 이상이었다. MAE는 거의 동일하다. 왜 그런 시간의 차이가 있을까? 데이터셋이 RAM에 모두 들어가지 못했고, 시스템이 스토리지 메모리와 데이터를 계속 교환했기 때문이다.

이제 미니 배치 크기에 초점을 맞춰보자. 정말로 작은 것이 항상 더 좋을까? 사실 그것은 아웃풋을 더 빨리 생성하지만, 총 시간은 좀 더 오래 걸릴 것이다.

다양한 미니 배치 크기로 훈련을 받은 학습자의 훈련 시간과 MAE에 대한 플롯이다.

```
In:    plt.subplot(1,2,1)
       for i in range(len(plot_x)):
           plt.plot(plot_x[i], plot_y[i], label=plot_labels[i])
       plt.title('Mini-batch learning')
       plt.xlabel('Training time [s]')
       plt.ylabel('MAE')
       plt.legend(loc=0)

       plt.subplot(1,2,2)
       for i in range(len(plot_x)):
           plt.plot(plot_x[i], plot_y[i], label=plot_labels[i])
       plt.title('Mini-batch learning: ZOOM 0-0.15s')
       plt.xlabel('Training time [s]')
       plt.ylabel('MAE')
       plt.xlim([0, 0.15])
       plt.legend(loc=0)

       plt.show()
```

Out:

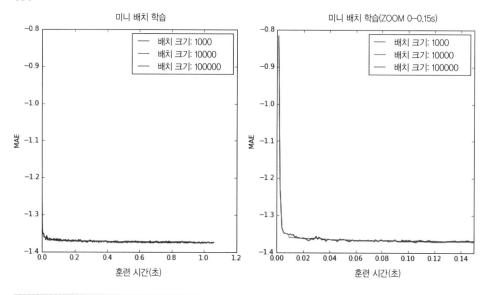

실제 예제

여기서는 특성 해싱(5장, '데이터 준비'에서 볼 수 있음), 배치 학습 그리고 SGD를 결합한다. 지금까지 살펴본 바로는 다음과 같은 이유로 이 방법이 빅데이터를 처리하는 가장 좋은 방법이 될 것이다.

1. 특성의 수가 일정하다(특성 해싱).
2. 배치당 관찰치의 수가 일정하다(배치 학습).
3. 스트리밍 데이터셋을 허용한다.
4. 알고리즘이 확률적이다(SGD).

이런 모든 사항은 다음과 같은 몇 가지 결과를 보장한다.

1. 시간에 따라 정제된 모델을 매우 빠르게 만들 수 있다(첫 번째 미니 배치 이후).

2. RAM 사용이 일정하다(모든 미니 배치가 정확히 동일한 크기를 갖기 때문에).

3. 이상적으로는 원하는 만큼 많은 관찰을 다룰 수 있다.

실제 예제로 텍스트 입력을 갖는 Twenty Newsgroups 데이터셋을 사용한다. 이 데이터셋은 서로 다른 20개의 뉴스 그룹에서 추출한 서로 다른 주제의 20,000개 메시지(텍스트 콘텐츠)가 들어 있다. 프로젝트의 웹 페이지는 https://archive.ics.uci.edu/ml/datasets/Twenty+Newsgroups이다.

목표는 각 문서를 가능한 라벨 중 하나로 분류하는 것이다(분류 작업임). 먼저 그것을 로드한 다음 훈련 집합과 테스트 집합으로 분할한다. 더욱 현실적으로 만들기 위해 데이터셋에서 헤더, 푸터 및 인용된 전자메일을 제거한다.

```
In:   from sklearn.datasets import fetch_20newsgroups
      from sklearn.feature_extraction.text import HashingVectorizer

      to_remove = ('headers', 'footers', 'quotes')

      data_train = fetch_20newsgroups(subset='train', random_state=101,
          remove=to_remove)

      data_test = fetch_20newsgroups(subset='test', random_state=101,
          remove=to_remove)

      labels = data_train.target_names
      targets = np.unique(data_train.target)
```

이제 데이터셋의 미니 배치를 생성하는 함수를 만든다.

```
In:   def get_minibatch_docs(docs, targets, batch_size):
          n_docs = len(docs)
          for i in range(int(n_docs/batch_size)):
              yield (docs[i*batch_size:(i+1)*batch_size],
```

```
                    targets[i*batch_size:(i+1)*batch_size])

        if n_docs % batch_size > 0:
            res_rows = n_docs % batch_size
            yield (docs[-res_rows:], targets[-res_rows:])
```

여기서 핵심 작업은 단순히 문서를 분류하는 것이다. 먼저 HashingVectorizer 클래스를 통해 특성 해싱을 적용하며, 이 클래스의 아웃풋은 SGDClassifier(partial_fit 메소드가 있는 다른 클래스)에 공급한다. 이것은 HashingVectorizer의 아웃풋이 매우 희소하기 때문에 희소 표현을 사용해 미니 배치 크기를 메모리에서 훨씬 더 작게 만드는 추가적인 이점을 보장한다.

최상의 해시 크기를 파악하기 위해 1,000, 5,000, 10,000, 50,000 그리고 100,000인 크기로 전체 검색을 수행한 다음 각 학습자에 대해 정확도를 측정한다.

```
In:     from sklearn.linear_model import SGDClassifier
        from sklearn.metrics import accuracy_score
        import sys

        minibatch_size = 1000
        values_to_plot = {}

        for hash_table_size in (1000, 5000, 10000, 50000, 100000):
            values_to_plot[hash_table_size] = {'time': [], 'score': []}
            vectorizer = HashingVectorizer(stop_words='english',
                    non_negative=True, n_features=hash_table_size,
                    ngram_range=(1, 1))

            X_test = vectorizer.transform(data_test.data)
            y_test = data_test.target

            clf = SGDClassifier(loss='log')
            timings = []
```

```
    for minibatch in get_minibatch_docs(data_train.data,
                    data_train.target, minibatch_size):
        y_train = minibatch[1]

        tick = time.time()
        X_train = vectorizer.transform(minibatch[0])
        clf.partial_fit(X_train, y_train, targets)

        timings.append(time.time() - tick)

        pred = clf.predict(X_test)

        values_to_plot[hash_table_size]['score'].append(accura
                cy_score(y_test, pred))

    values_to_plot[hash_table_size]['time'] = np.cumsum(timings)
```

마지막으로 각 해시 크기에 대해 시간과 정확도를 나타내는 그래프에 결과를 플롯한다. 그래프의 X 기호는 클래시파이어가 모델을 출력할 때의 인스턴스(및 관련 정확도)이다.

```
In:    for k,v in sorted(values_to_plot.items()):
        plt.plot(v['time'], v['score'], 'x-', label='Hashsize size
                '+str(k))
    plt.title('Mini-batch learning: 20newsgroups')
    plt.xlabel('Training time [s]')
    plt.ylabel('Accuracy')
    plt.legend(loc=0)

    plt.show()
```

Out:

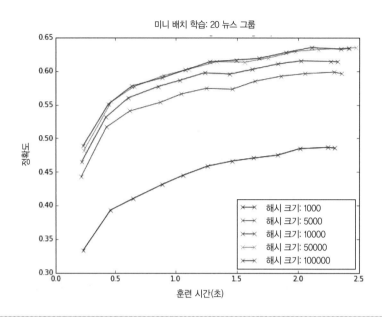

얻은 결과에서 10,000개 이상의 큰 해시 테이블을 사용하면 최상의 성능을 얻을 수 있다는 것을 알 수 있다. 이 예제에서는 미니 배치의 크기를 1,000 관찰치로 고정했다. 이것은 모든 미니 배치가 희소 방식으로 표현된 10M 요소의 행렬이라는 것을 의미한다. 또한 모든 미니 배치에 대해 사용된 메모리는 최대 80 MB RAM이라는 것을 의미한다.

테스트셋 없는 스트리밍 시나리오

실제로 테스트 데이터셋을 사용할 수 없는 경우가 많이 있다. 그렇다면 우리가 할 수 있는 것은 무엇일까? 가장 좋은 방법은 다음과 같다.

1. 특정한 미니 배치 크기에 도달할 때까지 데이터를 가져온다. 예를 들어 관찰치가 10이라고 가정하자.
2. 관찰치를 섞어서 훈련 집합에 8개를 저장하고, 테스트 집합에 2개를 저장한다

(80/20 검증을 위해).

3. 훈련 집합에서 클래시파이어를 훈련시키고, 테스트 집합에서 테스트한다.

4. 단계 1로 돌아간다. 각 미니 배치에서 훈련 집합은 10 관찰치만큼 증가하고 테스트는 2로 설정된다.

지금까지 데이터가 일관되고 데이터셋이 너무 크지 않은 경우에 사용되는 전형적인 방법을 설명했다. 스트리밍을 통해 특성이 변경되고 특성 통계의 급격한 변화에 적응해야 하는 학습자를 구성해야 한다면 테스트셋을 사용하지 않고 다음과 같은 알고리즘을 따른다. 또한 이것은 빅데이터를 활용해 학습하는 데 선호되는 방법이다.

1. 미니 배치 크기에 도달할 때까지 데이터를 가져온다. 예를 들어 관찰치를 10으로 가정하자. 학습자에게 모든 관찰을 섞어서 훈련시키지 않는다.

2. 다른 미니 배치를 가져올 때까지 기다린다. 이러한 관찰에 대해 클래시파이어를 테스트한다.

3. 이전 단계에서 받은 미니 배치로 클래시파이어를 업데이트한다.

4. 단계 2로 돌아간다.

이 알고리즘의 좋은 점은 모델 및 현재의 미니 배치에 대한 어떤 것도 메모리에 저장할 필요가 없다는 것이다. 이들은 먼저 학습자를 테스트한 다음 업데이트하는 데 사용된다.

▌ 요약

7장에서는 빅데이터셋(빅데이터)을 빠르고 확장 가능한 방식으로 처리하는 데 필요한 온라인과 배치 학습의 개념을 소개했다.

8장에서는 잘 알려진 문제의 일부 클래스에 대해 우수한 결과를 도출해 낼 수 있는 머신 러닝의 몇 가지 고급 기술을 살펴볼 것이다.

08

고급 회귀분석 방법

8장에서는 몇 가지 고급 회귀 방법을 소개한다. 그 가운데 많은 것들이 매우 복잡하기 때문에 수학적 공식의 대부분은 생략하고 독자에게 기술 저변에 깔려 있는 아이디어와 언제 그 기술을 사용할지에 대한 설명과 같은 실용적인 조언을 제공할 것이다. 다음의 내용을 설명한다.

- 최소 각도 회귀
- 베이지안 회귀
- 힌지 손실을 포함한 SGD 분류(이것은 리그세서가 아니라 클래시파이어임에 유의하자)
- 회귀 트리
- 리그레서 앙상블(배깅과 부스팅)
- 최소 각도 편차의 기울기 부스팅 리그레서

█ 최소 각도 회귀

라쏘(6장, '일반화 달성'에서 살펴봄)와 매우 유사하지만, 간단하게 LARS로 표기되는 최소 각도 회귀Least Angle Regression는 서로가 매우 밀접하게 연관돼 있는 경우에서조차도 모델에서 사용할 최상의 특성을 선택하는 가장 빠르고 현명한 회귀 알고리즘이다. LARS는 전진적 단계 회귀Forward Stepwise Regression라고 하는 전진 선택forward selection 알고리즘과 전진적 스테이지와이즈 회귀Forward Stagewise Regression 알고리즘을 발전시킨 것이다.

다음은 목표변수를 포함한 모든 변수가 미리 정규화됐다는 가정을 전제로 전진 선택 알고리즘의 작동 방식을 설명한 것이다.

1. 문제에 대해 가능한 모든 예측변수 중에서 목표변수 y와 절대 상관관계가 가장 큰 예측변수(즉, 가장 설명력 있는 예측변수)를 선택한다. 그것을 p_1이라고 하자.

2. 다른 모든 예측변수는 p_1 최소 각도 회귀에 투영되고 투영이 제거돼 p_1에 직각인 잔차 벡터가 생성된다.

3. 잔차 벡터에 대해 단계 1이 반복되고, 가장 상관관계가 높은 예측변수가 다시 선택된다. p_2라고 명명하자.

4. p_2를 사용해 단계 2를 반복하고 p_2(및 또한 p_1)에 직각인 잔차 벡터를 생성한다.

5. 이 과정을 예측이 만족되거나 최대 절대 상관관계가 설정된 임계값 아래로 떨어질 때까지 계속한다. 각각의 반복 후에는 새로운 예측변수가 예측변수 리스트에 추가되고, 잔차는 모든 예측변수에 직각이다.

그리디 접근법으로 인해 이 방법은 심각한 한계를 가지고 있기 때문에 별로 인기가 없지만, 상당히 빠르다. 이제 상관관계가 매우 높은 두 변수를 가진 회귀 문제를 생각해보자. 데이터셋에서 전진 선택은 첫 번째 변수 또는 두 번째 변수를 기반으로 예측변수를 선택하며, 잔차가 매우 낮기 때문에 다른 변수는 나중에 다시 고려한다(아니면 전혀 고려하지 않을 수도 있다). 이런 사실은 모델에 과잉 적합 문제를 초래할 것이다. 상관관계가 높은 두 변수를 함께 선택해 새로운 예측변수의 균형을 맞추는 것이 더 좋지 않을까? 이것이 실제적으로 각 단계에서 최상의 예측변수가 모델에 부분적으로 추가되는 전진적 스테이지 와이즈 회귀 알고리즘의 핵심 아이디어다. 자세한 내용은 다음과 같다.

1. 모델에서 모든 특성은 연관 가중치 0을 갖는다. 즉, 각각의 특성 i에 대해 $w_i=0$ 이다.

2. 문제에 대해 가능한 모든 예측변수 중에서 목표변수 y와 절대 상관관계가 가장 큰 예측변수가 부분적으로 모델에 추가된다. 즉, 모델에서 w_i의 가중치는 ε만큼 증가한다.

3. 탐색 능력이 미리 정의된 임계값 아래가 될 때까지 단계 2를 반복한다.

이 방법은 상관관계가 있는 특성의 경우, 두 특성 모두 유사한 가중치로 최종 모델에 있을 수 있기 때문에 전진 선택에 비해 커다란 향상을 가져온다. 결과는 매우 좋지만, 모델을 생성하는 데 필요한 수많은 반복 작업이 이 알고리즘의 가장 큰 문제가 된다. 다시 말해서 이 방법은 실행 시간 때문에 비실용적이다.

대신 LARS 알고리즘은 다음과 같이 작동한다.

1. 모델에서 모든 특성은 연관 가중치 0을 갖는다. 즉, 각각의 특성 i에 대해 $w_i=0$ 이다.

2. 문제에 대해 가능한 모든 예측변수 중에서 목표변수 y와 절대 상관관계가 가장 큰 예측변수가 부분적으로 모델에 추가된다. 즉, 모델에서 w_i의 가중치는 ε만큼 증가한다.

3. 다른 예측변수(j로 가정)가 현재 예측변수만큼 잔차 벡터와 많은 상관관계를 가질 때까지 w_i를 계속 증가시킨다.

4. 다른 예측변수가 현재 예측변수만큼 잔차 벡터와 많은 상관관계를 가질 때까지 w_i와 w_j를 동시에 증가시킨다.

5. 모든 예측변수가 모델에 포함되거나 반복 횟수와 같은 다른 종료 조건을 충족할 때까지 예측변수와 가중치를 계속 추가한다.

이 솔루션은 전진 선택과 스테이지와이즈 회귀의 최상의 부분으로 구성돼 안정적이며 빠르고 과잉 적합을 초래하지 않는 솔루션을 만들 수 있다. 예제를 시작하기 전에, 최소 각도 회귀라고 이름이 지정된 이유가 궁금할 수 있다. 답은 매우 간단하다. 특성과 아웃풋이 데카르트 공간에서 벡터로 표현되는 경우, 모든 반복 과정에서 LARS는 잔차와 최소 각도를 생성하는 잔차 벡터와 가장 상관관계가 많은 변수를 모델에 포함하기 때문이다. 실제로 전체 과정은 시각적으로 표현될 수 있다.

LARS의 시각적 쇼케이스

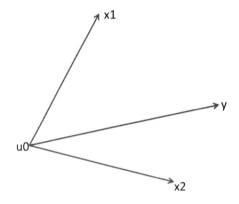

다음은 시각적 상황이다. 두 개의 예측변수(x1 및 x2)와 목표변수 y가 있다. 이때, 두 개의 예측변수는 반드시 직각일 필요는 없다. 처음에는 잔차가 목표변수에 해당한다. 모델은 u0에서 시작한다(모든 가중치는 0이다).

그리고 나서 x2가 x1에 비해 잔차와 더 작은 각도를 만들기 때문에 x2 방향으로 걷기 시작하면서 잔차 벡터 계산을 계속한다. 이제 어디서 멈춰야 할지가 의문이다.

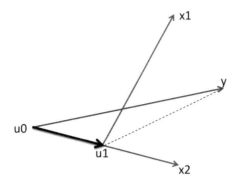

잔차와 x1 사이의 각도가 잔차와 x2 사이의 각도와 동일한 u1 지점에서 멈춰야 한다. 그러고 나서 x1과 x2의 혼합 방향으로 걸어가 y에 도달한다.

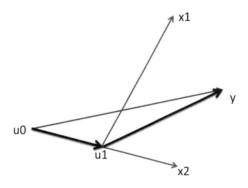

코드 예제

당뇨병 데이터셋을 사용해 파이썬에서 LARS가 작동하는 것을 살펴보자. 당뇨병 데이터셋은 442명의 환자를 대상으로 측정한 10개의 수치 변수(나이, 성별, 무게, 혈압 등)와 1년 후 질병의 진행 징후로 구성됐다. 먼저 계수의 가중치 경로를 시각화하고자 한다. 이를 위해 lars_path( ) 클래스를 사용한다(특히 장황한 훈련이 필요한 경우 도움이 된다).

```
In:    %matplotlib inline
       import matplotlib.pyplot as plt
       import numpy as np

       from sklearn import linear_model
       from sklearn import datasets
       from sklearn.preprocessing import StandardScaler

       diabetes = datasets.load_diabetes()
       X = StandardScaler().fit_transform(diabetes.data)
       y = StandardScaler(with_mean=True, with_std=False) \
             .fit_transform(diabetes.target)

       alphas, _, coefs = linear_model.lars_path(X, y, verbose=2)

       xx = np.sum(np.abs(coefs.T), axis=1)
       xx /= xx[-1]

       plt.plot(xx, coefs.T)
       ymin, ymax = plt.ylim()
       plt.vlines(xx, ymin, ymax, linestyle='dashed')
       plt.xlabel('|coef| / max|coef|')
       plt.ylabel('Coefficients')
       plt.axis('tight')
       plt.show()
```

Out:

Step	Added	Dropped	Active set size	C
0	2		1	19960.733269
1	8		2	18696.7980058
2	3		3	9521.69759738
3	6		4	6645.07641798
4	1		5	2735.84447649
5	9		6	1866.54369652
6	4		7	1449.91074453
7	7		8	420.081823008
8	5		9	115.157274041
9	0		10	106.993857228

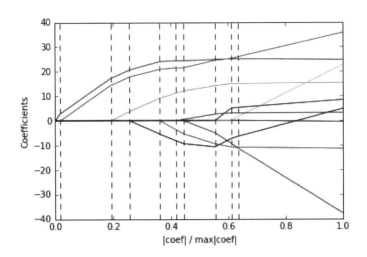

아웃풋 테이블에서 모델에 삽입된 첫 번째 특성이 숫자 2이고, 이어서 숫자 8이 나오는 것을 볼 수 있다. 반면 이미지에서 계수의 값(색이 지정된 선)과 단계(점선)를 동시에 볼 수 있다. 모든 단계에서 한 개의 계수는 0이 아니며, 모델에 있는 모든 계수는 선형적으로 업데이트된다는 것을 기억하자. 이미지의 오른쪽에서 가중치의 최종 값을 찾을 수 있다.

다음은 LARS 계수를 보기 위한 그래픽 방법이다. 리그레서만 필요할 경우 (7장에서 자세하게 본 것처럼) Lars 클래스를 사용할 수 있다.

```
In:    regr = linear_model.Lars()

       regr.fit(X, y)

       print("Coefficients are:", regr.coef_)

Out:   Coefficients are:
       [-0.47623169 -11.40703082 24.72625713 15.42967916 -37.68035801
       22.67648701 4.80620008 8.422084 35.73471316 3.21661161]
```

예상했던 대로 리그레서 개체는 메소드 .fit을 사용해 적합시킬 수 있으며, 해당 가중치 (계수)는 정확하게 이전 스크린샷에 표시된 것과 동일하다. 모델의 질을 평가하기 위해서는 다른 리그레서와 유사한 방법으로 메소드 **score**를 사용하면 된다. 훈련 데이터와 관련한 점수 아웃풋은 다음과 같다.

```
In:   print("R2 score is", regr.score(X,y))

Out:   R2 score is 0.517749425413
```

LARS 정리

장점:

- 계수가 업데이트되는 현명한 방법으로 과잉 적합이 낮게 발생한다.
- 모델이 직관적이며 해석이 용이하다.
- 훈련이 전진 선택만큼 빠르다.
- 특성의 수가 관찰치의 수와 비슷하거나 더 많을 때 유용하다.

단점:

- 특성의 수가 매우 많을 때, 즉 특성의 수가 관찰치의 수보다 훨씬 많은 경우에는 잘 작동하지 않을 수 있다. 이런 경우에는 비논리적인 허위 상관관계를 발견할 가능성이 높다.
- 노이즈 특성에서 잘 작동하지 않는다.

▌ 베이지안 회귀

베이지안 회귀[Baysian regression]는 3장, '다중회귀분석 실행'에서 봤듯이 선형회귀와 유사하지만 값을 예측하는 대신 확률 분포를 예측한다. 예는 다음과 같다. 주어진 훈련 관찰 행렬 x와 목표 벡터 y에 대해, 선형회귀는 훈련 지점과의 오차가 최소가 되는 직선에 적합한 모델(일련의 계수)을 생성한다. 그런 다음 새로운 관찰치가 주어지면 해당 지점에 모델이 적용되고 예측된 값이 출력된다. 그것은 선형회귀로부터 나온 유일한 아웃풋이며, 그것으로는 특정 지점에 대한 예측이 정확한지 아닌지에 대해서 어떠한 결론도 내릴 수 없다. 매우 간단한 예제로 코드를 살펴보자. 관찰된 현상은 단 1개의 특성을 가지고 있으며 관찰 수는 단지 10개다.

```
In:     from sklearn.datasets import make_classification
        from sklearn.datasets import make_regression

        X, y = make_regression(n_samples=10, n_features=1,
        n_informative=1, noise=3, random_state=1)
```

이제 전형적인 선형모델을 적합시켜 훈련 지원 범위를 벗어나는 지점에 대한 회귀값을 예측해보자(이 간단한 예제에서 x값이 훈련 값의 최대치의 두배인 지점의 값을 예측한다).

```
In:     regr = linear_model.LinearRegression()
        regr.fit(X, y)

        test_x = 2*np.max(X)
        pred_test_x = regr.predict(test_x)
        pred_test_x

Out:    array([ 10.79983753])
```

다음은 훈련 지점, 적합 선 및 예측된 테스트 지점(이미지의 가장 오른쪽에 있음)을 플롯해보자.

```
In:     plt.scatterX, y)
        x_bounds = np.array([1.2*np.min(X), 1.2*np.max(X)]).reshape(-1, 1)
```

```
plt.plot(x_bounds, regr.predict(x_bounds) , 'r-')
plt.plot(test_x, pred_test_x, 'g*')
plt.show( )
```

Out:

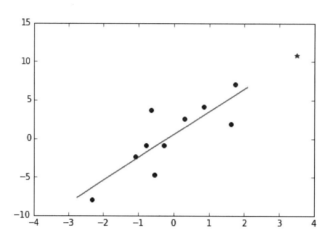

예측된 값의 확률 밀도 함수를 가지려면, 처음부터 시작해서 가설과 선형 리그레서의 일부 단계를 변경해야 한다. 이것은 고급 알고리즘이기 때문에 관련된 수학이 매우 어려워서 수학 공식을 언급하기보다는 그 방법의 기초가 되는 아이디어만 설명하기로 한다.

첫째, 모든 변수가 분포로 모델링된 경우에만 예측값의 분포를 추론할 수 있다. 사실, 이모델에서 가중치는 0에 중심을 갖고(즉, 구형 가우시안spherical Gaussian) 알 수 없는 분산(데이터로부터 학습됨)을 갖는 정규분포의 무작위 변수로 취급된다. 이 알고리즘에 의해 부과된 정규화는 리지 회귀에 의해 설정된 정규화와 매우 유사하다.

예측의 아웃풋은 값(정확하게 선형회귀와 동일)과 분산값이다. 값을 평균으로 사용하고 분산을 실제 분산으로 사용하면 아웃풋의 확률 분포를 나타낼 수 있다.

```
In:   regr = linear_model.BayesianRidge( )
      regr.fit(X, y)
```

```
Out:   BayesianRidge(alpha_1=1e-06, alpha_2=1e-06, compute_score=False,
          copy_X=True, fit_intercept=True, lambda_1=1e-06,
          lambda_2=1e-06, n_iter=300, normalize=False,
          tol=0.001, verbose=False)
```

```
In:    from matplotlib.mlab import normpdf

       mean = regr.predict(test_x)
       stddev = regr.alpha_
       plt_x = np.linspace(mean-3*stddev, mean+3*stddev,100)
       plt.plot(plt_x, normpdf(plt_x, mean, stddev))
       plt.show()
```

Out:

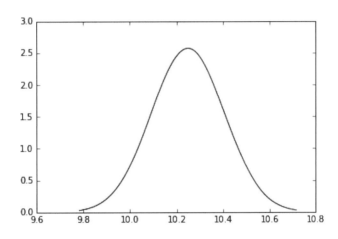

베이지안 회귀 정리

장점:

- 가우스 노이즈Gaussian noise에 대한 견고성
- 특성의 수가 관찰치의 수와 비슷한 경우 우수하다.

단점:

- 시간 소모적이다.
- 변수에 적용된 가설이 종종 실제와 차이가 많다.

▌ 힌지 손실이 있는 SGD 분류

4장, '로지스틱회귀분석'에서 리그레서를 기반으로 한 클래시파이어를 살펴봤다. 그것의 목표는 레이블로 분류될 한 지점의 확률과 관련된 최상의 확률 함수를 적합시키는 것이었다. 이제 알고리즘의 핵심 기능은 데이터셋의 모든 훈련 지점을 고려하는 것이다. 경계에 있는 지점만으로 구성돼 있다면 어떻게 해야 할까? 이는 정확하게 선형 결정 평면이 분리 경계 자체에 가까운 점만을 고려해 그려지는 선형 서포트 벡터 머신^{SVM, Support Vector Machine} 클래시파이어와 같은 경우다.

서포트 벡터(경계에 가장 근접한 지점)에서 작업하는 것 이외에도, SVM은 힌지^{hinge}라고 부르는 새로운 결정 손실^{decision loss}을 사용한다. 다음은 그 공식이다.

$$loss(x) = max(0.1 - l \cdot w \cdot x)$$

여기서 t는 지점 x의 의도된 레이블이고, w는 클래시파이어의 가중치 집합이다. 또한 힌지 손실^{hinge loss}은 때때로 softmax라고 부른다. 실제로 최대 절삭값이기 때문이다. 이 공식에서는 경계 지점(즉, 서포트 벡터)만 사용된다.

첫 번째의 경우, 이 함수는 확률적 기울기 하강^{SGD}을 기반으로 한 접근법으로 이론적으로 유효하지 않다. 실질적인 면에서 볼 때, 그것은 연속 함수이기 때문에 구간적 도함수를 가지고 있다. 이것은 SGD를 이 기법에 적극적으로 사용해 빠르고 대략적인 솔루션을 얻을 수 있다는 것을 의미한다.

다음은 파이썬 예제다. 2개의 클래스에서 가져온 100개 지점의 데이터셋에 적용되는 힌지 손실과 함께 SGDClassifier 클래스(4장, '로지스틱회귀분석'에서 본 것처럼)를 사용하자. 이 코드를 통해 클래시파이어에 의해 선택된 결정 경계와 서포트 벡터를 확인하고자 한다.

```
In:    from sklearn.linear_model import SGDClassifier

       # 50개의 분리 가능한 점을 생성한다.
       X, y = make_classification(n_samples=100, n_features=2,
                                  n_informative=2, n_redundant=0,
                                  n_clusters_per_class=1, class_sep=2,
                                  random_state=101)

       # 모델을 적합시킨다.
       clf = SGDClassifier(loss="hinge", n_iter=500, random_state=101,
                           alpha=0.001)
       clf.fit(X, y)

       # 선, 점 및 가장 가까운 벡터를 플롯한다.
       xx = np.linspace(np.min(X[:,0]), np.max(X[:,0]), 10)
       yy = np.linspace(np.min(X[:,1]), np.max(X[:,1]), 10)

       X1, X2 = np.meshgrid(xx, yy)
       Z = np.empty(X1.shape)
       for (i, j), val in np.ndenumerate(X1):
           x1 = val
           x2 = X2[i, j]
           p = clf.decision_function([[x1, x2]])
           Z[i, j] = p[0]
       levels = [-1.0, 0.0, 1.0]
       linestyles = ['dashed', 'solid', 'dashed']
       plt.contour(X1, X2, Z, levels, colors='k', linestyles=linestyles)
       plt.scatter(X[:, 0], X[:, 1], c=y, cmap=plt.cm.Paired)

       plt.show()
```

Out:

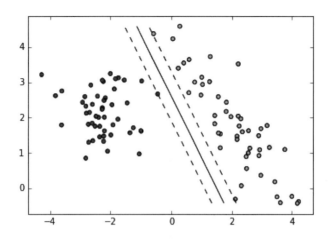

이미지는 두 클래스의 점(오른쪽 점과 왼쪽 점)과 결정 경계(클래스 사이의 실선)에 속하는 점을 나타낸다. 또한 각 클래스에 대한 서포트 벡터를 연결하는 두 개의 점선을 포함한다 (즉, 이 선에 있는 점은 서포트 벡터이다). 간단히 말해서, 결정 경계는 서포트 벡터에서 양쪽으로 같은 거리를 갖는 중간 선이다.

로지스틱회귀와 비교

로지스틱회귀 학습자는 훈련 집합의 모든 입력 점을 사용하고 확률을 아웃풋으로 산출하려고 한다. 대신 힌지 손실이 있는 SGD는 레이블을 직접 생성하고, 모델을 향상시키기 위해 경계에 있는 점만을 사용한다. 그들의 성능은 어떨까? 20개의 특성(5개는 유익한 정보, 5개는 중복된 데이터 그리고 10개는 무작위임)과 10,000개의 관찰치를 가진 인공적인 데이터셋으로 테스트해보자. 그런 다음 데이터를 70:30으로 훈련 집합과 데이터 집합으로 나누고, 두 개의 SGD 클래시파이어로 훈련시킨다. 그 가운데 한 개는 힌지 손실 함수를 가지고 있고, 다른 한 개는 로지스틱 손실 함수를 가지고 있다. 마지막으로, 테스트셋에서 예측의 정확도를 비교한다.

```
In:    from sklearn.cross_validation import train_test_split
       from sklearn.metrics import accuracy_score

       X, y = make_classification(n_samples=10000, n_features=20,
               n_informative=5, n_redundant=5,
               n_clusters_per_class=2, class_sep=1,
               random_state=101)

       X_train, X_test, y_train, y_test = train_test_split(
               X, y, test_size=0.3, random_state=101)

       clf_1 = SGDClassifier(loss="hinge", random_state=101)
       clf_1.fit(X_train, y_train)

       clf_2 = SGDClassifier(loss="log", random_state=101)
       clf_2.fit(X_train, y_train)

       print('SVD : ', accuracy_score(y_test,
               clf_1.predict(X_test)))
       print('Log. Regression: ', accuracy_score(y_test,
               clf_2.predict(X_test)))

Out:   SVD : 0.814333333333
       Log. Regression: 0.756666666667
```

SVM은 로지스틱회귀보다 일반적으로 더 정확하지만, 그 성능은 탁월하지 않다. SVM은 훈련 과정에서 속도가 느리다. 훈련 시간과 관련해 로지스틱회귀는 SVM보다 30% 이상 빠르다.

```
In:    %timeit clf_1.fit(X_train, y_train)

Out:    100 loops, best of 3: 3.16 ms per loop
```

```
In:    %timeit clf_2.fit(X_train, y_train)
```

```
Out:   100 loops, best of 3: 4.86 ms per loop
```

SVR

선형 리그레서/로지스틱회귀에서는 SVM조차도 서포트 벡터 리그레서[SVR, Support Vector Regressor]라고 하는 회귀 대응물을 가지고 있다. 수학 공식은 매우 길고 이 책의 범위를 벗어나지만, 매우 효과적이기 때문에 보스턴 데이터셋에 적용해 실제 작동 방법을 묘사하고 선형회귀모델과 비교하는 것이 중요하다.

```
In:    from sklearn.svm import SVR
       from sklearn.linear_model import SGDRegressor
       from sklearn.metrics import mean_absolute_error
       from sklearn.datasets import load_boston

       boston = load_boston()
       X = StandardScaler().fit_transform(boston['data'])
       y = boston['target']

       X_train, X_test, y_train, y_test = train_test_split(
           X, y, test_size=0.3, random_state=101)

       regr_1 = SVR(kernel='linear')
       regr_1.fit(X_train, y_train)

       regr_2 = SGDRegressor(random_state=101)
       regr_2.fit(X_train, y_train)

       print('SVR : ', mean_absolute_error(y_test,
           regr_1.predict(X_test)))
       print('Lin. Regression: ', mean_absolute_error(y_test,
```

```
                        regr_2.predict(X_test)))

Out:  SVR : 3.67434988716
      Lin. Regression: 3.7487663498
```

SVM 정리

장점:

- SGD를 사용해 처리 속도 향상
- 아웃풋은 일반적으로 로지스틱회귀보다 더 정확하다(공식에서 경계 지점만이 사용되기 때문에).

단점:

- 비선형으로 분리 가능한 클래스의 확장이 가능하지만, 두 클래스의 점을 선형으로 분리할 수 있는 경우 매우 잘 작동한다. 이 경우 복잡성이 매우 높지만, 결과는 여전히 우수하다.
- 로지스틱회귀의 경우 두 개의 클래스가 적용된 문제에 사용될 수 있다.

▌ 회귀 트리

회귀 트리Regression Tree는 속도 때문에 최근에 매우 많이 사용되는 일반적인 학습자다. 또한 비선형 학습자로 범주형 및 숫자형 특성을 모두 사용할 수 있으며, 분류 또는 회귀분석에 번갈아 사용할 수 있다. 그것을 분류와 회귀 트리CART, Classification and Regression Tree라고 부르는 이유다. 이 절에서 회귀 트리가 어떻게 작동하는지 살펴본다.

트리는 분기가 두 개의 자식으로 분할되는 일련의 노드로 구성된다. 그런 다음 각 분기는 다른 노드로 이동하거나 예측된 값(또는 클래스)으로 잎leaf 노드를 유지할 수 있다.

근노드(즉, 전체 데이터셋)에서 시작한다.

1. 데이터셋 F1을 분리하는 데 가장 좋은 특성은 최상의 분할값이다. 특성이 숫자인 경우 분할값은 임계값 T1이다. 이 경우 왼쪽 자식 분기는 F1이 T1보다 작은 관찰치의 집합이고, 오른쪽 자식 분기는 F1이 T1보다 크거나 같은 관찰치의 집합이다. 특성이 범주형인 경우, 분할은 레벨 S1의 하위 집합에서 수행된다. F1 특성이 이런 레벨 중 하나인 관찰치는 왼쪽 분기 자식을 구성하며, 다른 모든 것은 오른쪽 분기 자식을 구성한다.

2. 이 작업은 더 이상 분할할 기회가 없을 때까지 각 분기에 대해 반복적으로 다시 (독립적으로) 실행된다.

3. 분할이 완료되면 잎 노드가 생성된다. 잎 노드는 아웃풋 값을 나타낸다.

예측을 즉각적으로 수행할 수 있다는 것을 알 수 있다. 루트에서 잎 노드로 트리를 탐색하고, 각 노드에서 특성이 임계값 아래에 있는지 여부를 확인하거나 집합 내부(또는 외부)에 값이 있는지 확인하면 된다.

결론적으로, 분할하기에 가장 좋은 특성을 정의하는 방법에 대해 설명한다. 최상의 값 또는 하위 집합은 무엇일까? 회귀 트리의 경우 분산 감소의 기준을 사용한다. 각 노드에서 해당 특성과 해당 특성의 모든 값 또는 레벨에 대해 광범위한 검색이 실행된다. 입력 집합과 비교해 오른쪽 분기와 왼쪽 분기 모두에서 가능한 최상의 분산을 달성하는 조합을 선택하고 그것을 최상으로 표시한다.

회귀 트리는 각 노드에 대해 최적의 분할을 결정한다. 이런 지역 최적화^{local optimization} 접근법은 불행히도 차선의 결과를 가져온다. 게다가 회귀 트리를 정리해야 한다. 즉, 과잉 적합을 방지하기 위해 일부 잎 노드를 제거해야 한다(예를 들어 최소 임계값을 분산 감소 측정으로 설정). 이것이 회귀 트리의 단점이다. 반면 정확하고 훈련과 테스트가 비교적 빠르다.

회귀 트리는 다른 리그레서와 마찬가지로 코드 표현이 쉽다.

```
In:    from sklearn.tree import DecisionTreeRegressor

       regr = DecisionTreeRegressor(random_state=101)
       regr.fit(X_train, y_train)

       mean_absolute_error(y_test, regr.predict(X_test))

Out:   3.2842105263157895
```

회귀 트리 정리

장점:

- 비선형 행동 모델링 가능
- 정규화 없이 범주형 특성 및 숫자형 특성에 적합
- 분류 및 회귀에 대해 동일한 접근법
- 빠른 훈련, 빠른 예측 시간 그리고 작은 메모리

단점:

- 그리디 알고리즘: 전체 솔루션을 최적화하는 것이 아니라, 단지 최상의 선택만을 최적화한다.
- 특성의 수가 중요한 경우에는 작동이 잘 되지 않는다.
- 잎 노드가 매우 구체적일 수 있다. 이 경우 일부 노드를 제거해 트리를 정리할 필요가 있다.

▌ 배깅과 부스팅

배깅^{bagging}과 부스팅^{boosting}은 학습자를 결합하는 데 사용되는 두 가지 기술이다. 이런 기술은 앙상블(또는 메타 알고리즘)이라는 일반적인 이름으로 분류된다. 궁극적인 목표가 약한 학습자를 앙상블해 좀 더 세련되고 정확한 모델을 만드는 것이기 때문이다. 약한 학습자에 대한 공식적인 정의는 없으나, 이상적으로는 반드시 우수한 결과를 산출하지는 않지만 빠르고 때로는 선형적인 모델이다(무작위 추측보다 더 낫다는 것만으로 충분하다). 최종 앙상블은 일반적으로 모델의 약한 학습자의 수에 따라 성능이 향상되는 비선형 학습자다(관계는 엄격히 비선형임에 유의). 이제 어떻게 작동하는지 살펴보자.

▍ 배깅

배깅Bagging은 Bootstrap Aggregating의 약자다. 궁극적 목표는 약한 학습자의 결과를 평균화해 분산을 줄이는 것이다. 이제 코드를 살펴보자. 지금부터 어떻게 작동하는지 설명할 것이다. 이전 예제에서의 보스턴 데이터셋(및 유효성 검사 분할)을 다시 사용할 것이다.

```
In:    from sklearn.ensemble import BaggingRegressor
       bagging = BaggingRegressor(SGDRegressor(), n_jobs=-1,
           n_estimators=1000, random_state=101,
           max_features=0.8)
       bagging.fit(X_train, y_train)
       mean_absolute_error(y_test, bagging.predict(X_test))

Out:   3.8345485952100629
```

Scikit-learn의 서브 모듈 앙상블의 BaggingRegressor 클래스는 배깅 리그레서를 만드는 기본 클래스다. 그것은 약한 학습자(예제에서 SGDRegressor임), 리그레서의 전체 개수 (1,000) 그리고 각각의 리그레서에서 사용할 특성의 최대 개수(전체 개수의 80%)를 필요로 한다. 그런 다음 배깅 학습자는 지금까지 본 다른 학습자와 마찬가지로 메소드 fit을 적용한다. 이 시점에서 각각의 약한 학습자에 대해 다음을 수행한다.

- X 훈련 데이터셋을 구성하는 특성의 80%를 무작위로 선택한다.
- 약한 학습자는 훈련 데이터셋에서 관찰치의 데이터셋을 대체해 부트스트랩의 선택된 특성에 대해서만 훈련된다.

결국 배깅 모델에는 1,000개의 훈련된 **SGDRegressor**가 포함돼 있다. 앙상블로부터 예측이 요구되면, 1,000개의 약한 학습자가 각각 예측을 수행한 다음 그 결과를 평균화해 앙상블 예측을 생성한다.

훈련 및 예측 작업 모두 약한 학습자이므로, 여러 CPU에서 병렬로 실행할 수 있다(이것이 예제에서 n_jobs가 −1인 이유다).

MAE 관점에서의 최종 결과는 단일 **SGDRegressor**보다 더 좋을 것이다. 반면 모델은 약 1,000배 더 복잡하다.

일반적으로 앙상블은 결정 트리 또는 회귀 트리와 연관된다. 이 경우 회귀 앙상블의 이름이 랜덤 포레스트^{Random Forest} 리그레서(즉, 여러 개의 트리로 구성된 포레스트)로 변경된다. 이 기술은 종종 기본 배깅 앙상블로 사용되기 때문에 Scikit-learn에 적절한 클래스가 존재한다.

```
In:   from sklearn.ensemble import RandomForestRegressor

      regr = RandomForestRegressor(n_estimators=100,
          n_jobs=-1, random_state=101)
      regr.fit(X_train, y_train)
      mean_absolute_error(y_test, regr.predict(X_test))
```

```
Out:  2.6412236842105261
```

랜덤 포레스트의 추가적인 특성 중 하나는 모델에서 특성의 중요도를 순위 매기는 것이다(즉, 어떤 특성이 예측변수의 가장 높은 분산을 생성하는지 감지한다). 코드는 다음과 같다. 항상 특성 행렬을 먼저 정규화하는 것을 기억하자(이전 절에서 이미 수행했다).

```
In:     sorted(zip(regr.feature_importances_, boston['feature_names']),
               key=lambda x: -x[0])
```

Out:

```
            [(0.52639646470399315, 'LSTAT'),
             (0.279214280015177541, 'RM'),
             (0.054353831310065687, 'DIS'),
             (0.031820451224154722, 'CRIM'),
             (0.029793467094947356, 'NOX'),
             (0.021350472586185009, 'PTRATIO'),
             (0.015375071104791901, 'AGE'),
             (0.015233565046354791, 'TAX'),
             (0.01095820296701624, 'B'),
             (0.0075592385798185944, 'INDUS'),
             (0.0055375893522671962, 'RAD'),
             (0.001348634019939781, 'ZN'),
             (0.0010587318586900362, 'CHAS')]
```

이 리스트는 가장 중요한 특성부터 덜 중요한 특성 순으로 정렬된다(이 앙상블의 경우). 약한 학습자 또는 다른 파라미터를 변경하면 이 리스트가 변경될 수 있다.

부스팅

부스팅은 주로 예측 편향을 줄이기 위해 약한 학습자(앙상블)를 결합하는 방법이다. 배깅에서 예측변수 풀을 생성하는 대신, 부스팅은 캐스케이드^{cascade}를 생성하며, 각각의 아웃풋이 다음 학습자의 인풋으로 사용된다. 앞의 하위 절에서 했던 것과 똑같은 예제로 시작한다.

```
In:     from sklearn.ensemble import AdaBoostRegressor
        booster = AdaBoostRegressor(SGDRegressor(), random_state=101,
                n_estimators=100, learning_rate=0.01)

        booster.fit(X_train, y_train)
```

312

```
mean_absolute_error(y_test, booster.predict(X_test))
```

Out: 3.8621128094354349

Scikit-learn의 서브 모듈 앙상블로부터 AdaBoostRegressor 클래스는 부스트된 리그레서를 생성하는 기본 클래스다. 배깅의 경우 약한 학습자(SGDRegreesor), 리그레서의 전체 개수(100) 그리고 학습률(0.01)을 필요로 한다. 적합하지 않은 앙상블을 시작으로 각각의 약한 학습자에 대해 다음과 같이 훈련시킨다.

- 훈련 집합이 주어지면 이미 적합한 학습자의 캐스케이드가 예측을 생산한다.
- 실제값과 예측된 값 사이의 오차에 학습률을 곱한 값이 계산된다.
- 새로운 약한 학습자가 해당 오차 집합에 대해 훈련을 받고 이미 훈련된 학습자의 단계식 마지막 단계로 삽입된다.

훈련 단계가 끝나면 앙상블은 캐스케이드로 구성된 100개의 훈련된 SGDRegressors를 포함한다. 앙상블에서 예측을 요청하면, 최종 값은 반복적인 연산이 된다. 마지막 단계부터 시작해서 아웃풋 값은 이전 단계에서 예측한 값에 학습률과 현재 단계의 예측값을 곱한 값을 더한 값이다.

학습률은 확률적 기울기 하강과 유사하다. 학습률이 작아지면 결과에 접근하는 데 더 많은 단계가 필요하지만, 아웃풋의 세분성이 더 좋아진다. 학습률이 클수록 더 적은 단계를 요구하지만, 덜 정확한 결과를 나타낼 것이다.

여기서는 모델을 훈련할 때 이전 아웃풋의 결과가 필요하기 때문에, 각각의 약한 학습자에 대해 훈련과 테스트를 독립적으로 수행할 수 없다. 따라서 CPU 사용을 하나로 한정해 캐스케이드의 길이를 제한한다.

결정 트리/회귀 트리를 사용한 부스팅의 경우, Scikit-learn 패키지는 GradientBoosting Regressor라 부르는 미리 구축된 클래스를 제공한다. 간단한 코드 스니펫으로 어떻게 작동하는지 설명할 수 있다.

```
from sklearn.ensemble import GradientBoostingRegressor

regr = GradientBoostingRegressor(n_estimators=500,
                                         learning_rate=0.01,
                                         random_state=101)
regr.fit(X_train, y_train)
mean_absolute_error(y_test, regr.predict(X_test))
```

Out: 2.6148878419996806

부스팅의 경우에도 특성의 중요성에 대해 순위를 매길 수 있다.

In: ```
sorted(zip(regr.feature_importances_, boston['feature_names']),
       key=lambda x: -x[0])
```

Out:

```
[(0.26442820639779868, 'LSTAT'),
 (0.21170609523931225, 'RM'),
 (0.11520512234965929, 'DIS'),
 (0.078532434845484278, 'TAX'),
 (0.075850985431776763, 'PTRATIO'),
 (0.0756604687541029, 'NOX'),
 (0.052097327327291075, 'B'),
 (0.041177393920216847, 'CRIM'),
 (0.034255068725583829, 'AGE'),
 (0.023541808250096587, 'INDUS'),
 (0.012189199051061582, 'CHAS'),
 (0.011705380397086919, 'RAD'),
 (0.0036505093105288107, 'ZN')]
```

앙상블 정리

장점:

- 약한 학습자를 기반으로 한 강력한 학습자다.

314
```

- 확률적 학습이 가능하다.
- 프로세스의 무작위성은 강력한 솔루션을 생성한다.

단점:

- 훈련 시간은 물론 메모리 사용량도 상당히 크다.
- 확률적 기울기 하강의 업데이트 단계(알파)에서처럼 훈련 단계(부스트된 잉상블)를 적절하게 설정하는 것이 매우 까다롭다.

▌ LAD를 이용한 기울기 부스팅 리그레서

이것은 이미 이 책에서 살펴본 기술의 앙상블이며, 새로운 손실 함수인 최소 절대편차[LAD, Least Absolute Deviations]를 갖는다. 7장에서 본 최소제곱 함수와 관련해 LAD를 사용한 오차의 L1 표준이 계산된다.

LAD를 기반으로 한 리그레서 학습자는 강력하지만, 손실 함수의 최솟값이 여러 개이기 때문에 불안정하다(따라서 여러 개의 최상의 솔루션을 얻어 냄). 손실 함수 자체로는 가치가 거의 없는 것처럼 보이지만 기울기 부스팅과 같이 사용되면 부스팅이 LAD 회귀 한계를 극복하기 때문에 매우 안정된 리그레서를 생성한다. 코드를 사용하면 이 작업을 매우 간단하게 수행할 수 있다.

```
In:    from sklearn.ensemble import GradientBoostingRegressor

       regr = GradientBoostingRegressor('lad',
                                         n_estimators=500,
                                         learning_rate=0.1,
                                         random_state=101)
       regr.fit(X_train, y_train)
       mean_absolute_error(y_test, regr.predict(X_test))

Out:   2.6216986613160258
```

여기서는 lad 손실을 사용하도록 지정해야 한다. 그렇지 않으면 디폴트인 최소제곱(L^2)이 사용된다. 또한 다른 손실 함수인 huber는 최소제곱 손실과 최소 절대편차 손실을 결합해 손실 함수를 더욱 강력하게 만든다. 이를 시도하기 위해서는 마지막 실행 코드 부분에 lad 대신에 문자열 값 huber를 삽입하면 된다.

LAD를 사용한 GBM 정리

장점은 LAD 손실에 부스트된 앙상블의 강점을 결합해 매우 안정적이고 강력한 학습자를 생성하는 것이다. 단점은 훈련 시간이 매우 길다는 것이다(n개의 연속적인 LAD 학습자를 차례로 훈련시키는 것과 완전히 동일하다).

▌ 요약

8장에서는 이 책 전반에 걸쳐 살펴본 회귀분석 방법에 대한 긴 여정을 마무리한다. 다양한 종류의 회귀모델링 방법, 데이터의 사전 처리 방법과 결과 평가 방법 등에 대해 살펴봤다. 또한 몇 가지 최첨단 기술을 훑어봤다. 이 책의 마지막 장인 9장에서는 실제 사례에 회귀분석을 적용하고 몇 가지 구체적인 예제를 실험해볼 것이다.

09

회귀모델의 실제 응용

드디어 마지막 장에 도달했다. 수학 또는 다른 이론적 설명 없이 많은 코드를 포함하고 있기 때문에 이전 장들과 비교해 매우 실용적이다. 선형모델을 사용해 해결된 실질적인 데이터 과학 문제의 네 가지 실제 예제로 구성된다. 궁극적인 목표는 문제에 접근하는 방법과 문제 해결을 뒷받침하는 추론을 개발하는 방법을 설명해 발생할 수 있는 유사한 문제에 대한 청사진으로 사용할 수 있도록 하는 것이다.

각 문제에 대해 답변해야 할 질문을 설명하고 데이터셋에 대한 간단한 설명을 제공하며 극대화하기 위한 메트릭(또는 최소화하려는 오류)을 결정할 것이다. 그리고 나서 코드 전반에 걸쳐 각각을 성공적으로 완성하기 위한 핵심적인 아이디어와 직관을 제공할 것이다. 또한 코드를 실행할 때 모델링으로부터 상세한 아웃풋을 생산해 다음 단계를 결정하는 데 필요한 모든 정보를 제공할 것이다. 공간 제한으로 인해 아웃풋이 잘리고 키 라인(아웃풋에서 잘린 선은 [···]으로 표시된다)만 포함될 수 있지만, 화면에는 전체 그림이 표시될 것이다.

 TIP 9장에서는 각 절이 별도의 IPython 노트북으로 제공된다. 이들은 서로 다른 문제이며, 각각은 독립적으로 개발되고 제시된다.

▌ 데이터셋 다운로드

이 절에서는 9장의 예제에서 사용할 모든 데이터셋을 다운로드한다. IPython 노트북이 들어 있는 동일한 폴더의 개별 하위 디렉터리에 저장한다. 그중 일부는 상당히 용량이 크다(100+ MB).

 TIP UCI 데이터셋 아카이브의 제작자와 관리자에게 감사한다. 이런 리포지터리 덕분에, 이전보다 훨씬 더 쉽게 반복적인 실험을 모델링하고 달성할 수 있다. UCI 아카이브는 리크만 (Lichman, M)(2013)의 UCI 머신 러닝 리포지터리(Machine Learning Repository) [http://archive.ics.uci.edu/ml], 캘리포니아주 어바인(Irvine, C.A): 캘리포니아대학 정보 및 컴퓨터과학학교(University of California, School of Information and Computer Science)에서 가져온 것이다.

각 데이터셋에 대해 먼저 다운로드한 다음 첫 번째 몇 줄을 표시한다. 이것은 먼저 파일을 올바르게 다운로드하고 압축을 풀어 올바른 위치에 배치했는지 여부를 입증하는데 도움이 된다. 그리고 두 번째로 파일 자체의 구조(헤더, 필드 등)를 보여준다.

```
In:  try:
         import urllib.request as urllib2
     except:
         import urllib2
```

```python
import requests, io, os
import zipfile, gzip

def download_from_UCI(UCI_url, dest):
    r = requests.get(UCI_url)
    filename = UCI_url.split('/')[-1]
    print ('Extracting in %s' % dest)
    try:
        os.mkdir(dest)
    except:
        pass
    with open (os.path.join(dest, filename), 'wb') as fh:
        print ('\tdecompression %s' % filename)
        fh.write(r.content)

def unzip_from_UCI(UCI_url, dest):
    r = requests.get(UCI_url)
    z = zipfile.ZipFile(io.BytesIO(r.content))
    print ('Extracting in %s' % dest)

    for name in z.namelist():
        print ('\tunzipping %s' % name)
        z.extract(name, path=dest)

def gzip_from_UCI(UCI_url, dest):
    response = urllib2.urlopen(UCI_url)
    compressed_file = io.BytesIO(response.read())
    decompressed_file = gzip.GzipFile(fileobj=compressed_file)
    filename = UCI_url.split('/')[-1][:-4]
    print ('Extracting in %s' % dest)
    try:
        os.mkdir(dest)
    except:
        pass
    with open( os.path.join(dest, filename), 'wb') as outfile:
        print ('\tgunzipping %s' % filename)
```

```
cnt = decompressed_file.read()
outfile.write(cnt)
```

시계열 문제 데이터셋

데이터셋: 브라운[Brown, M. S], 펠로시[Pelosi, M], 디르스카[Dirska, H.] (2013). 다우존스 지수 주식의 재무 예측을 위한 동적 반경 종–절약 유전 알고리즘[Dynamic-radius Species-conserving Genetic Algorithm for the Financial Forecasting of Dow Jones Index Stocks], 패턴 인식에서 머신 러닝 및 데이터 마이닝[Machine Learning and Data Mining in Pattern Recognition], 7988, pp.27–41.

```
In:    UCI_url = 'https://archive.ics.uci.edu/ml/machine-
           learningdatabases/00312/dow_jones_index.zip'
       unzip_from_UCI(UCI_url, dest='./dji')
```

```
Out:   Extracting in ./dji
           unzipping dow_jones_index.data
           unzipping dow_jones_index.names
```

```
In:    ! head -2 ./dji/dow_jones_index.data
```

```
Out:

 quarter,stock,date,open,high,low,close,volume,percent_change_price,p
 ercent_change_volume_over_last_wk,previous_weeks_volume,next_weeks_o
 pen,next_weeks_close,percent_change_next_weeks_price,days_to_next_di
 vidend,percent_return_next_dividend
 1,AA,1/7/2011,$15.82,$16.72,$15.78,$16.42,239655616,3.79267,,,$16.71
 ,$15.97,-4.42849,26,0.182704
```

리그레션 문제 데이터셋

데이터셋: 티에리[Thierry Bertin-Mahieux], 다니엘 엘리스[Daniel P.W. Ellis], 브라이언 휘트먼[Brian Whitman], 폴[Paul Lamere], 백만곡 데이터셋[The Million Song Dataset], 제12회 국제 사회 음악 정보 검색 콘퍼런스 프로시딩[In Proceedings of the 12th International Society for Music Information Retrieval Conference: ISMIR], 2011.

```
In:   UCI_url = 'https://archive.ics.uci.edu/ml/machine-
              learningdatabases/00203/YearPredictionMSD.txt.zip'
      unzip_from_UCI(UCI_url, dest='./msd')
```

```
Out:  Extracting in ./msd
        unzipping YearPredictionMSD.txt
```

```
In:   ! head -n 2 ./msd/YearPredictionMSD.txt
```

```
Out:
    2001,49.94357,21.47114,73.07750,8.74861,-17.40628,-13.09905,-25.0120
    2,-12.23257,7.83089,-2.46783,3.32136,-2.31521,10.20556,611.10913,951
    .08960,698.11428,408.98485,383.70912,326.51512,238.11327,251.42414,1
    87.17351,100.42652,179.19498,-8.41558,-317.87038,95.86266,48.10259,-
    95.66303,-18.06215,1.96984,34.42438,11.72670,1.36790,7.79444,-0.3699
    4,-133.67852,-83.26165,-37.29765,73.04667,-37.36684,-3.13853,-24.215
    31,-13.23066,15.93809,-18.60478,82.15479,240.57980,-10.29407,31.5843
    1,-25.38187,-3.90772,13.29258,41.55060,-7.26272,-21.00863,105.50848,
    64.29856,26.08481,-44.59110,-8.30657,7.93706,-10.73660,-95.44766,-82
    .03307,-35.59194,4.69525,70.95626,28.09139,6.02015,-37.13767,-41.124
    50,-8.40816,7.19877,-8.60176,-5.90857,-12.32437,14.68734,-54.32125,4
    0.14786,13.01620,-54.40548,58.99367,15.37344,1.11144,-23.08793,68.40
    795,-1.82223,-27.46348,2.26327
    2001,48.73215,18.42930,70.32679,12.94636,-10.32437,-24.83777,8.76630
    ,-0.92019,18.76548,4.59210,2.21920,0.34006,44.38997,2056.93836,605.4
    0696,457.41175,777.15347,415.64880,746.47775,366.45320,317.82946,273
    .07917,141.75921,317.35269,19.48271,-65.25496,162.75145,135.00765,-9
    6.28436,-86.87955,17.38087,45.90742,32.49908,-32.85429,45.10830,26.8
    4939,-302.57328,-41.71932,-138.85034,202.18689,-33.44277,195.04749,-
    16.93235,-1.09168,-25.38061,-12.19034,-125.94783,121.74212,136.67075
    ,41.18157,28.55107,1.52298,70.99515,-43.63073,-42.55014,129.82848,79
    .95420,-87.14554,-45.75446,-65.82100,-43.90031,-19.45705,12.59163,-4
    07.64130,42.91189,12.15850,-88.37882,42.25246,46.49209,-30.17747,45.
    98495,130.47892,13.88281,-4.00055,17.85965,-18.32138,-87.99109,14.37
    524,-22.70119,-58.81266,5.66812,-19.68073,33.04964,42.87836,-9.90378
    ,-32.22788,70.49388,12.04941,58.43453,26.92061
```

다중 클래스 분류 문제 데이터셋

데이터셋: 살바토레[Salvatore J. Stolfo], 웨이 팬[Wei Fan], 웬키 리[Wenke Lee], 안드레아스 프로드로미디스[Andreas Prodromidis], 필립[Philip K. Chan]. 사기 및 침입 탐지에 대한 적용을 통한 데이터 마이닝을 위한 비용 기반 모델링 및 평가: JAM 프로젝트[Cost-based Modeling and Evaluation for Data Mining With Application to Fraud and Intrusion Detection: Results from the JAM Project].

```
In:   UCI_url = 'https://archive.ics.uci.edu/ml/machine-learning-
          databases/kddcup99-mld/kddcup.data.gz'
          gzip_from_UCI(UCI_url, dest='./kdd')

Out:  Extracting in ./kdd
          gunzipping kddcup.dat

In:   !head -2 ./kdd/kddcup.dat

Out:
 0,tcp,http,SF,215,45076,0,0,0,0,0,1,0,0,0,0,0,0,0,0,0,0,1,1,0.00,0.0
 0,0.00,0.00,1.00,0.00,0.00,0,0,0.00,0.00,0.00,0.00,0.00,0.00,0.00,0.
 00,normal.
 0,tcp,http,SF,162,4528,0,0,0,0,0,1,0,0,0,0,0,0,0,0,0,0,2,2,0.00,0.00
 ,0.00,0.00,1.00,0.00,0.00,1,1,1.00,0.00,1.00,0.00,0.00,0.00,0.00,0.0
 0,normal.
```

랭킹 문제 데이터셋

제작자/기증자: 제프리 C. 쉬림머[Jeffrey C. Schlimmer]

```
In:   UCI_url = 'https://archive.ics.uci.edu/ml/machine-learning-
         databases/autos/imports-85.data'
      download_from_UCI(UCI_url, dest='./autos')

Out:  Extracting in ./autos
```

```
       decompression imports-85.data

In:    !head -2 ./autos/imports-85.data

Out:

3,?,alfa-romero,gas,std,two,convertible,rwd,front,88.60,168.80,64.10
,48.80,2548,dohc,four,130,mpfi,3.47,2.68,9.00,111,5000,21,27,13495
3,?,alfa-romero,gas,std,two,convertible,rwd,front,88.60,168.80,64.10
,48.80,2548,dohc,four,130,mpfi,3.47,2.68,9.00,111,5000,21,27,16500
```

▌ 회귀 문제

이 문제의 목적은 노래에 대한 일부 설명이 주어지면 노래가 만들어진 연도를 예측하는 것이다. 이것은 예측할 목표변수가 1922와 2011 사이의 숫자이기 때문에 기본적으로 회귀 문제다.

각 노래마다 제작 연도 외에도 90개의 특성이 제공된다. 이들은 모두 음색과 관련이 있다. 그중 12개는 음색 평균과 관련이 있고 78개 특성은 음색의 공분산을 나타낸다. 모든 특성은 숫자(정수 또는 부동 소수점 숫자)이다.

이 데이터셋은 50만 개 이상의 관찰치로 구성된다. 처음 463,715개 관찰치는 훈련 집합으로 나머지 51,630개 관찰치는 테스트 집합으로 구성해 최상의 결과를 달성하기 위해 저자는 노력했다.

결과를 평가하기 위해 사용되는 메트릭은 테스트셋을 구성하는 노래의 예측 연도와 실제 제작 연도 사이의 평균 절대 오차MAE, Mean Absolute Error이다. 목표는 오차 측정을 최소화하는 것이다.

이 문제와 추가 정보(특성 추출 단계에 관한)에 대한 전체 설명은 웹사이트 https://archive.ics.uci.edu/ml/datasets/YearPredictionMSD에서 찾을 수 있다.

이제 파이썬 코드를 살펴보자. 우선 데이터셋을 로드한다(로드 작업을 실패하면 프로그램을 실행하기 전에 이전 절에서의 데이터셋을 직접 다운로드해야 한다). 그런 다음 데이터셋에 제공된 지침에 따라 훈련 및 테스트 부분을 분할한다. 마지막으로 데이터셋의 메모리 사용량을 표시하기 위해 결과로 생성되는 DataFrame의 크기(MegaByte 단위)를 출력한다.

```
In:    import matplotlib.pyplot as plt
       %matplotlib inline

       import numpy as np
       import pandas as pd

       dataset = pd.read_csv('./msd/YearPredictionMSD.txt',
             header=None).as_matrix()

In:    X_train = dataset[:463715, 1:]
       y_train = np.asarray(dataset[:463715, 0])

       X_test = dataset[463715:, 1:]
       y_test = np.asarray(dataset[463715:, 0])

In:    print("Dataset is MB:", dataset.nbytes/1E6)
       del dataset

Out:   Dataset is MB: 375.17116
```

데이터셋이 거의 400MB에 달하기 때문에 그렇게 작은 것은 아니다. 따라서 메모리 부족(과도하게 스왑 파일에 의존하게 됨)이나 운영체제 충돌 없이 현명하게 적절한 대처법을 사용해야 한다.

이제 비교를 위한 기준선을 구해보자. 평범한 바닐라 선형회귀를 사용할 것이다(바닐라는 추가적인 것이 아무것도 없다는 것을 의미한다. 모델에 표준 하이퍼 파라미터를 사용한다). 그런 다음 훈련 시간(초 단위), 훈련 집합 및 테스트 집합의 MAE를 출력한다.

```
In:    from sklearn.linear_model import LinearRegression, SGDRegressor
       from sklearn.cross_validation import KFold
       from sklearn.metrics import mean_absolute_error
       import time

In:    regr = LinearRegression()

       tic = time.clock()
       regr.fit(X_train, y_train)
       print("Training time [s]:", time.clock()-tic)

       print("MAE train set:", mean_absolute_error(y_train,
           regr.predict(X_train)))

       print("MAE test set:", mean_absolute_error(y_test,
           regr.predict(X_test)))

Out:   Training time [s]: 9.989145000000002
       MAE train set: 6.79557016727
       MAE test set: 6.80049646319
```

선형회귀를 사용하면 약 10초 만에 MAE 6.8을 얻을 수 있다. 또한 훈련 집합의 MAE와 테스트 집합의 MAE 사이에 거의 차이가 없으므로 (선형회귀의 일반화 능력 덕분에) 학습자는 안정적이고 강력해 보인다. 이제 더 좋아지도록 발전시켜보자. 확률적 기울기 하강 변화를 테스트해 더 나은 MAE를 (궁극적으로) 좀 더 빠르게 얻을 수 있는지 확인한다. 적은 수의 반복과 많은 수의 반복을 모두 사용해 실험한다.

```
In:   regr = SGDRegressor()

      tic = time.clock()
      regr.fit(X_train, y_train)
      print("Training time [s]:", time.clock()-tic)

      print("MAE train set:", mean_absolute_error(y_train,
            regr.predict(X_train)))

      print("MAE test set:", mean_absolute_error(y_test,
            regr.predict(X_test)))

Out:  Training time [s]: 1.5492949999999972
      MAE train set: 3.27482912145e+15
      MAE test set: 3.30350427822e+15


In:   regr = SGDRegressor(n_iter=100)

      tic = time.clock()
      regr.fit(X_train, y_train)
      print("Training time [s]:", time.clock()-tic)

      print("MAE train set:", mean_absolute_error(y_train,
            regr.predict(X_train)))

      print("MAE test set:", mean_absolute_error(y_test,
            regr.predict(X_test)))

Out:  Training time [s]: 24.713879
      MAE train set: 2.12094618827e+15
      MAE test set: 2.14161266897e+15
```

결과는 SGD 회귀가 데이터셋의 형태에 적합하지 않음을 시사하는 것처럼 보인다. 더 나은 결과를 얻으려면 많은 인내가 필요하고 오랜 시간이 걸릴 수 있다.

이제 두 가지 옵션이 있다. 첫 번째는 (앙상블 같은) 고급 클래시파이어를 사용하는 것이다. 그렇지 않으면 특성 엔지니어링으로 모델을 미세 조정할 수 있다. 이 책의 주된 목적이 선형모델로 작업하는 것이므로 이 문제에 대해서는 두 번째 선택을 할 것이다. 독자에게 첫 번째 접근법을 사용해 비교해볼 것을 강력히 추천한다.

특성의 다항식 확장을 사용하고 특성 선택 단계를 시도할 것이다. 이렇게 하면 최상의 특성을 선택하고 선형 리그레서를 통해 실행하는 데 문제에 주어진 모든 특성을 사용할 수 있다.

최적의 특성 개수를 선험적으로 알지 못하기 때문에 이것을 파라미터로 취급하고 훈련 집합과 테스트 집합에 대한 MAE를 플롯한다. 또한 회귀 작업을 수행하므로 특성 선택은 최상의 회귀 특성을 대상으로 해야 한다. 따라서 회귀에 대한 F-점수는 순위를 매겨 상위 K개의 특성을 선택하는 데 사용한다.

즉각적으로 다항식 특성 확장은 너무 많은 추가 특성을 생성한다는 문제에 직면하게 된다. 매우 큰 데이터셋에서 작업하기 때문에 훈련 집합을 서브 샘플링해야 할 수도 있다. 먼저 다항식 확장 이후의 특성 개수를 계산해보자.

```
In:   from sklearn.preprocessing import PolynomialFeatures
      PolynomialFeatures().fit_transform(X_train[:10,:]).shape[1]
```

```
Out:   4186
```

4,000개 이상의 특성을 사용할 경우 과잉 적합 위험을 피하기 위해 최소 10배 이상의 관찰치를 선택해야 한다. 여기서는 데이터셋을 섞어서 그것의 12분의 1을 선택한다(따라서 관찰치의 수는 약 40,000개이다). 이를 관리하기 위해 k-폴드를 사용하고 첫 번째의 테스트 셋을 구성하는 인덱스만 선택한다.

```
In:   from sklearn.pipeline import Pipeline
      from sklearn import feature_selection
```

```python
from sklearn.feature_selection import SelectKBest
import gc

"folds = 12"
train_idx = list(KFold(X_train.shape[0], folds, random_state=101,
      shuffle=True))[0][1]


to_plot = []

for k_feat in range(50, 2001, 50):
    gc.collect()

    print('--------------------------')
    print("K = ", k_feat)

    poly = PolynomialFeatures()
    regr = LinearRegression()
    f_sel = SelectKBest(feature_selection.f_regression, k=k_feat)

    pipeline = Pipeline([('poly', poly), ('f_sel', f_sel),
            ('regr', regr)])

    tic = time.clock()
    pipeline.fit(X_train[train_idx], y_train[train_idx])
    print("Training time [s]:", time.clock()-tic)

    mae_train = mean_absolute_error(y_train[train_idx],
            pipeline.predict(X_train[train_idx]))
    mae_test = mean_absolute_error(y_test,
            pipeline.predict(X_test))

    print("MAE train set:", mae_train)

    print("MAE test set:", mae_test)

    to_plot.append((k_feat, mae_train, mae_test))
```

```
Out:  ...[output]...

In:   plt.plot([x[0] for x in to_plot], [x[1] for x in to_plot], 'b',
          label='Train')
      plt.plot([x[0] for x in to_plot], [x[2] for x in to_plot], 'r--',
          label='Test')
      plt.xlabel('Num. features selected')
      plt.ylabel('MAE train/test')
      plt.legend(loc=0)

      plt.show()
```

Out:

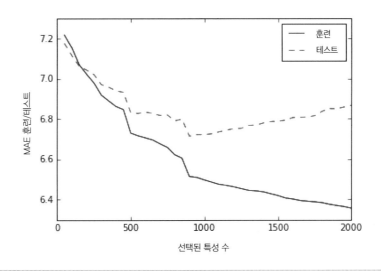

선택된 특성의 수인 K에 대해, K=900에서 최적값을 찾은 것으로 보인다. 이 시점에서,

- 훈련 MAE와 테스트 MAE는 서로 다르다. 900개 이상의 특성을 사용하면 과잉
  적합이 시작될 수 있다.
- 테스트 MAE는 최소치다. 테스트셋에서 MAE의 수치는 6.70이다.
- 이것은 성능과 훈련 시간(23초) 사이에서 최상의 절충안이 된다.

(16GB 이상의 RAM을 가진) 더 나은 컴퓨터를 사용하면 마지막 두 개의 셀을 다시 실행해 훈련 집합의 크기를 늘릴 수 있다. (예를 들어 폴드의 수를 12에서 8 또는 4로 이동) 결과는 훈련 시간이 길어지겠지만 소수점 이하 자릿수만큼 향상된다.

리그레서 대신 클래시파이어로 테스트

공개된 문제로서(솔루션을 제공하지 않음), 목표변수의 수가 단지 89개(대부분의 분류 문제보다 더 높긴 하지만)에 불과하기 때문에 이 문제를 분류 작업으로 해결할 수 있다. 이 과정을 따라 하다 보면 여러 종류의 문제가 발생할 것이다(MAE가 분류 문제에 대해 잘못 정의되어 있음). 따라서 이것을 시도해보고, 얻은 결과를 회귀 학습자와 일치시키도록 노력할 것을 권장한다. 다음은 첫 번째 단계다.

```
In:    print(np.unique(np.ascontiguousarray(y_train)))
       print(len(np.unique(np.ascontiguousarray(y_train))))

Out:  [ 1922. 1924. 1925. 1926. 1927. 1928. 1929. 1930. 1931. 1932.
        1933. 1934. 1935. 1936. 1937. 1938. 1939. 1940. 1941. 1942.
        1943. 1944. 1945. 1946. 1947. 1948. 1949. 1950. 1951. 1952.
        1953. 1954. 1955. 1956. 1957. 1958. 1959. 1960. 1961. 1962.
        1963. 1964. 1965. 1966. 1967. 1968. 1969. 1970. 1971. 1972.
        1973. 1974. 1975. 1976. 1977. 1978. 1979. 1980. 1981. 1982.
        1983. 1984. 1985. 1986. 1987. 1988. 1989. 1990. 1991. 1992.
        1993. 1994. 1995. 1996. 1997. 1998. 1999. 2000. 2001. 2002.
        2003. 2004. 2005. 2006. 2007. 2008. 2009. 2010. 2011.]
       89

In:    from sklearn.linear_model import SGDClassifier
       regr = SGDClassifier('log', random_state=101)
```

```
tic = time.clock()
regr.fit(X_train, y_train)
print("Training time [s]:", time.clock()-tic)

print("MAE train set:", mean_absolute_error(y_train,
        regr.predict(X_train)))

print("MAE test set:", mean_absolute_error(y_test,
        regr.predict(X_test)))
```

Out: Training time [s]: 117.23069399999986
     MAE train set: 7.88104546974
     MAE test set: 7.7926593066

▌ 불균형 및 다중 클래스 분류 문제

인터넷으로 연결된 호스트로부터 또는 호스트로 흐르는 패킷 시퀀스에 대한 일부 설명이
주어지면, 이 문제의 목표는 해당 시퀀스가 악의적 공격인지 여부를 감지하는 것이다. 악
의적 공격인 경우, 공격의 유형도 분류해야 한다. 이것은 가능한 라벨이 여러 개이기 때
문에 다중 클래스 분류 문제다.

각 관찰에 대해 42개의 특성이 표시된다. 그들 중 일부는 범주형인 반면 나머지는 숫자
형이다. 데이터셋은 거의 500만 개의 관찰치로 구성돼 있고(그러나 이 예제에서는 메모리 제
약을 피하기 위해 첫 번째 100만 개만 사용한다), 가능한 라벨의 수는 23개다. 이 가운데 하나
는 악의가 없는 상황(정상)을 나타내고, 다른 모든 것은 22개의 다른 네트워크 공격을 나
타낸다. 응답 클래스의 빈도가 불균형하다는 사실에 주의를 기울여야 한다. 일부 공격의
경우 관찰치가 여러 개이고 다른 공격의 경우에는 관찰치가 소수다.

훈련/테스트를 분할하는 방법이나 결과를 평가하는 방법에 대한 지침은 제공되지 않는다. 이 문제에서는 모든 라벨에 대한 정확한 정보를 밝히려고 노력하는 탐색적인 목표를 채택할 것이다. 따라서 데이터셋의 악의적인 활동에 대해서만 감지의 정확성을 극대화하도록 몇 가지 추가적인 단계를 수행하고 학습자를 조정할 것을 적극 권장한다.

 이 문제에 대한 전체 설명은 웹사이트 https://archive.ics.uci.edu/ml/datasets/KDD+ Cup+1999+Data에서 찾을 수 있다.

먼저 데이터를 로드하자. 파일에 헤더를 포함하고 있지 않으므로, pandas로 로드하는 동안 칼럼 이름을 지정해야 한다.

```
In:     import matplotlib.pyplot as plt
        %matplotlib inline
        import matplotlib.pylab as pylab

        import numpy as np
        import pandas as pd

        columns = ["duration", "protocol_type", "service",
                "flag", "src_bytes", "dst_bytes", "land",
                "wrong_fragment", "urgent", "hot", "num_failed_logins",
                "logged_in", "num_compromised", "root_shell",
                "su_attempted", "num_root", "num_file_creations",
                "num_shells", "num_access_files", "num_outbound_cmds",
                "is_host_login", "is_guest_login", "count", "srv_count",
                "serror_rate", "srv_serror_rate", "rerror_rate",
                "srv_rerror_rate", "same_srv_rate", "diff_srv_rate",
                "srv_diff_host_rate", "dst_host_count",
                "dst_host_srv_count", "dst_host_same_srv_rate",
                "dst_host_diff_srv_rate", "dst_host_same_src_port_rate",
                "dst_host_srv_diff_host_rate", "dst_host_serror_rate",
                "dst_host_srv_serror_rate", "dst_host_rerror_rate",
```

```
                   "dst_host_srv_rerror_rate", "outcome"]

     dataset = pd.read_csv('./kdd/kddcup.dat', names=columns,
              nrows=1000000)
```

이제 로드된 데이터셋의 처음 몇 줄(데이터셋의 전체 모양을 이해하기 위해), 크기(관찰치와 특성 측면에서) 및 특성의 유형(수치형과 범주형을 구분하기 위해)을 살펴본다.

In: print(dataset.head())

Out: ...[head of the dataset] ...

In: dataset.shape

Out: (1000000, 42)

In: dataset.dtypes

Out: duration   int64
      protocol_type   object
      service   object
      flag   object
      src_bytes   int64
      dst_bytes   int64
      land   int64
      wrong_fragment   int64
      urgent   int64
      hot   int64
      num_failed_logins   nt64
      logged_in   int64
      num_compromised   int64
      root_shell   int64
      su_attempted   int64
      num_root   int64

```
num_file_creations          int64
num_shells                  int64
num_access_files            int64
num_outbound_cmds           int64
is_host_login               int64
is_guest_login              int64
count                       int64
srv_count                   int64
serror_rate               float64
srv_serror_rate           float64
rerror_rate               float64
srv_rerror_rate           float64
same_srv_rate             float64
diff_srv_rate             float64
srv_diff_host_rate        float64
dst_host_count              int64
dst_host_srv_count          int64
dst_host_same_srv_rate    float64
dst_host_diff_srv_rate    float64
dst_host_same_src_port_rate  float64
dst_host_srv_diff_host_rate  float64
dst_host_serror_rate      float64
dst_host_srv_serror_rate  float64
dst_host_rerror_rate      float64
dst_host_srv_rerror_rate  float64
outcome                    object
dtype: object
```

1M의 행과 일부 범주형을 포함한 42개의 칼럼으로 돼 있어, 매우 큰 데이터셋을 작동하고 있는 것처럼 보인다. 특성에서 목표변수를 분리하고 문자열(공격 이름 포함)을 서수로 인코딩한다. 그렇게 하기 위해 LabelEncoder 객체를 사용한다.

```
In:    sorted(dataset['outcome'].unique())
```

```
Out:  ['back.', 'buffer_overflow.', 'ftp_write.', 'guess_passwd.',
       'imap.', 'ipsweep.', 'land.', 'loadmodule.', 'multihop.',
       'neptune.', 'nmap.', 'normal.', 'perl.', 'phf.', 'pod.',
       'portsweep.', 'satan.', 'smurf.', 'teardrop.', 'warezmaster.']

In:   from sklearn.preprocessing import LabelEncoder

      labels_enc = LabelEncoder()

      labels = labels_enc.fit_transform(dataset['outcome'])
      labels_map = labels_enc.classes_

Out:  array(['back.', 'buffer_overflow.', 'ftp_write.', 'guess_passwd.',
       'imap.', 'ipsweep.', 'land.', 'loadmodule.', 'multihop.',
       'neptune.', 'nmap.', 'normal.', 'perl.', 'phf.', 'pod.',
       'portsweep.', 'satan.', 'smurf.', 'teardrop.', 'warezmaster.'],
       dtype=object)
```

목표변수는 이제 정수로 인코딩된 별도의 배열에 있다. 데이터셋에서 목표 열을 제거하고, 모든 범주형 특성에 원–핫 인코딩one-hot encoding을 사용하자. 이를 위해 간단하게 Pandas의 **get_dummies** 함수를 사용할 수 있다. 이제는 범주형 특성을 구성하는 각 수준이 이진 특성이므로 데이터셋의 새로운 형태는 더 커진다.

```
In:   dataset.drop('outcome', axis=1, inplace=True)

In:   observations = pd.get_dummies(dataset, sparse=True)
      del dataset

In:   observations.shape

Out:  (1000000, 118)
```

사용 가능한 관찰치가 많고, 많은 클래스에 단지 몇 개의 샘플만 포함돼 있기 때문에 데이터셋을 섞어서 두 부분으로 나눌 수 있다. 하나는 훈련에 사용하고 다른 하나는 테스트에 사용한다.

```
In:    from sklearn.cross_validation import train_test_split

       X_train, X_test, y_train, y_test = \
             train_test_split(observations.as_matrix(), labels,
             train_size=0.5, random_state=101)

       del observations
```

작업의 탐색적 특성을 감안해, 각 클래스당 발생하는 횟수에 의해 정규화된 혼돈 행렬을 출력하기 위한 함수를 정의한다.

```
In:    def plot_normalised_confusion_matrix(cm, labels_str,
                 title='Normalised confusion matrix', cmap=plt.cm.Blues):
           pylab.rcParams['figure.figsize'] = (6.0, 6.0)
           cm_normalized = cm.astype('float') / cm.sum(axis=1)[:,
                 np.newaxis]

           plt.imshow(cm_normalized, interpolation='nearest', cmap=cmap)
           plt.title(title)
           plt.colorbar()
           tick_marks = np.arange(len(labels_str))
           plt.xticks(tick_marks, labels_str, rotation=90)
           plt.yticks(tick_marks, labels_str)
           plt.tight_layout()
           plt.ylabel('True label')
           plt.xlabel('Predicted label')
           plt.show()
```

이제 이 작업의 기준선을 생성한다. 그 첫 번째 단계로 로지스틱 손실과 함께 간단한 SGDClassifier를 사용한다. 훈련 및 테스트 집합 모두에 대해 솔루션의 전체적인 정확도, 정규화된 혼동 행렬 및 분류 보고서(각 클래스에 대한 정밀도, 재현율, F1-점수 및 서포트를 포함)를 출력한다.

```
In:     from sklearn.linear_model import SGDClassifier
        from sklearn.metrics import classification_report, accuracy_score,
            confusion_matrix

        clf = SGDClassifier('log', random_state=101)
        clf.fit(X_train, y_train)

        y_train_pred = clf.predict(X_train)
        y_test_pred = clf.predict(X_test)

        print("TRAIN SET")
        print("Accuracy:", accuracy_score(y_train, y_train_pred))

        print("Confusion matrix:")
        plot_normalised_confusion_matrix(confusion_matrix(y_train,
            y_train_pred), labels_map)

        print("Classification report:")
        print(classification_report(y_train, y_train_pred,
            target_names=labels_map))

        print("TEST SET")
        print("Accuracy:", accuracy_score(y_test, y_test_pred))

        print("Confusion matrix:")
        plot_normalised_confusion_matrix(confusion_matrix(y_test,
            y_test_pred), labels_map)

        print("Classification report:")
        print(classification_report(y_test, y_test_pred,
```

```
                target_names=labels_map))
```

Out: TRAIN SET
        Accuracy: 0.781702
        Confusion matrix:

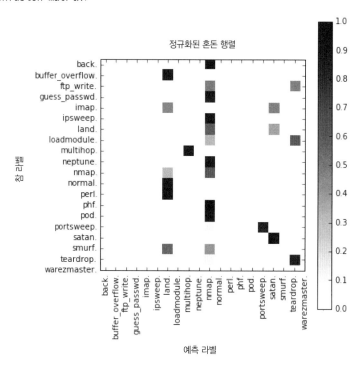

정규화된 혼돈 행렬

Classification report:

	precision	recall	f1-score	support
back.	0.00	0.00	0.00	1005
buffer_overflow.	0.00	0.00	0.00	1
ftp_write.	0.00	0.00	0.00	2
guess_passwd.	0.00	0.00	0.00	30
imap.	0.00	0.00	0.00	2
ipsweep.	0.00	0.00	0.00	3730
land.	0.00	0.00	0.00	10
loadmodule.	0.00	0.00	0.00	3
multihop.	1.00	1.00	1.00	102522

neptune.	0.06	0.00	0.00	1149
nmap.	0.96	0.64	0.77	281101
normal.	0.00	0.00	0.00	1
perl.	0.00	0.00	0.00	2
phf.	0.00	0.00	0.00	22
pod.	0.00	0.00	0.00	1437
portsweep.	1.00	0.88	0.93	2698
satan.	0.99	0.99	0.99	106165
smurf.	0.00	0.00	0.00	110
teardrop.	0.00	0.90	0.01	10
avg / total	0.96	0.78	0.85	500000

TEST SET
Accuracy: 0.781338
Confusion matrix:

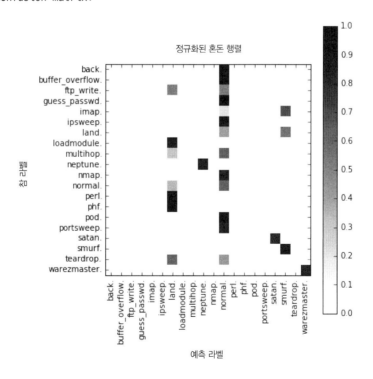

```
Classification report:
                    precision     recall    f1-score     support

          back.         0.00       0.00        0.00         997
buffer_overflow.         0.00       0.00        0.00           4
      ftp_write.         0.00       0.00        0.00           6
    guess_passwd.         0.00       0.00        0.00          23
           imap.         0.00       0.00        0.00          10
        ipsweep.         0.00       0.00        0.00        3849
           land.         0.00       0.00        0.00           7
      loadmodule.         0.00       0.00        0.00           2
        multihop.         0.00       0.00        0.00           3
         neptune.         1.00       1.00        1.00      102293
           nmap.         0.05       0.00        0.00        1167
         normal.         0.96       0.64        0.77      281286
           perl.         0.00       0.00        0.00           1
            phf.         0.00       0.00        0.00           1
            pod.         0.00       0.00        0.00          18
       portsweep.         0.00       0.00        0.00        1345
          satan.         1.00       0.88        0.94        2691
          smurf.         0.99       1.00        0.99      106198
        teardrop.         0.00       0.00        0.00          89
     warezmaster.         0.00       0.90        0.01          10

      avg / total         0.96       0.78        0.85      500000
```

아웃풋이 매우 길지만, 이 기준선에서 몇 가지를 즉시 파악할 수 있다.

- 정확도는 낮지만(0.80), 분류는 과잉 적합에 탄력적이다.
- 두 개의 수직선만이 혼돈 행렬을 지배한다. 이것은 훈련 단계에서 클래시파이어가 두 개의 클래스에만 적합하다는 것을 나타낸다. 당연히 그들은 가장 밀집해 있는 것이다.
- 분류 보고서를 살펴보면 클래스 불균형이 결과에 영향을 미쳤다는 동일한 결론에 도달할 수 있다. 소수의 클래스만 0이 아닌 점수를 갖는다.

이런 문제는 매우 빈번한 것이며, 선형 학습자를 매우 불균형한 데이터셋에 적합시키려고 할 때 발생한다. 이제 작은 클래스를 오버 샘플링하고 가장 인기 있는 클래스를 서브 샘플링해보자. 다음에 주어지는 함수에서 각 클래스가 아웃풋 데이터에서 최소 min_samples_out 관찰치부터 최대 max_samples_out까지 얻어 대체하는 부트스트랩 알고리즘을 구현한다. 이것은 학습 알고리즘이 유사한 가중치를 가진 모든 클래스를 고려하게 한다.

```
In:   import random
      random.seed(101)

      def sample_class_with_replacement(X, y, label, min_samples_out,
                         max_samples_out):
          rows = np.where(y==label)[0]

          if len(rows) == 0:
              raise Exception

          n_estraction = min(max(len(rows), min_samples_out),
                         max_samples_out)
          extracted = [random.choice(rows) for _ in range(n_estraction)]
          return extracted

      train_idx = []

      for label in np.unique(labels):
          try:
              idx = sample_class_with_replacement(X_train, y_train,
                             label, 500, 20000)
              train_idx.extend(idx)
          except:
              pass

      X_train_sampled_balanced = X_train[train_idx, :]
      y_train_sampled_balanced = y_train[train_idx]
```

이제 수정된(균형 잡힌) 훈련 집합에서 학습자를 훈련시킨 다음 테스트셋에 적용하면 기준선보다 더 나은 작업을 수행할 수 있다.

```
In:   from sklearn.linear_model import SGDClassifier
      from sklearn.metrics import classification_report, accuracy_score
      from sklearn.metrics import confusion_matrix

      clf = SGDClassifier('log', random_state=101)
      clf.fit(X_train_sampled_balanced, y_train_sampled_balanced)

      y_train_pred = clf.predict(X_train_sampled_balanced)
      y_test_pred = clf.predict(X_test)

      print("TRAIN SET")
      print("Accuracy:", accuracy_score(y_train_sampled_balanced,
          y_train_pred))

      print("Confusion matrix:")
      plot_normalised_confusion_matrix(confusion_matrix(
          y_train_sampled_balanced, y_train_pred), labels_map)

      print("Classification report:")
      print(classification_report(y_train_sampled_balanced,
          y_train_pred, target_names=labels_map))

      print("TEST SET")
      print("Accuracy:", accuracy_score(y_test, y_test_pred))

      print("Confusion matrix:")
      plot_normalised_confusion_matrix(confusion_matrix(y_test,
          y_test_pred), labels_map)

      print("Classification report:")
      print(classification_report(y_test, y_test_pred,
          target_names=labels_map))
```

```
Out:  TRAIN SET
      Accuracy: 0.712668335121
      [...]
      TEST SET
      Accuracy: 0.723616
      [...]
```

결과는 우리가 올바른 방향으로 가고 있다는 것을 암시한다. 혼동 행렬은 더 대각선으로 보이며(대각선에서 행과 열이 일치하는 경우가 더 많음을 의미함), 테스트 집합의 정확도는 0.72 로 증가한다. 이제 하이퍼 파라미터 최적화를 달성하고 점수를 최대로 높이기 위해 몇 가지 값을 시도해보자. 이를 위해 세 개의 폴드를 사용해 그리드 검색 교차 검증을 실행한다.

```
In:   from sklearn.grid_search import GridSearchCV

      parameters = {
              'loss': ('log', 'hinge'),
              'alpha': [0.1, 0.01, 0.001, 0.0001]
      }

      clfgs = GridSearchCV(SGDClassifier(random_state=101, n_jobs=1),
                  param_grid=parameters,
                  cv=3,
                  n_jobs=1,
                  scoring='accuracy'
                  )
      clfgs.fit(X_train_sampled_balanced, y_train_sampled_balanced)
      clf = clfgs.best_estimator_

      print(clfgs.best_estimator_)

      y_train_pred = clf.predict(X_train_sampled_balanced)
      y_test_pred = clf.predict(X_test)
```

```
print("TRAIN SET")
print("Accuracy:", accuracy_score(y_train_sampled_balanced,
        y_train_pred))

print("Confusion matrix:")
plot_normalised_confusion_matrix(
        confusion_matrix(y_train_sampled_balanced, y_train_pred),
        labels_map)

print("Classification report:")
print(classification_report(
        y_train_sampled_balanced, y_train_pred,
        target_names=labels_map))

print("TEST SET")
print("Accuracy:", accuracy_score(y_test, y_test_pred))

print("Confusion matrix:")
plot_normalised_confusion_matrix(
        confusion_matrix(y_test, y_test_pred), labels_map)

print("Classification report:")
print(classification_report(
        y_test, y_test_pred, target_names=labels_map))
```

```
Out:    TRAIN SET
        Accuracy: 0.695202531813[...]
        TEST SET
        Accuracy: 0.706034
        [...]
```

그리드 검색 교차 검증을 실행하더라도, 결과는 이전 실험과 동일하게 나타난다. 이제 다른 접근법을 시도해보자. 많은 아웃풋 클래스가 있기 때문에 클래스당 한 개의 클래시파이어를 적합시키는 대신 각 클래스의 쌍에 대해 하나의 클래시파이어를 적합시키는

OneVsOne 전략을 사용하려고 한다. 훈련 시간은 더 길지만 더 정확한 결과를 가져올 것이다. 여기서도 각 학습자는 그리드 검색 및 세 개의 폴드로 교차 검증된다.

```
In:    from sklearn.multiclass import OneVsOneClassifier
       from sklearn.grid_search import GridSearchCV

       parameters = {
           'estimator__loss': ('log', 'hinge'),
           'estimator__alpha': [1.0, 0.1, 0.01, 0.001, 0.0001, 0.00001]
       }

       clfgs =
           GridSearchCV(OneVsOneClassifier(SGDClassifier(random_state=101,
           n_jobs=1)),
                       param_grid=parameters,
                       cv=3,
                       n_jobs=1,
                       scoring='accuracy'
                       )
       clfgs.fit(X_train_sampled_balanced, y_train_sampled_balanced)
       clf = clfgs.best_estimator_

       y_train_pred = clf.predict(X_train_sampled_balanced)
       y_test_pred = clf.predict(X_test)

       print("TRAIN SET")
       print("Accuracy:", accuracy_score(y_train_sampled_balanced,
           y_train_pred))

       print("Confusion matrix:")
       plot_normalised_confusion_matrix(confusion_matrix(y_train_sampled_
           balanced, y_train_pred), labels_map)

       print("Classification report:")
       print(classification_report(y_train_sampled_balanced,
```

```
        y_train_pred, target_names=labels_map))

    print("TEST SET")
    print("Accuracy:", accuracy_score(y_test, y_test_pred))

    print("Confusion matrix:")
    plot_normalised_confusion_matrix(confusion_matrix(y_test,
        y_test_pred), labels_map)

    print("Classification report:")
    print(classification_report(y_test, y_test_pred,
        target_names=labels_map))
```

```
Out:  TRAIN SET
      Accuracy: 0.846250612429
      [...]
      TEST SET
      Accuracy: 0.905708
      [...]
```

결과는 훈련 세트와 테스트 세트 모두에서 더 좋게 나타난다. 다음은 SGDClassifier 대신 로지스틱 리그레서를 사용해보자.

```
In:   from sklearn.linear_model import LogisticRegression

      clf = OneVsOneClassifier(LogisticRegression(random_state=101,
          n_jobs=1))
      clf.fit(X_train_sampled_balanced, y_train_sampled_balanced)

      y_train_pred = clf.predict(X_train_sampled_balanced)
      y_test_pred = clf.predict(X_test)

      print("TRAIN SET")
      print("Accuracy:", accuracy_score(y_train_sampled_balanced,
```

```
        y_train_pred))

    print("Confusion matrix:")
    plot_normalised_confusion_matrix(
        confusion_matrix(y_train_sampled_balanced, y_train_pred),
        labels_map)

    print("Classification report:")
    print(classification_report(
        y_train_sampled_balanced, y_train_pred,
        target_names=labels_map))

    print("TEST SET")
    print("Accuracy:", accuracy_score(y_test, y_test_pred))

    print("Confusion matrix:")
    plot_normalised_confusion_matrix(
        confusion_matrix(y_test, y_test_pred), labels_map)

    print("Classification report:")
    print(classification_report(
        y_test, y_test_pred, target_names=labels_map))
```

Out: TRAIN SET
        Accuracy: 0.985712204876
        Confusion matrix:

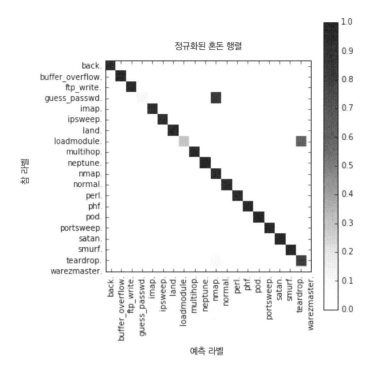

정규화된 혼돈 행렬

Classification report:

	precision	recall	f1-score	support
back.	1.00	0.98	0.99	1005
buffer_overflow.	1.00	1.00	1.00	500
ftp_write.	1.00	1.00	1.00	500
guess_passwd.	1.00	0.11	0.19	500
imap.	1.00	1.00	1.00	500
ipsweep.	1.00	0.99	1.00	3730
land.	1.00	1.00	1.00	500
loadmodule.	1.00	0.32	0.49	500
multihop.	1.00	1.00	1.00	20000
neptune.	0.91	1.00	0.95	1149
nmap.	0.97	1.00	0.98	20000
normal.	1.00	1.00	1.00	500
perl.	1.00	1.00	1.00	500

	precision	recall	f1-score	support
phf.	0.99	1.00	1.00	500
pod.	1.00	1.00	1.00	1437
portsweep.	0.98	1.00	0.99	2698
satan.	1.00	1.00	1.00	20000
smurf.	1.00	1.00	1.00	500
teardrop.	0.55	0.83	0.66	500
avg / total	0.99	0.99	0.98	75519

TEST SET
Accuracy: 0.996818
Confusion matrix:

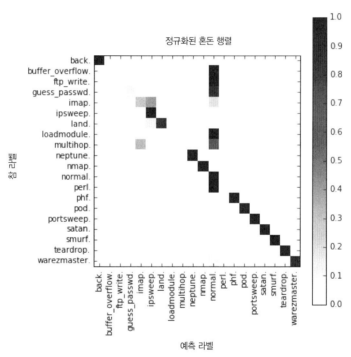

Classification report:

	precision	recall	f1-score	support
back.	1.00	0.98	0.99	997
buffer_overflow.	0.00	0.00	0.00	4

ftp_write.	0.00	0.00	0.00	6
guess_passwd.	1.00	0.13	0.23	23
imap.	0.43	0.30	0.35	10
ipsweep.	0.97	0.99	0.98	3849
land.	0.38	0.86	0.52 7	
loadmodule.	0.00	0.00	0.00	2
multihop.	0.00	0.00	0.00	3
neptune.	1.00	1.00	1.00	102293
nmap.	0.52	0.99	0.68	1167
normal.	1.00	1.00	1.00	281286
perl.	0.00	0.00	0.00	1
phf.	0.17	1.00	0.29	1
pod.	0.26	1.00	0.42	18
portsweep.	0.96	0.99	0.98	1345
satan.	0.96	1.00	0.98	2691
smurf.	1.00	1.00	1.00	106198
teardrop.	0.99	0.98	0.98	89
warezmaster.	0.45	0.90	0.60	10
avg / total	1.00	1.00	1.00	500000

결과는 기준선 및 이전 솔루션보다 훨씬 더 좋아 보인다.

1. 균형 잡힌 훈련 집합에서 측정한 정확도는 테스트 집합에 기록된 정확도와 비슷하다. 이는 모델의 일반화 능력을 보장한다.
2. 혼돈 행렬은 거의 대각선이다. 이는 모든 클래스가 적합 (및 예측) 단계에 포함됐음을 의미한다.
3. 정확도/재현율 및 F1 점수는 클래스에서 서포트가 거의 없는 경우에도 0이 아니다.

이 시점에서는 솔루션에 만족한다. 500만 개의 데이터셋 전체에 대해 더 자세히 들여다보고 더 많은 모델 가설을 테스트하고 싶다면 비선형 클래시파이어로 전환해야 한다. 그렇게 하려면 예측을 하기 위해 필요한 복잡성과 실행 시간을 먼저 확인해야 한다(결국 1억 개 이상의 값을 포함하는 데이터셋을 사용하는 것이다).

▌ 순위 문제

이 문제의 목표는 자동차와 가격에 대한 일부 설명이 주어지면, 자동차의 가격이 나타내는 것보다 어느 정도 더 위험한지를 예측하는 것이다. 보험 사업의 보험 계리사는 이 과정을 상징적이라고 부르며, 그 결과는 순위다. 값 +3은 자동차가 위험하다는 것을 나타내고 −3은 매우 안전함을 나타낸다(데이터셋에서 가장 낮은 값이 −2이지만).

자동차의 설명에는 다양한 특성(브랜드, 연료 유형, 차체 스타일, 길이 등)에 대한 사양이 포함돼 있다. 또한 다른 자동차와 비교해 가격이 책정되고 정규화된 사용 손실을 얻는다(이는 모든 자동차에 대해 특정 자동차 부문의 모든 자동차에 대해 표준화된 자동차당 연간 평균 손실을 나타낸다).

데이터셋에는 205대의 자동차가 있으며, 특성의 수는 25개이다. 특성의 일부는 범주형이며 나머지는 숫자형이다. 또한 데이터셋에는 "?" 문자열을 사용해 인코딩된 누락된 값이 있음을 명시하고 있다.

프레젠테이션 페이지에서 직접적으로 언급하지는 않았지만, 이 작업의 목표는 순위를 얼마나 잘 매겼는지를 나타내는 척도인 라벨 순위 손실 label ranking loss을 최소화하는 것이다. 이 점수는 확률에 적용되며 완벽한 순위는 0의 손실을 가져온다. MAE 또는 MSE와 같은 회귀 점수를 사용하면 예측이 정수여야 하기 때문에 이 작업과 거의 관련이 없다. 또한 정확도와 같은 분류 점수 역시 완벽한 솔루션에서 얼마나 멀리 떨어져 있는지를 알 수 없기 때문에 의미가 없다. 코드에서 볼 수 있는 또 다른 점수는 라벨 순위 평균 정밀도 LRAP, Label Ranking Average Precision이다. 이 경우 완벽하게 순위가 매겨진 아웃풋은 점수가 1이다(정확하게 분류의 정확도와 비슷함). 메트릭에 대한 자세한 정보는 Scikit−learn 웹사이트 http://scikit—learn.org/stable/modules/model_evaluation.html 또는 2009년 신경망 정보 처리 시스템 콘퍼런스^{Advances in Neural Information Processing Systems Conference}에서 발표한 「순위 학습의 순위 측정 및 손실 함수^{Ranking Measures and Loss Functions in Learning to Rank}」에서 확인할 수 있다.

이 문제에 대한 전체 설명은 https://archive.ics.uci.edu/ml/datasets/Automobile에서 확인할 수 있다.

우선 데이터를 로드한다. CSV 파일은 헤더가 없으므로 열 이름을 수동으로 설정한다. 또한 데이터셋의 작성자가 정보를 공개했으므로 모든 "?" 문자열은 누락된 데이터로 처리하며 Pandas에서는 NaN 값으로 처리한다.

```
In:    import matplotlib.pyplot as plt
       %matplotlib inline
       import matplotlib.pylab as pylab

       import numpy as np
       import pandas as pd

       columns = ["symboling","normalized-losses","make","fuel-type",
              "aspiration","num-of-doors","body-style","drive-wheels",
              "engine-location","wheel-base","length","width","height",
              "curb-weight","engine-type","num-of-cylinders",
              "engine-size","fuel-system","bore","stroke",
              "compression-ratio","horsepower","peak-rpm","city-mpg",
              "highway-mpg","price"]

       dataset = pd.read_csv('./autos/imports-85.data',
              na_values="?", names=columns)
```

모든 것이 완벽하다는 보장은 없지만 데이터셋의 첫 번째 행을 살펴보자. 여기서 누락된 데이터(NaN 값 포함)를 식별하고 범주형 특성과 숫자형 특성을 구분해 파악할 수 있다.

```
In:    print(dataset.head())

Out:
   symboling  normalized-losses        make  fuel-type  aspiration \
0          3                NaN  alfa-romero        gas         std
1          3                NaN  alfa-romero        gas         std
2          1                NaN  alfa-romero        gas         std
3          2                164         audi        gas         std
4          2                164         audi        gas         std

  num-of-doors    body-style  drive-wheels  engine-location  wheel-base
... \
0          two   convertible           rwd            front        88.6
...
1          two   convertible           rwd            front        88.6
...
2          two     hatchback           rwd            front        94.5
...
3         four         sedan           fwd            front        99.8
...
4         four         sedan           4wd            front        99.4
...

   engine-size  fuel-system  bore stroke  compression-ratio  horsepower
\
0          130         mpfi         3.47               2.68        9 111
1          130         mpfi         3.47               2.68        9 111
2          152         mpfi         2.68               3.47        9 154
3          109         mpfi         3.19               3.40       10 102
4          136         mpfi         3.19               3.40        8 115

   peak-rpm  city-mpg  highway-mpg   price
0      5000        21           27   13495
1      5000        21           27   16500
2      5000        19           26   16500
```

| 3 | 5500 | 24 | 30 | 13950 |
| 4 | 5500 | 18 | 22 | 17450 |

[5 rows x 26 columns]

In:
dataset.dtypes

Out:
```
symboling            int64
normalized-losses    float64
make                 object
fuel-type            object
aspiration           object
num-of-doors         object
body-style           object
drive-wheels         object
engine-location      object
wheel-base           float64
length               float64
width                float64
height               float64
curb-weight          int64
engine-type          object
num-of-cylinders     object
engine-size          int64
fuel-system          object
bore                 float64
stroke               float64
compression-ratio    float64
horsepower           float64
peak-rpm             float64
city-mpg             int64
highway-mpg          int64
price                float64
dtype: object
```

여기에는 많은 범주형 특성이 있는 것처럼 보인다. 여기서 무엇을 해야 할지 신중하게 생각해야 한다. 데이터셋에는 205개의 관찰치만 포함되므로 모든 범주형 특성을 더미 특성으로 변환하는 것은 좋은 생각이 아니다(관찰치보다 더 많은 특성을 가질 수 있다). 생성된 특성의 수에 대해 매우 보수적으로 시도해보자. 신중하게 특성을 점검하면서 다음 접근 방법을 사용한다.

1. 일부 범주형 특성은 숫자와 관련이 있다. 숫자를 나타내는 숫자가 포함돼 있다. 그들을 위해 단어를 숫자로 매핑해야 한다. 이 경우 추가 특성이 생성되지 않는다.

2. 일부 다른 범주형 특성은 이진이다(2개의 문 대 4개의 문, 디젤 대 가스 등). 두 개의 수준을 두 개의 다른 값(0과 1)으로 매핑할 수 있다. 여기서도 추가 특성을 생성할 필요가 없다.

3. 나머지는 모두 더미로 인코딩해야 한다.

첫 번째 매핑을 하기 위해 간단하게 Pandas에서 제공하는 map 메소드를 사용한다. 두 번째 매핑의 경우 Scikit-learn에서 제공하는 LabelEncoder 객체를 사용한다. 마지막 경우에는 이전 예제에서와 같이 get_dummies 함수를 사용한다.

```
In:    from sklearn.preprocessing import LabelEncoder

       words_to_nums = {'two':2, 'three':3, 'four':4, 'five':5,
           'six':6, 'eight':8, 'twelve':12}

       columns_to_map = ['num-of-cylinders', 'num-of-doors']
       columns_to_dummy = ['make', 'body-style', 'drive-wheels',
           'engine-type', 'fuel-system']
       columns_to_label_encode = ['fuel-type', 'aspiration',
           'engine-location']

       for col in columns_to_map:
           dataset[col] = dataset[col].map(pd.Series(words_to_nums))
```

```
for col in columns_to_label_encode:
    dataset[col] = LabelEncoder().fit_transform(dataset[col])

dataset = pd.get_dummies(dataset, columns=columns_to_dummy)

dataset.shape

Out:    (205,66)
```

이런 보수적인 접근법을 채택하면 최종 칼럼의 수는 66개가 된다(이전에는 26개였다). 이제 목표값 벡터를 DataFrame에서 추출한 다음, 모든 NaN 값을 특성의 중앙값에 매핑해 관찰 행렬을 생성해보자.

왜 중간값(평균 대신)을 사용했을까? 그 이유는 데이터셋이 너무 작아서 새로운 값을 도입하고 싶지 않기 때문이다.

```
In:    ranks = dataset['symboling'].as_matrix()
       observations = dataset.drop('symboling', axis=1).as_matrix()

In:    from sklearn.preprocessing import Imputer
       imp = Imputer(strategy="median", axis=0)
       observations = imp.fit_transform(observations)
```

다음은 관찰치를 훈련과 테스트로 분리할 차례다. 데이터셋이 너무 작기 때문에 테스트 집합을 관찰치의 25%(약 51개 샘플)로 구성한다. 또한 각 클래스에 대해 동일한 비율의 샘플을 포함하는 테스트 집합을 얻으려고 노력한다. 이를 위해 StratifiedKFold 클래스를 사용한다.

```
In:    from sklearn.cross_validation import StratifiedKFold

       kf = StratifiedKFold(ranks, 4, shuffle=True, random_state=101)
```

```
idxs = list(kf)[0]

X_train = observations[idxs[0], :]
X_test = observations[idxs[1], :]
y_train = ranks[idxs[0]]
y_test = ranks[idxs[1]]
```

다음 단계는 두 가지 함수를 생성하는 것이다. 첫 번째는 클래스를 각 클래스의 확률 벡터에 매핑한다(예를 들어 클래스 −2는 벡터 [1.0, 0.0, 0.0, 0.0, 0.0, 0.0]이 되고, 클래스 +3은 벡터 [0.0, 0.0, 0.0, 0.0, 0.0, 1.0] 등이 된다). 이 단계는 점수 함수에 필요하다.

여기서 필요한 두 번째 함수는 클래시파이어가 모든 클래스를 포함하는 데이터셋에서 훈련됐는지를 확인하는 것이다(153개의 샘플로만 구성된 훈련 집합에서 작업 중이므로 교차 검증을 사용해 각 단계를 좀 더 신중하게 확인하는 것이 좋다). 이를 위해, assert를 사용한다.

```
In:   def prediction_to_probas(class_pred):

          probas = []

          for el in class_pred:
              prob = [0.]*6
              prob[el+2] = 1.0
              probas.append(prob)
          return np.array(probas)

      def check_estimator(estimator):
          assert sum(
              np.abs(clf.classes_ - np.array([-2, -1, 0, 1, 2, 3]))
          ) == 0
```

이제 분류할 때다. 처음에는 간단한 LogisticRegression을 사용한다. 다중 클래스 문제가 있으므로 훈련 과정에서 두 개 이상의 CPU를 사용할 수도 있다. 클래시파이어를 훈련

시킨 후, 순위 손실과 순위 평균 정밀도 점수를 출력해 비교를 위한 기준선을 마련한다.

```
In:    from sklearn.linear_model import LogisticRegression

       clf = LogisticRegression(random_state=101)
       clf.fit(X_train, y_train)
       check_estimator(clf)

       y_test_proba = prediction_to_probas(y_test)
       y_pred_proba = clf.predict_proba(X_test)

In:    from sklearn.metrics import label_ranking_average_precision_score
       from sklearn.metrics import label_ranking_loss

       print("Ranking loss:", label_ranking_loss(y_test_proba,
           y_pred_proba))
       print("Ranking avg precision:",
           label_ranking_average_precision_score(y_test_proba,
           y_pred_proba))

Out:   Ranking loss: 0.0905660377358
       Ranking avg precision: 0.822327044025
```

기준선에 대한 결과는 그렇게 나쁘지 않다. 순위 손실은 0에 가깝다(그리고 이 경우 평균 라벨 정확도는 1에 가깝다). 이제 그리드 검색 교차 검증을 사용해 솔루션을 개선하자. 훈련 집합에 샘플이 거의 없기 때문에 각 폴드에 다른 폴드에서 사용된 샘플을 포함할 수 있는 부스트된 검증을 사용한다. StratifiedShuffleSplit는 검증 집합이 각 클래스에 대해 동일한 비율의 샘플을 포함하도록 보장하는 가장 좋은 옵션이다. 5개의 폴드를 생성하고, 각각의 폴드는 70%를 훈련 집합으로 나머지 30%를 테스트 집합으로 구성한다.

마지막으로 생성해야 하는 것은 교차 검증을 위한 점수 함수다. Scikit-learn은 Grid SearchCV 객체에 학습을 순위 매기는 점수 기능을 전혀 포함하지 않으므로, 그것을 구축해야 한다. 그리드 검색의 목표가 점수를 최대화하는 것이므로 최솟값을 구해 역으로 해야 한다. 따라서 그것을 라벨 순위 손실에 −1을 곱한 값으로 구축한다.

```
In:    from sklearn.grid_search import GridSearchCV
       from sklearn.metrics import make_scorer
       from sklearn.cross_validation import StratifiedShuffleSplit

       def scorer(estimator, X, y):
           check_estimator(estimator)
           y_proba = prediction_to_probas(y)
           return -1*label_ranking_loss(y_proba,
       estimator.predict_proba(X))

       params = {'C': np.logspace(-1, 1, 10)}

       cv = StratifiedShuffleSplit(y_train, random_state=101,
               n_iter=5, train_size=0.70)
       gs_cv = GridSearchCV(LogisticRegression(random_state=101),
               param_grid=params,
               n_jobs=1,
               cv=cv,
               scoring=scorer)

       gs_cv.fit(X_train, y_train)
       clf = gs_cv.best_estimator_

       y_pred_proba = clf.predict_proba(X_test)

       print("Ranking loss:",
             label_ranking_loss(y_test_proba, y_pred_proba))
       print("Ranking avg precision:",
             label_ranking_average_precision_score(y_test_proba,
             y_pred_proba))
```

Out: Ranking loss: 0.0716981132075
      Ranking avg precision: 0.839622641509

교차 검증과 결합해 하이퍼 파라미터 최적화 절차를 통해 성능을 향상시킬 수 있다. 이제 혼동 행렬이 어떻게 솔루션을 찾는지 살펴보자.

```
In:  from sklearn.metrics import confusion_matrix

     def plot_normalised_confusion_matrix(cm):
         labels_str = [str(n) for n in range(-2, 4)]
         pylab.rcParams['figure.figsize'] = (6.0, 6.0)
         cm_normalized = cm.astype('float') / cm.sum(axis=1)[:,
             np.newaxis]
         plt.imshow(cm_normalized, interpolation='nearest',
             cmap=plt.cm.Blues)
         plt.colorbar()
         tick_marks = np.arange(len(labels_str))
         plt.xticks(tick_marks, labels_str, rotation=90)
         plt.yticks(tick_marks, labels_str)
         plt.tight_layout()
         plt.ylabel('True label')
         plt.xlabel('Predicted label')
         plt.show()

     plot_normalised_confusion_matrix(confusion_matrix(y_test,
         clf.predict(X_test)), )
```

Out:

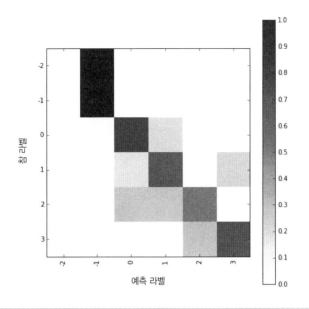

−2 클래스(실제로 샘플이 거의 없음)를 제외하고는 꽤 대각선적으로 보인다. 일반적으로 0.1 보다 낮은 순위 손실을 우수한 결과라고 생각한다.

▌ 시계열 문제

9장에서 살펴볼 마지막 문제는 시간 예측에 관한 것이다. 이런 문제의 표준 이름은 시계 열 분석이다. 그 이유는 과거에 추출된 설명에 대해 예측이 이뤄지기 때문이다. 그러므 로, 현재 시점에서의 결과는 다음 시점에서의 예측을 위한 특성이 될 것이다. 이 문제에 서는 2011년 다우 존스 지수를 구성하는 여러 주식의 종가를 사용한다.

데이터셋을 구성하는 몇 가지 특성이 있지만, 이 문제에서는 (짧고 완전한 문제를 만들기 위 해) 30개의 측정된 주식 각각에 대해 시간 순서대로 매주 종가를 사용한다. 데이터셋은 6 개월 동안의 자료다. 알고리즘 훈련을 위해 데이터셋의 전반부 1/2(관찰 중인 연도의 처음

1/4분기, 12주에 해당)을 사용하고, 예측을 테스트하기 위해 두 번째 절반(연도의 두 번째 1/4
분기, 13주를 포함)을 사용한다.

독자들이 경제학에 대한 배경 지식을 가지고 있다고 생각하지 않기 때문에, 가능한 한 간
단하게 하려고 노력한다. 예측이 너무 간단해서 실생활의 시장에서 돈을 벌기에는 부족
하지만, 이 짧은 예제에서 다른 모든 인풋과 소스를 버리고 시계열 분석에만 초점을 맞추
려고 노력한다.

 이 문제에 대한 자세한 설명은 https://archive.ics.uci.edu/ml/datasets/Dow+Jones
+Index에서 확인할 수 있다.

데이터셋과 함께 배포된 readme 파일에 따르면 누락된 값이 없으므로, 로드 작업이 매
우 간단하다.

```
In:    import matplotlib.pyplot as plt
       %matplotlib inline

       import numpy as np
       import pandas as pd

       dataset = pd.read_csv('./dji/dow_jones_index.data')
```

관심 있는 행(주식 및 종가)을 디코딩하려고 시도해보자. 종가는 모두 $로 시작하고 부동
소수점 값이 뒤따르는 문자열이다. 그런 다음 올바른 열을 선택하고 종가를 올바른 데이
터 형식으로 변환한다.

```
In:    print(dataset.head())
Out:
  quarter    stock      date      open      high      low      close
volume \
```

```
0        1    AA    1/7/2011    $15.82    $16.72    $15.78    $16.42
239655616
1        1    AA    1/14/2011   $16.71    $16.71    $15.64    $15.97
242963398
2        1    AA    1/21/2011   $16.19    $16.38    $15.60    $15.79
138428495
3        1    AA    1/28/2011   $15.87    $16.63    $15.82    $16.13
151379173
4        1    AA    2/4/2011    $16.18    $17.39    $16.18    $17.14
154387761

    percent_change_price     percent_change_volume_over_last_wk  \
0              3.79267                                      NaN
1             -4.42849                                 1.380223
2             -2.47066                               -43.024959
3              1.63831                                 9.355500
4              5.93325                                 1.987452

    previous_weeks_volume    next_weeks_open    next_weeks_close  \
0                     NaN           $16.71             $15.97
1               239655616           $16.19             $15.79
2               242963398           $15.87             $16.13
3               138428495           $16.18             $17.14
4               151379173           $17.33             $17.37
    percent_change_next_weeks_price      days_to_next_dividend  \
0                      -4.428490                            26
1                      -2.470660                            19
2                       1.638310                            12
3                       5.933250                             5
4                       0.230814                            97
    percent_return_next_dividend
0                       0.182704
1                       0.187852
2                       0.189994
3                       0.185989
4                       0.175029
```

```
In:    observations = {}

       for el in dataset[['stock', 'close']].iterrows():

           stock = el[1].stock
           close = float(el[1].close.replace("$", ""))

           try:
               observations[stock].append(close)
           except KeyError:
               observations[stock] = [close]
```

이제 각 주식에 대한 특성 벡터를 생성하자. 가장 간단한 예로 25주 동안 정렬된 종가를
포함하는 행이다.

```
In:    X = []
       stock_names = sorted(observations.keys())

       for stock in stock_names:
           X.append(observations[stock])

       X = np.array(X)
```

이제 기준선을 구축한다. 처음 12주 동안 리그레서를 시도한 다음 재귀적으로 데이터를
상쇄해 테스트한다. 즉, 13번째 주를 예측하기 위해 처음 12주를 사용하고, 14번째 주의
값을 예측하기 위해 13주로 끝나는 12주를 사용한다.

이런 매우 간단한 접근법으로 모든 주식에 대해 클래시파이어를 가격에 따라 독립적으로
구축하고 R2 및 MAE를 사용해 분석을 위해 매주 학습자에게 점수를 매긴다(13주 점수, 14
주 점수 등). 마지막으로 이런 점수의 평균과 분산을 계산한다.

```
In:    from sklearn.linear_model import LinearRegression
```

```
    from sklearn.metrics import r2_score, mean_absolute_error

X_train = X[:, :12]
y_train = X[:, 12]

regr_1 = LinearRegression()
regr_1.fit(X_train, y_train)
```

In:
```
plot_vals = []

for offset in range(0, X.shape[1]-X_train.shape[1]):
    X_test = X[:, offset:12+offset]
    y_test = X[:, 12+offset]

    r2 = r2_score(y_test, regr_1.predict(X_test))
    mae = mean_absolute_error(y_test, regr_1.predict(X_test))

    print("offset=", offset, "r2_score=", r2)
    print("offset=", offset, "MAE =", mae)

    plot_vals.append( (offset, r2, mae) )

print()
print("r2_score: mean=", np.mean([x[1] for x in plot_vals]),
        "variance=", np.var([x[1] for x in plot_vals]))
print("mae_score: mean=", np.mean([x[2] for x in plot_vals]),
        "variance=", np.var([x[2] for x in plot_vals]))
```

Out:
```
offset= 0 r2_score= 0.999813479679
offset= 0 MAE    = 0.384145971072
offset= 1 r2_score= 0.99504246854
offset= 1 MAE    = 1.602203752
offset= 2 r2_score= 0.995188278161
offset= 2 MAE    = 1.76248455475
offset= 3 r2_score= 0.998287091734
```

```
offset= 3 MAE     = 1.15856848271
offset= 4 r2_score= 0.997938802118
offset= 4 MAE     = 1.11955148717
offset= 5 r2_score= 0.985036566148
offset= 5 MAE     = 2.94239117688
offset= 6 r2_score= 0.991598279578
offset= 6 MAE     = 2.35632383083
offset= 7 r2_score= 0.995485519307
offset= 7 MAE     = 1.73191962456
offset= 8 r2_score= 0.992872581249
offset= 8 MAE     = 1.9828644662
offset= 9 r2_score= 0.990012202362
offset= 9 MAE     = 2.66825249081
offset= 10 r2_score= 0.996984329367
offset= 10 MAE     = 1.38682132207
offset= 11 r2_score= 0.999029861989
offset= 11 MAE     = 0.761720947323
offset= 12 r2_score= 0.996280599178
offset= 12 MAE     = 1.53124828142


r2_score: mean= 0.99489000457 variance= 1.5753065199e-05
mae_score: mean= 1.64526895291 variance= 0.487371842069
```

13주 테스트에서 R^2은 평균 0.99이며(분산 0.0000157), MAE는 평균 1.64(분산 0.48)이다. 이것이 기준선이며, 그것을 플롯한다.

```
In:   fig, ax1 = plt.subplots()
      ax1.plot([x[0] for x in plot_vals], [x[1] for x in plot_vals], 'b-')
      ax1.plot(plot_vals[0][0], plot_vals[0][1], 'bo')

      ax1.set_xlabel('test week')
      # Make the y-axis label and tick labels match the line color.
      ax1.set_ylabel('r2_score', color='b')
      for tl in ax1.get_yticklabels():
```

```
        tl.set_color('b')
ax1.set_ylim([0.9, 1.1])

ax2 = ax1.twinx()
ax2.plot([x[0] for x in plot_vals], [x[2] for x in plot_vals], 'r-')
ax2.plot(plot_vals[0][0], plot_vals[0][2], 'ro')
ax2.set_ylabel('mae score', color='r')
for tl in ax2.get_yticklabels():
    tl.set_color('r')
ax2.set_ylim([0, 3.3])

plt.xlim([-.1, 12.1])

plt.show()
```

Out:

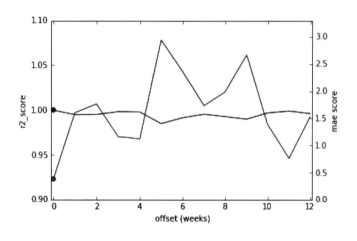

12주 전의 가격이 현재 주에도 여전히 좋은 예측이라고 확신할 수 있을까? 이제 몇 주 동안의 훈련 시간을 줄여서 점수를 향상시키도록 해보자. 추가적인 이점으로 더 많은 훈련 데이터를 얻을 수 있다. 5주(1개월이 조금 넘음)를 사용해보자.

```
In:  training_len = 5

     X_train_short = X[:, :training_len]
     y_train_short = X[:, training_len]

     for offset in range(1, 12-training_len):
         X_train_short = np.vstack( (X_train_short, X[:,
                 offset:training_len+offset]) )
         y_train_short = np.concatenate( (y_train_short, X[:,
                 training_len+offset]) )

In:  regr_2 = LinearRegression()
     regr_2.fit(X_train_short, y_train_short)

In:  plot_vals = []

     for offset in range(0, X.shape[1]-X_train.shape[1]):
         X_test = X[:, 12-training_len+offset:12+offset]
         y_test = X[:, 12+offset]

         r2 = r2_score(y_test, regr_2.predict(X_test))
         mae = mean_absolute_error(y_test, regr_2.predict(X_test))

         print("offset=", offset, "r2_score=", r2)
         print("offset=", offset, "MAE =", mae)

         plot_vals.append( (offset, r2, mae) )

     print()
     print("r2_score: mean=", np.mean([x[1] for x in plot_vals]),
             "variance=", np.var([x[1] for x in plot_vals]))
     print("mae_score: mean=", np.mean([x[2] for x in plot_vals]),
             "variance=", np.var([x[2] for x in plot_vals]))
```

368

```
Out:
offset= 0 r2_score= 0.998579501272
offset= 0 MAE      = 0.85687189133
offset= 1 r2_score= 0.999412004606
offset= 1 MAE      = 0.552138850961
offset= 2 r2_score= 0.998668959234
offset= 2 MAE      = 0.941052814674
offset= 3 r2_score= 0.998291291965
offset= 3 MAE      = 1.03476245234
offset= 4 r2_score= 0.997006831124
offset= 4 MAE      = 1.45857426198
offset= 5 r2_score= 0.996849578723
offset= 5 MAE      = 1.04394939395
offset= 6 r2_score= 0.998134003499
offset= 6 MAE      = 1.05938998285
offset= 7 r2_score= 0.998391605331
offset= 7 MAE      = 0.865007491822
offset= 8 r2_score= 0.999317752361
offset= 8 MAE      = 0.607975744054
offset= 9 r2_score= 0.996058731277
offset= 9 MAE      = 1.62548930127
offset= 10 r2_score= 0.997319345983
offset= 10 MAE      = 1.2305378204
offset= 11 r2_score= 0.999264102166
offset= 11 MAE      = 0.649407612032
offset= 12 r2_score= 0.998227164258
offset= 12 MAE      = 1.020568135


r2_score: mean= 0.998116990138 variance= 9.8330905525e-07
mae_score: mean= 0.995825057897 variance= 0.0908384278533
```

이 접근 방식을 사용해 R^2과 MAE 모두 평균적으로 개선됐으며, 분산이 현저하게 낮아졌다.

```
In:  fig, ax1 = plt.subplots()
     ax1.plot([x[0] for x in plot_vals], [x[1] for x in plot_vals],
             'b-')
     ax1.plot(plot_vals[0][0], plot_vals[0][1], 'bo')

     ax1.set_xlabel('test week')
     # Make the y-axis label and tick labels match the line color.
     ax1.set_ylabel('r2_score', color='b')
     for tl in ax1.get_yticklabels():
         tl.set_color('b')
     ax1.set_ylim([0.95, 1.05])

     ax2 = ax1.twinx()
     ax2.plot([x[0] for x in plot_vals], [x[2] for x in plot_vals],
             'r-')
     ax2.plot(plot_vals[0][0], plot_vals[0][2], 'ro')
     ax2.set_ylabel('mae score', color='r')
     for tl in ax2.get_yticklabels():
         tl.set_color('r')
     ax2.set_ylim([0, 2.2])

     plt.xlim([-.1, 12.1])

     plt.show()
```

Out:

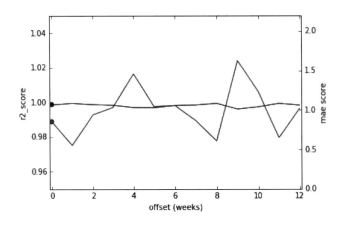

이 접근 방법에서 더 잘 작동하는 것 같으므로, 이제 1부터 12까지의 가장 좋은 훈련 기간을 그리드 검색으로 시도해보자.

```
In:    training_lens = range(1,13)
       models = {}

       for training_len in training_lens:
           X_train_short = X[:, :training_len]
           y_train_short = X[:, training_len]

           for offset in range(1, 12-training_len):
               X_train_short = np.vstack( (X_train_short, X[:,
                       offset:training_len+offset]) )
               y_train_short = np.concatenate( (y_train_short, X[:,
                       training_len+offset]) )
           regr_x = LinearRegression()
           regr_x.fit(X_train_short, y_train_short)
           models[training_len] = regr_x

           plot_vals = []

           for offset in range(0, X.shape[1]-X_train.shape[1]):
               X_test = X[:, 12-training_len+offset:12+offset]
               y_test = X[:, 12+offset]

               r2 = r2_score(y_test, regr_x.predict(X_test))
               mae = mean_absolute_error(y_test,
                       regr_x.predict(X_test))

               plot_vals.append( (offset, r2, mae) )

           fig, ax1 = plt.subplots()
           ax1.plot([x[0] for x in plot_vals], [x[1] for x in plot_vals],
                   'b-')
           ax1.plot(plot_vals[0][0], plot_vals[0][1], 'bo')
```

```
        ax1.set_xlabel('test week')
        # Make the y-axis label and tick labels match the line color.
        ax1.set_ylabel('r2_score', color='b')
        for tl in ax1.get_yticklabels():
            tl.set_color('b')
        ax1.set_ylim([0.95, 1.05])

        ax2 = ax1.twinx()
        ax2.plot([x[0] for x in plot_vals], [x[2] for x in plot_vals],
                'r-')
        ax2.plot(plot_vals[0][0], plot_vals[0][2], 'ro')
        ax2.set_ylabel('mae score', color='r')
        for tl in ax2.get_yticklabels():
            tl.set_color('r')
        ax2.set_ylim([0, max([2.2, 1.1*np.max([x[2] for x in
                plot_vals])])])

        plt.xlim([-.1, 12.1])

        plt.title("results with training_len={}".format(training_len))

        plt.show()

        print("r2_score: mean=", np.mean([x[1] for x in plot_vals]),
                "variance=", np.var([x[1] for x in plot_vals]))
        Print("mae_score: mean=", np.mean([x[2] for x in plot_vals]),
                "variance=", np.var([x[2] for x in plot_vals]))

Out:  ... [images are omitted] ...
      results with training_len=1
      r2_score: mean= 0.998224065712 variance= 1.00685934679e-06
      mae_score: mean= 0.95962574798 variance= 0.0663013566722

      results with training_len=2
      r2_score: mean= 0.998198628321 variance= 9.17757825917e-07
      mae_score: mean= 0.969741651259 variance= 0.0661101843822
```

```
results with training_len=3
r2_score: mean= 0.998223327997 variance= 8.57207677825e-07
mae_score: mean= 0.969261583196 variance= 0.0715715354908

results with training_len=4
r2_score: mean= 0.998223602314 variance= 7.91949263056e-07
mae_score: mean= 0.972853132744 variance= 0.0737436496017

results with training_len=5
r2_score: mean= 0.998116990138 variance= 9.8330905525e-07
mae_score: mean= 0.995825057897 variance= 0.0908384278533

results with training_len=6
r2_score: mean= 0.997953763986 variance= 1.14333232014e-06
mae_score: mean= 1.04107069762 variance= 0.100961792252

results with training_len=7
r2_score: mean= 0.997481850128 variance= 1.85277659214e-06
mae_score: mean= 1.19114613181 variance= 0.121982635728

results with training_len=8
r2_score: mean= 0.99715522262 variance= 3.27488548806e-06
mae_score: mean= 1.23998671525 variance= 0.173529737205

results with training_len=9
r2_score: mean= 0.995975415477 variance= 5.76973840581e-06
mae_score: mean= 1.48200981286 variance= 0.22134177338

results with training_len=10
r2_score: mean= 0.995828230003 variance= 4.92217626753e-06
mae_score: mean= 1.51007677609 variance= 0.209938740518

results with training_len=11
r2_score: mean= 0.994520917305 variance= 7.24129427869e-06
mae_score: mean= 1.78424593989 variance= 0.213259808552
```

```
results with training_len=12
r2_score: mean= 0.99489000457 variance= 1.5753065199e-05
mae_score: mean= 1.64526895291 variance= 0.487371842069
```

가장 좋은 절충안은 training_len = 3이다.

공개 질문

이 예제에서는 고가와 저가의 주식을 함께 사용해 데이터를 정규화하지 않았다. 이 사실은 관찰치가 동일한 중심을 가지지 않기 때문에 학습자를 혼란스럽게 할 수 있다는 것을 의미한다. 약간의 사전 처리를 통해 주식별 정규화를 적용하면 더 나은 결과를 얻을 수 있다. 이외에 어떤 것을 할 수 있는지, 알고리즘을 어떻게 테스트할 수 있을지 생각해보자.

▌ 요약

9장에서는 클래시파이어와 리그레서를 포함하는 네 가지 실용적인 데이터 과학 예제를 살펴봤다. 앞으로 성능 향상을 위해 읽고 이해한 뒤 더 많은 단계를 추가해 시도해보기를 강력히 추천한다.

찾아보기

에이콘출판의 기틀을 마련하신 故 정완재 선생님 (1935-2004)

파이썬으로 풀어보는 회귀분석

단순선형회귀분석부터 고급 회귀분석까지

발   행 | 2019년 1월 2일

지은이 | 루카 마싸론 · 알베르토 보스체티
옮긴이 | 윤 정 미

펴낸이 | 권 성 준
편집장 | 황 영 주
편   집 | 조 유 나
디자인 | 박 주 란

에이콘출판주식회사
서울특별시 양천구 국회대로 287 (목동)
전화 02-2653-7600, 팩스 02-2653-0433
www.acornpub.co.kr / editor@acornpub.co.kr

한국어판 ⓒ 에이콘출판주식회사, 2019, Printed in Korea.
ISBN 979-11-6175-250-1
ISBN 978-89-6077-210-6 (세트)
http://www.acornpub.co.kr/book/regression-analysis-python

이 도서의 국립중앙도서관 출판시도서목록(CIP)은 서지정보유통지원시스템 홈페이지(http://seoji.nl.go.kr)와
국가자료공동목록시스템(http://www.nl.go.kr/kolisnet)에서 이용하실 수 있습니다.(CIP제어번호: CIP2018041032)

책값은 뒤표지에 있습니다.